中华优秀传统文化大家谈·第二辑

赵薇 主编

子文化当代中国

杨朝明 著

国家出版基金项目
NATIONAL PUBLICATION FOUNDATION

山东城市出版传媒集团·济南出版社

图书在版编目(CIP)数据

孔子文化与当代中国/杨朝明著. —济南：济南出版社,2022.9
(中华优秀传统文化大家谈/温海明,赵薇主编. 第二辑)
ISBN 978-7-5488-4907-0

Ⅰ.①孔… Ⅱ.①杨… Ⅲ.①孔丘(前551—前479)—人物研究②儒家—研究 Ⅳ.①B222.2

中国版本图书馆 CIP 数据核字(2022)第 038303 号

孔子文化与当代中国
KONGZI WENHUA YU DANGDAI ZHONGGUO

出 版 人	田俊林
责任编辑	李 敏 许春茂
封面设计	帛书文化

出版发行	济南出版社
地 址	山东省济南市二环南路1号(250002)
编辑热线	0531-82890802
发行热线	0531-86922073 67817923
	86131701 86131704
印 刷	山东临沂新华印刷物流集团有限责任公司
版 次	2022年9月第1版
印 次	2022年9月第1次印刷
成品尺寸	170mm×240mm 16开
印 张	20
字 数	307千字
定 价	89.00元

(济南版图书，如有印装错误，请与出版社联系调换，联系电话:0531-86131736)

出版前言

"文化是一个国家、一个民族的灵魂。文化兴国运兴,文化强民族强。"党的十九大报告强调,中国特色社会主义文化源自中华民族五千多年文明历史所孕育的中华优秀传统文化,要加强对中华优秀传统文化的研究阐释与普及教育。中共中央办公厅、国务院办公厅印发的《关于实施中华优秀传统文化传承发展工程的意见》,明确要求加强中华文化研究阐释工作,深入研究阐释中华文化的历史渊源、发展脉络、基本走向,着力构建有中国底蕴、中国特色的思想体系、学术体系和话语体系。深入研究和阐发中华优秀传统文化,彰显中华文化魅力,坚定文化自信,成为摆在每一个从事文化研究和出版传播者面前的重要课题。

当前,对中华优秀传统文化的研究阐释正形成一股全国热潮,涌现出一大批有影响力的专家学者。他们从不同视角深研中国传统文化,汲取精华,关照现实,展望未来,取得丰硕研究成果。系统地挖掘整理他们的研究成果,集中展示他们的学术观点,有助于推动中华优秀传统文化研究的纵深发展。

为此,我们精心策划了"中华优秀传统文化大家谈"项目,搭建中华优秀传统文化研究平台,集中介绍国内名家学者关于中华优秀传统文化研究的核心思想、观点,较为系统、全面地反映当前中国传统文化研究尤其是儒学研究的整体状况和发展趋势,以期推动学术交流,服务学术创新,同时使广大读者能够了解、感受、领略中华优秀传统文化的深邃内涵和精神魅力。名为"大家谈",意在汇聚名家、大家,选取的作品均为当代中华传统文化研究的名家名作;同时也有"众人谈"之意,意在百家争鸣,繁荣学术研究。

却顾所来径,苍苍横翠微。项目从策划到出版,皆赖专家学者们的学术热情与鼎力支持。对此,我们深为感佩,并衷心感谢!同时也希望更多学界大家加入我们的行列,使更多高水平、高质量的研究成果能够与广大读者见面。

《中华优秀传统文化大家谈》项目组
2019 年 12 月

目录

第一编　孔子其人新识

003 / 孔子：一个人的 2500 年

016 / 真实的孔子

023 / 博学的孔子

030 / 孔子与中国女性

039 / 孔子的感情生活

046 / 孔子真的会武功吗？

049 / 如何看待孔子的旅行足迹

054 / 孔子"出妻"说及相关问题

063 / 孔子历代形象变迁

067 / 正本清源与孔子新识

077 / 千年史话：当思想家与思想家聚首时

第二编　孔子思想新解

083 / 孔子的一贯之道

095 / 孔子的"中道"哲学及其意义

目录

102 / 孔子仁爱观再认识

115 / 孔子"梦周公"的历史解读

129 / 孔子"女子难养"说新论

135 / 孔子"知天命"与荀子"制天命"

第三编 儒家经典新读

147 / 经典新读与孔子思想再认识

160 / 今天怎样读《论语》

165 / 感悟《论语》开篇第一章

172 / 《论语·乡党》末章的意蕴

177 / 今天应当怎样研究"孔子遗说"

181 / 重新认识《礼运》的"大同"思想

192 / 《春秋》里的微言大义

196 / 如何理解《中庸》的"中"

200 / 如何理解《大学》的"大"

204 / 周公之制:《周礼》那些理

208／《孔子家语·执辔》篇与《周礼》可靠性问题

219／《孔子家语》对荀学研究的意义

226／看孔子和《论语》漂洋过海

第四编　孔子思想价值

231／孔子文化与当代中国

236／孔子研究的历史使命

244／孔子在世界文化交流中的意义

254／中华文明可为世界做出更大贡献

261／用儒学智慧助力世界和平

265／儒学于道最为高

269／把握传统精髓，建立精神家园

271／聚焦传统经典，筑牢文化根基

276／用好传统文化资源，助力文化"两创"先行

279／中国抗疫背后的"爱"与"敬"

282／以圣贤智慧化解疫情之忧

目录

286 / 以仁养身,大德必寿

289 / 敬慎戒惧,祸中求福

292 / 为政以德,修己以敬

295 / 君子无所争,其争也君子

298 / 知止有定,知远之近

300 / 让传统文化滋润人的心灵

304 / 践行"天下为公",共筑美好世界

307 / 以明德引领,奏时代强音

309 / 道德是家风的底色

第一编

孔子其人新识

孔子：一个人的 2500 年

如果要找一个最能代表中国的人，毫无疑问，这个人非孔子莫属！到目前为止，世界上大概还找不到第二个人，像中国的孔子这样，在差不多 2500 年的日子里，受着亿万人的关注，从膜拜、尊崇，到评论、指责，乃至谩骂、揶揄，从未中断过。这的确是中国文化史上的一大景观。

从孔子在世的时候开始，孔子和他的思想学说便与中国的社会、历史、文化发生了密切联系。在传统中国社会中，历代王朝尊重孔子，尊崇儒学，孔子儒学与中国社会结下了不解之缘。其间，虽然孔子形象也受到一定的冲击，但总体而言，孔子更多的还是受到世人的尊敬，成了"大成至圣文宣王"。只是到了近代中国，孔子遭到了怀疑以至批判，竟然成为"封建""落后"的代名词。

在我们逐渐走出迷茫，慢慢找回民族文化自信的今天，回顾孔子与他之后 2500 年中国社会历史文化的关系，我们会得到许多有益的启迪。

一、 孔子及其思想的形成

20 世纪 30 年代，著名学者柳诒徵说："孔子者，中国文化之中心也。无孔子则无中国文化。自孔子以前数千年之文化，赖孔子而传；自孔子以后数千年之文化，赖孔子而开。"孔子站在时代的高端，集上古三代文化之"大成"，深刻总结历史，反思现实，使其核心理念具有了"永恒价值"与"超越意义"。

孔子的远祖微子本是商纣王的庶兄，商亡后被封于宋，因为宋国内乱，后代乃避难奔鲁。孔子的父亲以勇力著称，因战功封鄹邑大夫，因此人们一般说孔子出身于"没落贵族"。但孔子早年丧父，家境衰落，所以孔子说："吾少也贱，故多能鄙事。"（《论语·子罕》）他管理过仓廪、管理过放牧牛羊……

孔子的人生经历使他一生好学，至老仍孜孜不倦。他博学多闻，早早确立了人生方向，并收徒授业，吸引了大批青年来学。孔子有教无类，与弟子教学相长。他曾为政仕鲁，后来又周游列国，无论是得志还是失意，孔子念念于怀的总是使天下有道，礼乐大行，社会安宁，人人安康。

孔子自称"述而不作，信而好古"，他了解和熟悉唐虞三代制度，在他心目中，"五帝""三王"具有崇高德行，对尧、舜、禹、汤赞不绝口，对周代的文王、武王、周公表彰更多，不断称颂。孔子以继承三代文明为己任，并在此基础上结合现实进行了"创造性转化"。

孔子所在的鲁国是周公封国，周公是周朝礼乐统治秩序的奠基人。周文化乃是"损益"夏、商文化而来，经过周公"制礼作乐"，礼乐制度成为人们在社会生活中的行为规章。鲁国文化与周文化一脉相承，鲁国全盘继承了周人的礼乐文化，形成了根深蒂固的礼乐传统。所以，在春秋末年"礼坏乐崩"之际，孔子有条件更好地收拾遗散，整理诗、书、礼、乐，研究《周易》，制作《春秋》，集合周代典章文籍、伦理道德，逐步构建起他的儒学思想体系。

二、孔子学说走向"独尊"

在春秋战国时期思想界的百家争鸣中，儒家似乎只是重要派别之一。孔子在政治舞台间奔走时，也受到当政者的注意。孔子曾为鲁国中都宰、司空和大司寇；齐景公想"以尼溪田封孔子"（《史记·孔子世家》）；卫灵公给孔子"粟六万"（同上）；楚昭王曾想"以书社地七百里封孔子"（同上）。许多在位者遇到重大问题时，也往往向孔子请教。

但是，当时的乱世"争于气力"（《韩非子·五蠹》），列国纷争，崇武尚霸，孔子的主张显得迂腐、笨拙，人们不能理解孔子，虽然孔子毕生致力于宣扬其理论学说，栖栖惶惶，四处奔波，却到处碰壁，终不见用。

春秋战国时期，孔子学说政治命运不济，然而，它体大思精，其影响注定要不断扩大。孔子弟子毕竟更了解孔子，更深切感知了孔子学说，认为孔子"仰之弥高，钻之弥坚"（《论语·子罕》），说孔子像日月"无得而逾"（《论语·子张》）。人们感慨地说："大哉孔子！博学而无所成名。"（《论语·子罕》）就连反对孔子学说的墨子也说他"博于诗书，察于礼乐，详于万物"（《墨子·公孟》）。孔子去世后，他的弟子流散四方，将孔子学说传播到各地，还出现了像孟子、荀子这样的儒学大师。大量新的出土材料证明，战国时期，儒家的典籍著作甚至在南方的楚国都得到了很好的传播。

秦朝，儒家思想继续影响着社会。秦以法家思想变革社会，迅速强大。秦统一后，统治者试图建构起与统一大帝国相适应的统治思想体系。然而，秦始皇将主要精力投注到官僚机构建设上，在施政定制上基本以法家思想为依据，也兼采了阴阳家等的思想。秦设博士官，包括儒家在内的诸子百家均可立为博士。终秦之世，儒生的活动史不绝书。因为儒学之盛影响到政治，才出现了秦始皇"焚书坑儒"，这种"焚""坑"的直接目的是限制儒生，使其就范，并非要消灭儒学，因为焚书的对象是《诗》、《书》、"百家语"，即使是《诗》《书》，在禁民藏时，还允许秘府收藏、博士掌握。

"焚书坑儒"毕竟使儒家等各派思想遭到一定的禁锢。儒生失却了原来在社会舞台上的地位。《太平御览》卷八六引《异苑》曰："始皇既坑儒焚典，乃发孔子墓，欲取诸《经》《传》。"孔子地位明显下降，儒生的境况也急转直下，他们不敢公开传道授学。这种文化高压政策激起了人们的极大怨愤。当陈胜起而反秦时，儒生们便加入了反秦的行列之中。

楚汉战争后，刘邦取得了天下。这位起于小吏的农民领袖，开始的时候并没把儒生放在眼里。当战争烟尘散尽后，面对残破的社会局面，刘邦等汉初君臣不能不思考秦"二世而亡"的教训。陆贾因此撰成《新语》，认为秦"用刑太急"，不知教化，是强秦速灭的重要原因。人们也对儒学与政治的关系进行反思，叔孙通认为："夫儒者，难与进取，可与守成。"（《史记·刘敬叔孙通列传》）这种观点很有代表意义。叔孙通"征鲁诸生"，参秦仪，采古礼，制汉仪，使刘邦感知到"为皇帝之贵"（《汉书·郦陆朱刘叔孙传》）。从此，孔子与儒学开始受到重视。汉高祖还"以太牢祀孔子"，开了历代封建帝王祭祀孔子的先例。

汉初，社会凋敝，百业俱废，不能不取用"清静无为"的黄老思想。而汉高祖的尊崇，使儒家与黄老思想并行发展。从汉朝立朝到汉景帝，虽然儒学和儒生的地位不太高，但由于诸侯割据势力逐渐增大，黄老之术越来越不能统治天下，客观上要求加强思想统一，儒学遂更受重视。文、景之后，政府渐开献书之路，有意识地搜求旧典、发掘古籍。汉初古墓出土的书籍中，儒家经典占多数，这是汉初儒家境遇的真实反映。

汉初统治者重视黄老学说，但黄老思想对"礼"的蔑视，也容易构成对社会的威胁，而且其因循的成分较多，虽可成功于一时，却不能保全于久远。相反，儒家"序君臣父子之礼，列夫妇长幼之别"（《史记·太史公自序》）的特点，可以巩固政治秩序，维护社会伦常。所以，汉初并非以黄老思想作为统治思想或定其为一尊，而是利用各家而偏重儒、道。但有一点很明确，汉初对黄老的"尊"并不是建立在"抑"儒的基础上的。

秦的统一，使各民族相互融合，也促成了学术思想的综合。汉代学术是一种综合学术，连汉武帝格外器重的董仲舒也"兼儒、墨，合名、法"（《汉书·艺文志》），具有显著的综合色彩。加强中央集权，实行专制统治，当政者更偏爱法家的"尊君抑臣"等思想，他们王、霸相杂，儒、法并用，"内多欲而外施仁义"（《史记·汲郑列传》）。

政治一统要有思想统一与之相适应。儒者在汉初十分活跃，他们著书立说，授徒讲学，重视儒家经典，从师习读成为普遍风尚。如河间献王经术通明，积德累行，网罗了大批儒生。经学大师董仲舒为给汉武帝的经济、政治等政策制造舆论，结合阴阳迷信，对孔子学说进行了系统修正和改造。当汉武帝不允许师有"异道"、人有"异论"的局面存在时，儒术便自然上升到"独尊"的地位。由此，诸子百家"并进"归于"一统"，它们都不得不改贴上"六艺之科，孔子之术"的标签，被纳进儒学体系之中。

三、经学时代的孔子思想

儒学思想的载体是儒经，"经学"就是训解和阐述儒家经典之学。经学的起源可以追溯到春秋战国时的子夏和荀子，但直到汉武帝独尊儒术时才设置五经博士，以"通经"作为进选人才的标准，经学始成为中国传统文化的正统。从此，其盛衰、分合、争辩往往与政治相关联。

两汉是经学兴盛时代。秦朝焚书和秦汉之际的动乱，使许多儒家著述遭到损毁。汉初兴复文化，一些典籍只能仰赖年长儒生的记诵，用汉代的隶书写定，这便是今文经。西汉时期，今文经学一统天下。后来，山间屋壁发现一些战国古文典籍，自西汉末年始，古文经学兴起，到东汉中叶，就有取代今文经学地位而跃居独尊之势。今、古文经学之间斗争激烈，直到东汉末年郑玄注"三礼"，杂糅今、古文两派学说，这场斗争才告平息。

战国时期，儒学的影响主要在齐、鲁地区，由于王、霸思想的不同以及齐、鲁民俗的差异，经学内部派别分立，于是有了所谓"齐学"与"鲁学"的称谓。齐地多神仙方士，盛行阴阳五行学说。秦始皇、汉武帝都抵御不了"万寿无疆"的诱惑，迷信阴阳五行和神仙方术，派人入海求仙，客观上促进了神仙学说的发展。汉初儒、道杂糅，阴阳五行思想也有相当的市场，甚至汉武帝"独尊儒术"，在本质上也是利用阴阳五行学说加强思想统治。

汉武帝时期，董仲舒地位很高，人们把他看成"汉代的孔子"。他讲天人感应和阴阳灾异，思想体系也是在阴阳五行学说基础上建立起来的。作为公羊学大师，董仲舒把《春秋》也阴阳五行化了，他以阴阳五行理论证明，上天主宰世界，也主宰人类社会。"王者承天意以从事"，"天"经常用符瑞和灾异来表示希望与谴责。当然，统治者的兴趣在于"王者承天之意"的"君权神授"理论，而对大讲灾异以及所谓"天谴"十分反感。董仲舒认为，历史朝代循环更迭，新的王朝重新享有天命，就应"改正朔，易服色"。他结合阴阳理论，对孔子学说进行了一次系统修正和改造。

在今文五经中，《公羊春秋》强调"大一统"和君臣大义观念，非常适合汉武帝维护统一和加强皇权的需要。公孙弘以儒生而登丞相，董仲舒"罢黜百家"之建议被采纳，他们皆治《公羊春秋》学。武帝时，博士教授学生每经十人，全国博士弟子共五十人，这些博士弟子可以"复其身"，免除徭役，成绩优良的还可以做官，故士人竞相为之。昭帝时，博士弟子增到一百人，宣帝时更增至二百人。宣帝时博征群儒，考定五经于石渠阁。宣帝以前，许多儒生以儒士居丞相、权臣之位，朝廷公卿均从经术而进，"上无异教，下无异学"，连皇帝诏书及群臣奏议都援引经义为依据。到元、成之时，能通一经即"复身"免役。

在本质上，汉代今文学以孔子为政治家，以"六经"为孔子致治之说，偏重微言大义。王莽虽是古文经学的政治后台，但他却主要利用了今文经学家所制造的种种理论，如"汉运中衰，当让国传贤，易姓受命"，"汉为尧后，当火德之运"，以及阴阳灾异和符命谶记之说等。而在改制时，他又援据经义，或用今文经传，或用古文经传，或杂用今、古文经传。

政治的需要，使人们着重发挥经文"大义"。后来，天文学进步，大讲灾异行不通了。于是东汉又讲谶纬，假托天神或圣贤之言，诡为隐语，以示凶吉之兆。光武帝刘秀深信于此，不仅为其代汉制造舆论，还遇事"多以决定嫌疑"(《后汉书·桓谭传》)。当时有《诗》《书》《礼》《乐》《易》《春秋》《孝经》七经之纬,是为"七纬"。其时,五经之义皆以谶决,于是"五经"为外学,"七纬"为内学,遂成一代风气。这样,孔子被捧上神位,成了被神化的中心人物,孔子逐渐成为能预知来世的"神人"。

随着今文经学失去生命力,古文经学于西汉末年兴起。今文经学以古文经为伪作,不足凭信。哀帝时,刘歆建议将古文经《左氏春秋》《毛诗》《古文尚书》《逸礼》列于学官,遭到今文博士的反对。但古文学势力不断发展,到东汉中叶后,古文经学就压倒了今文经学,古文学兴盛起来。

古文学家斥责今文学、谶纬的妖妄,注重研究文字,认为训诂不明,经义不彰。与今文经学重现实政治不同,古文经学主张恪守经传原意。今文经学推崇神化孔子,谶纬神学把孔子捧上神位,在皇权支持下,白虎观会议又将孔子的学说宗教化,但儒学终究没有成为正式的宗教,这与古文经学家对灾异、谶纬学说的指摘有重要关系。

四、三教之争中的孔子思想

东汉后期,社会长期动荡,意识形态发生巨大变化,西汉以来儒家学说在思想界的一统局面发生了动摇,于是玄学产生,佛教、道教流行,对魏晋、隋唐社会产生了很大影响。然而,总体看来,儒学与玄学、佛道不仅没有达到不可两存的地步,儒家的纲常名教仍是立国之本,儒家的天命论仍是皇权的支柱,佛教、道教只能作为一种精神统治的辅助工具存在。

汉末,经学衰落,郑玄遍注群经,但他是大学问家,却不是大思想家,不能为变化了的时代提供新的思想体系。魏晋时期,王肃向郑玄的权威发起攻击,经学进入王、郑对抗时期。但王肃同样没有提出新的哲学体系,他最多算是对郑玄的修正与补充,理论上超出郑学的任务便由玄学承担了。

玄学用道家思想解说儒家经典,可以说是一种义理经学。玄学的重点在于发挥注者本人的见解,而不是疏通经义,是糅合儒、道而形成的新的思想体系。魏晋玄学盛行,清谈成风,士大夫把道家的《老子》《庄子》和儒家的《易》称为"三玄"。文人士大夫或厌世纵酒,斥责儒、道,或寄托于老、庄之虚无。有人痛骂仁义礼法,认为名教是"乱危死亡之术";有人提出要"越名教而任自然",对儒家的纲常名教展开猛烈抨击。

玄学盛行时,人们没有从根本上否定儒学。曹操当政时曾下《举贤勿拘品行令》，宣称可以任用"不仁不孝而有治国用兵之术"的人，但他也认识到"承平尚德治，乱世赏功能"，所以谈到培养下一代的问题时他曾说："后生者不见仁义礼让之风，吾甚伤之。"他下《修学令》，希望"先王之道不废，而有益于天下"。继起的晋代司马氏更标榜以孝道治国。有的玄学家批判儒家"名教"，也都是调和而不否定，还宣称"名教"出于"自然"，要求人们"安分""顺命"，肯定儒家伦理纲常合乎人性自然。

魏晋至隋唐时期，儒学与佛、道长期并存，互相斗争、融合。佛教是外来宗教，在共争正统地位的斗争中，儒、道往往结成联盟。除道教反佛外，学者们也从儒家的角度反对佛教，如宋末顾欢《夷夏论》说佛教"剪发旷衣"，"狐蹲狗踞"，"下弃妻孥，上废宗祀"，与华夏礼俗不合。唐初的傅奕斥责僧徒"非孝无亲"，斥佛教为"无父之教"，中唐以后，韩愈也指责佛教，希望发扬儒家之道。韩愈还仿照佛教传法世系的祖统说，建立了从尧、舜到孔、孟世代相传的儒家道统，以此论证儒家的正统地位。

社会乱离之时，人们寄希望于来世，推动了佛教的流行。佛教让人们忍受现世苦难，也给贵族阶级以美妙幻想，使不少统治者大力倡佛，围攻反佛斗士。然而，佛教盛行使佛寺遍地，上百万劳动力隶籍佛寺，寺院经济和僧侣地主势力恶性膨胀，政府兵源、财源枯竭。政府不得不"求兵于僧众之间，取地于塔庙之下"（《广弘明集》卷二四），出现了北魏太武帝、北周武帝、唐武宗的"三武灭佛"，禁断佛教，没收财产，僧尼蓄发，以充军国之用。有人看到"民焉不事其事"和佛、道耗费大量财富，也大力主张除去佛教，益国足兵。

儒学适合维护国家的长治久安，儒家思想也得到统治者的支持，由此，佛、道二教便向儒学妥协，与儒学相互交融。道教思想在批判、斥责原始道教的同时，把许多儒家伦理教条变成贵族道教的教义，如寇谦之教人"不得逆君王""于君不可不忠"等，与儒家忠君尊王思想一致。唐初尊重和利用佛教，但同时抬高道教，并用儒学的君父之义加以约束，使之纳入"周、孔之教"的范围。当时的佛徒可能有的已意识到这一点，如在唐代，华严宗的宗密曾说"佛且类五常之教，令持五戒"（《原人论》），将佛教的"五戒"比附"五常"，以显示佛徒也拥护儒家的伦常道德。他们还有所谓《父母恩重经》《孝子报恩经》等，声称"孝道"乃"儒释皆宗之"。佛教的重要支派禅宗也简化教义和修行方法，吸收儒家的思想因素，增添了世俗宗法色彩，逐步从外来宗教转化为具有中国特色的宗教。

魏晋至隋唐时期出现了"三教可一"等主张，有人认为"法无内外，万善同归；教有深浅，殊途共致"（《历代三宝记》卷一二），而立足点仍是儒家。在政治上，许多帝王利用佛、道思想治国，却以儒家思想为其根基。如梁武帝年轻时修习儒业，中年信仰道教，即位不久又宣布改信佛教，但儒家思想始终是他思想的主流。即使是由游牧民族而入主中原的鲜卑族，在汉化过程中也大量吸收汉族士人参政。北魏孝文帝说："《孝经》一卷，足以立身治国。"（《资治通鉴》卷一七五）他崇尚经术，重儒兴学，还亲至鲁城祀孔。唐太宗更说："朕今所好者，惟尧舜之道，周孔之教，以为如鸟有翼，如鱼依水，失之必死，不可暂无耳。"（《贞观政要》卷六）

五、 孔子思想在理学时代

宋初儒者批判佛、道，基本是对韩愈的重复和继续。但后来，理学家则开始融会儒家的礼法纲常和道家、道教的宇宙生成、万物演化以及佛教的思辨哲学，构思出既是儒家但又不是原本儒家的理学哲学体系，这种新的儒家学说便是宋明时期的理学。

在宋朝，三教融合趋势更为明显，不少理学家都出入佛、道。如张载"访诸释、老之书，累年尽究其说"（《张载集·横渠先生行状》），程灏则"泛滥于诸家，出入于老、释者几十年"（《二程式集·明道先生行状》）；朱熹亦自称其"出入释老者十余年"（《朱文公集》卷三《答江元适》）。宋儒"入"释、老的目的却在于"出"释、老，他们都主张变革图强，以为佛、道不能强兵富国，应摒弃佛、道，振兴儒学。连一些佛教徒也看到了"力扶姬孔"的必要性，认为"非仲尼之教，则国无以治，家无以宁，身无以安"（《续藏经·闲居编·中庸子传》），倡导以"宗儒为本"，佛教出现了儒学化趋势。

周敦颐是宋明理学的先驱者和奠基人。他在当时儒、释、道思想趋于融合的形势下，对《老子》《易传》《中庸》等思想进行熔铸、改造，从宇宙生成、万物变化到建立人伦道德标准，都做出了概括。在后来朱熹等人解说之后，周敦颐的学说克服了玄学、佛、道空无本体的理论局限，建立了以"理"为本的天人合一的宇宙观。继周敦颐和二程之后，朱熹建立和发挥了"理一分殊"学说，使传统儒学的哲理化迈出极重要的一步。尔后，他又把三纲五常、忠孝节义等封建政治伦理道德说成至高无上的天理，主张人们"去人欲，存天理"，君、臣、父、子都要依照本分，按"天理"行事。

宋明理学家关心现实社会问题，也注重"天之何物"等问题，随之建立了理气、道器理论，把中国哲学推到一个新的高度。宋明理学在哲学上臻于成熟，它是宋代新儒学运动的主流，代表着宋明儒学的时代精神和理论精华。相比于董仲舒把儒学神学化，朱熹等人更加高明地把"性""理"作为政治社会伦常的根据。朱熹说："性是太极浑然之体，本不可以名字言，但其中含具万理，而纲领之大者有四，故命之曰：仁、义、礼、智。"（《朱文公文集·答陈器之》）他把仁、义、礼、智提到了世界本原、万物本性的高度。理学是儒家思想接受异域佛教文化、融会道教思想的结果，这种开放精神也是儒学的生命力所在。

在理学兴盛时期，宋、元、明诸朝都注重尊孔崇儒。以对孔子后裔的封赐为例，北宋以前相袭延续的"侯""公"基本属于荣誉性的虚爵；北宋仁宗至和二年（1055年），封"孔子后为衍圣公"，之后，"衍圣公"在不断加码的"推恩""优渥"下，成为炙手可热的不衰显贵。历代皇朝"崇倡儒教""优渥圣裔"，其着眼点在于孔子"留下三纲五常垂宪万世的好法度"（朱元璋语）。明宪宗成化四年（1468年）的《御制重修孔子庙碑》，明确道出了孔子之道与社会政治之间的密切关系："朕惟孔子之道，有天下者不可一日无焉。生民之休戚系焉，国家之治乱关焉。……有孔子之道，则纲常正而伦理明，万物各得其所矣。"

宋明时期，程朱理学基本上居于统治地位；后来，陆王心学的兴起在思想界掀起了波澜。从根本上看，二者都维护政治统治，王阳明也把"人欲"看成"天理"的对立面，竭力主张"去人欲，存天理"。王阳明的心学亦要求人们自觉消除不利于封建统治的念头，但他不满于朱学"析心与理为二"，认为这只能约束人的外表，而不能从思想深处加以钳制。王阳明提出"致良知"，进而引出"求之于心而非也，虽其言之出于孔子，不敢以为是也"，断然否定了孔子和儒家经典的权威地位。启蒙派实学发挥了这一异端思想，如王艮、何心隐、李贽等人，都强调儒家经典仅是"印证吾心"的工具，公开否定"以孔子之是非为是非"的传统观念。清初思想家试图对儒学进行调整，因而产生了他们早期的启蒙思想。

值得注意的是，历代起作用的儒家思想，有时不是孔子本人的思想。孔子形象经过后人的改造，失去了本来的面目。孔子形象被扭曲，孔子思想中的诸多积极因素被埋没和抹杀，这也是一些进步思想家在反对理学时，往往打出孔子旗号的原因所在。

六、孔子思想在近代中国

19世纪40年代，鸦片战争的隆隆炮声把中国驱向了半殖民地化道路，中国传统文明受到前所未有的挑战。这种"天崩地裂"的社会局势，使中国脱离了原来的发展轨道，开始了几千年来从没有过的变化。这使人们揭起经世旗帜，救亡图强，"睁开眼睛看世界"。

鸦片战争的失败和外国资本主义势力的入侵，让少数进步思想家开始正视现实。例如魏源，他参加了抵抗英国侵略者的斗争，《南京条约》订立后，为"师夷长技以制夷"，他编写了《海国图志》，斥责宋学（理学）和汉学（考据学），有强烈的主变意识。

十多年后，英法联军进攻北京，纵火焚烧圆明园，逼迫清廷签订了《北京条约》，西方商品大量倾销到中国，使一些思想家（如王韬、薛福成、马建忠、郑观应等）看到经济体制改革的必要性，他们因而主张变法。后来，洋务运动出现，人们兴办近代工业，训练新式军队，以"求富""自强"相标榜，思想界也都主张"中学为体，西学为用"。如王韬说："器则取诸西国，道则备当自躬，盖万世不变者，孔子之道也。"（《弢园文录外编》卷十一《杞忧行易言跋》）薛福成说："取西人器数之学，以卫吾尧舜禹汤文武周孔之道。"（《筹洋刍议·变法》）郑观应说："中学其本也，西学其末也；主以中学，辅以西学。"（《盛世危言》卷一《西学》）

然而，中日甲午战争的惨败给国人带来了巨大震撼。与前几次战争败在西洋强国手下不同，中国这个"一喜惊四海，一怒四海秋"的"天朝大国"，这次被"东方的小国"击败，签订的条约又非常不平等，使所有中国人"闻而怵惕伤心"（康有为《中日和约书后》）。严复在《直报》上连续发表文章，他惊呼："观今日之世变，盖自秦以来未有若斯之亟也。"（《论世变之亟》）许多人从对"圣贤之书"的攻读中走出来，改变观念，从事"新学"，学术"大变"。他们毅然宣布与传统决裂，直接向以儒学为代表的传统文化发动猛攻。

在学术层面上，宋代以来以"卫道"（捍卫儒家道统）为目的的疑古思潮开始转变为怀疑与抛弃传统。维新运动的代表人物康有为撰写了《新学伪经考》，怀着对"祖宗之法，莫敢言变"的强烈不满，把《古文尚书》《逸周书》《左氏春秋》等被历代奉为经典的书籍说成是刘歆为帮助王莽篡汉而伪造的。本质上，虽然他仍然留恋中国文化传统，但他的论断推动了疑古的进一步发展，由此，"五经去其四，而《论语》犹在疑信之间，学者几无可读之书"。

维新运动失败后，民族灾难更加深重。八国联军进攻中国，清政府签订丧权辱国的《辛丑条约》。20世纪初，日益深重的民族危难和持续发展的人民反抗斗争，促进了资产阶级、小资产阶级的觉醒。1901年以后，伴随着废科举、办学堂、派留学生，中国出现了一个不同于以往的新式知识分子群体。这些青年学生在民族危难的刺激下，在西方资产阶级政治学说以及自然科学的影响下，逐渐接受并传播民族主义和民主思想。

随着民主革命思想的广泛传播，康有为、梁启超的改良主义被资产阶级民主革命派的主张所代替，他们提出"民主共和国"的口号，孙中山更把他的主张归结为"民族""民权""民生"三大主义。"三民主义"同中国传统文化之间具有既创新又承传的双重关系。在推翻几千年君主专制制度的辛亥革命中，传统文化并不是作为消极的对立面存在的。

但是，辛亥革命后，由于思想的冲击，许多学校废除了尊孔读经，有的孔庙被改建成学校或习艺所，停止了每年春、秋两季的祭孔典礼。后来，袁世凯为给其复辟帝制制造舆论，颁布《崇孔伦常文》，公布《整饬伦常令》，发布《尊孔祀孔令》，要求恢复学校祀孔，把孔学宗教化，以孔教为国教的声浪十分高涨。袁世凯复辟的失败，反过来导致了对孔子儒学更强力的反对与声讨。

自1915年开始，新文化运动兴起。人们围绕"复辟与尊孔"等问题，一致认为孔子学说不适于时代精神、政治制度和社会道德标准，他们主张彻底否定孔子与民主精神相违背的伦理政治思想。后来，新文化运动继续广泛而深入地发展，人们认为对"孔子主义"进行批判不仅是反封建的需要，也是进行新民主主义运动和传播马克思主义的需要。

值得注意的是，五四时期的思想家对孔子和传统文化的批判，已经开始注意采取实事求是的科学态度。他们中一些头脑清醒的学者或思想家，已经认识到对待孔子不能简单化，应该在批孔时注意"真孔子"和"假孔子",即区分出孔子的本来面目和被后人改造了的孔子。他们剖击孔子,"非剖击孔子本身,乃剖击专制政治灵魂"。李大钊说,孔子的这种作用绝不是因其有绝对权威,而是因为孔子学说是"适应中国两千年来未曾变动的农业经济组织反映出来的产物,因他是中国大家族制度上表层构造,因为经济上有他的基础"。在反对孔子儒学的巨大声浪中,有人开始认真检讨孔子与中国社会历史文化的关系。

七、认识原始儒学"真精神"

孔子是伟大的思想家,可也是有巨大争议的思想家。2500年过去了,我们回头看孔子时,发现他竟是那样受关注。关于孔子及儒家思想的评价,很多看法和观点明显对立。时至今日,模糊认识依然存在。

面对儒学,我们自然要"剔除其封建性的糟粕、吸收其民主性的精华",明确孔子如此跌宕起伏的"文化景观"形成的复杂原因,搞清这种"文化景观"形成的历史过程。

从前面的叙述看,在对待孔子与传统文化的问题上,人们的态度形成明显的两极还是近代以来的事情。近代以来,不少人将中国落后挨打的原因归结为传统文化,强化和放大了人们对其负面影响的认识。于是,在20世纪的一个时期内,中国形成了一个"反传统的传统",似乎中华民族要摆脱苦难就必须摒弃传统文化。近代以来学术上的疑古思潮对此起到了推波助澜的作用。从思想文化史的角度看,近代疑古思潮是宋代以来疑古思潮的继续,但二者又存在明显不同。后者是为了"卫道"而疑古,前者则变成了为摒弃传统而疑古。在"古史辨运动"中,学者们更是由"疑古史"演变到"疑古书",我国古代文化典籍遭到了前所未有的怀疑,"疑古过勇"造成了严重的后果。

经过最近30多年的学术研究,尤其是随着地下早期文献资料的面世,我们对相关学术问题看得比以往更清楚了。原来,秦汉以来儒学出现过一个显著变化,即原始儒学(先秦儒学)具有明显的"德性色彩",而汉代以后的儒学则具有明显的"威权色彩"。原始儒学的代表人物,如孔子等,强调"正名",主张"修己安人"和"仁政""德治";汉代以后的儒学为了适应封建专制制度的需要,逐渐片面强调君权、父权和夫权。儒学慢慢蜕变,呈现出为后人所诟病的"缺乏平等意识和自由理念"等特征,显得与现代社会格格不入。对于这一点，我们将有关文献进行比较，就能够清晰地看出来。比如，所谓"君君，臣臣，父父，子子"，孔子讲的是"为人君止于仁、为人臣止于敬、为人子止于孝、为人父止于慈"，强调君、臣、父、子各尽其本分；后来才逐渐演变为对君权、父权、夫权的片面强调。所谓"刑不上大夫"，根据《孔子家语》中的记载，孔子所说的意思是，"一个尊贵的人"也应该是"一个高尚的人"，当官的人犯了死罪贵在自裁，用不着通过用刑来进行惩罚；汉代以后，它才成为维护贵族特权的一个依据。

今天，很多学者，包括外国学者都承认这样一个事实：因为有了孔子，中华民族比世界上别的民族更和睦、更和平地生活了几千年；当今时代，一个昌盛、和谐的社会，在很大程度上仍然立足于很多孔子所确立和阐述的价值观念。新文化运动的矛头直指孔子，是因为他在封建专制时代受到尊崇，儒学一直是统治学说。这样看来，一些当年对孔子和儒学传统持"保守"立场的人，更多地看到了原始儒学的真精神；而一些对孔子和儒学传统持"激进"立场的人，则更多地看到了作为"封建专制灵魂"的那个"偶像的权威"。

回望 2500 年来孔子与中国社会的关系，我们可以更好地把握孔子及儒家思想的内涵和价值。儒学与封建专制统治的结合，使之片面强调君权、父权与夫权，带有"缺乏平等意识和自由理念"色彩，但原始儒学中的"正名""修己安人"和"仁政""德治"等核心价值观念依然深入人心。我们不应把二者混为一谈，而应更加关注原始儒学，澄清误解、明辨是非，弘扬原始儒学的真精神。

（原载于《山东省社会主义学院学报》2018 年第 4 期，原标题为《孔子：一个人的 2500 年——论孔子与中国社会关系之变迁》）

真实的孔子

孔子生前饱受磨难,历尽艰辛,希望自己的学说能治国济世,却总是郁郁而不得志。除了他的少数弟子,那时几乎没有人能够真正理解他。孔子去世后,他的地位却逐渐显赫起来。在后世的宣扬之下,孔子及其学说迅速传遍各地,影响越来越大,与中国的社会历史文化结下了深深的不解之缘。

然而,当我们回望之时,发现以前人们对孔子的责难,乃是缘于一种历史性的误会。我们理性地辨析,就会发现被后人尊崇的同时,孔子的形象也被历朝历代有意无意地进行了改造,孔子身上已经蒙上了一层尘埃。今天孔庙里那位一身帝王打扮的"文宣王"、那个被后世描绘为满口"纲常礼教"的封建"卫道士"、那个被谩骂为"拉历史倒车"的"复辟狂",显然都不是真实的孔子。

一、孔子可能"生无须眉"

据说,有一位收藏家收藏了两千多枚孔子头像,可以说包括了各个时代孔子的各种形象,可是,其中哪一个是真正的孔子呢?

我清楚地记得,几年前的某一年"圣诞节"前夕,山东的《齐鲁晚报》报道了一则消息:一位家长为自己三岁的孩子买了一本古诗词,诗词的第一页就是孔子的图像。没想到,孩子打开书本后大呼,说"这本书上也有'圣诞老人'"。当父亲为孩子纠正时,孩子却一脸严肃,认为自己没有认错,因为图像上"有长长的胡子","和街上的'圣诞老人'差不多"。且不说"洋味儿十足"的孩子们的生活,"长长的胡子"却是人们心中孔子的重要特征,即使前几年推出的孔子"标准像"好像也是如此。然而,事实很可能正好相反,他不仅胡子不长,而且恐怕根本就没有胡须,甚至眉毛也可能很淡。

二十年前，我的老师李启谦先生和王钧林先生合作在《齐鲁学刊》发表过一篇文章，题目是《孔子体态、相貌考》。该文章给我留下印象最深的，一是孔子是一位超过1.90米的大高个儿，二是孔子可能没有胡须。

说孔子是大高个儿没有任何问题，史书中的说法是众口一词的。《荀子》将孔子与他的弟子仲弓进行比较，说"仲尼长，子弓短"。那么，孔子到底有多高？史书一致说他"长九尺有六寸"，应当可信。这些典籍所记尺度为周制，周制一尺合今19.91厘米，照此计算，九尺六寸约等于今191厘米。即使在今天，他也可称得上"山东大汉"了。

除了身高突出，孔子还上身长、下身短，微微驼背，胳膊稍长，天庭饱满。在不同的年龄阶段，孔子可能胖瘦不同，但总体上可能略瘦。他终生坎坷而操劳，《韩诗外传》说他"自东自西，自南自北，匍匐救之"，以挽救"百姓靡安，莫之纪纲，礼义废坏，人伦不理"的危局。周游列国时，有人说他"累累若丧家之狗"。"累累"就是劳累、操劳的样子。《礼记·玉藻》有"丧容累累"一语，郑玄注说："累累，羸惫貌。"孔颖达疏说："丧容瘦瘠，累累然。"孔子人生的绝大多数时期，其身材可能都相对较瘦。

关于孔子的体态、相貌，人们也进行想象、附会、添加，以至于出现了"四十九表"之类的说法。"四十九表"是指孔子体态、相貌的四十九种标记。此说出自宋代史书《路史》，可能是集合了历代孔子形象的描述。其中有"谷窍"一目，注称引自《世本》，指头上七窍豁露，"眼露白，耳露轮，口露齿，鼻露孔"，所以又称为"七露"。这样的相貌自然被视为丑陋，所以"七露"又被称为"七陋"。今人谈到孔子，还说孔子相貌奇特、丑陋。孔子是"圣人"，其相貌似乎也应当异于常人，故后人才有这样的附会。

没有须眉更是他的奇特之处。孔鲋所著的《孔丛子》，是一部相当于"孔氏杂记"的书。在该书的《居卫》篇中，记有子思与齐君的对话，论述人之贤圣在德不在貌。子思说："吾先君生无须眉，而天下王侯不以此损其敬。"子思所谓"先君"就是孔子，子思明确说孔子"生无须眉"。所以，孔子天生没有浓密的眉毛，更不会有修长的胡须。

据记载，当时在场的有齐君的宠臣，那人的特点正是"美须眉"，所以齐君对子思说："假如相貌可以交换，我可以将他的须眉送给你。"子思则说只是担心不能继承前人的美德，并不担心"毛须之不茂"。可见，不仅孔子"生无须眉",他的孙子子思也"毛须之不茂"。

以前,人们往往以《孔丛子》为伪书而对这些材料置之不理,现在看来事情并不这么简单。该书虽然不可都当作"真正的史实",但像孔子祖孙有无须眉这样的重要事项,恐怕不会空穴来风。在后世画像中,晚年的孔子好似一位美髯公,照理在"四十九表"中一定会有所表现。而事实上,人们搜肠刮肚地为"四十九表"凑数,竟然也没有这一"表"。

人们通常看到的《孔子行教像》最早出于唐朝著名的宫廷画家吴道子,但他似乎并没有认真查考资料。另一方面,受《孔丛子》伪书说的影响,以后的孔子画像便以讹传讹,使孔子画像、雕像都浓眉长髯。实际上,前人也指出过孔子没有须眉,如明陈继儒《群碎录》、清杭世骏《订讹类编》就说:孔子无须,今像多须,误。

二、 孔子"文武双全"不是虚言

说到孔子、儒家,人们往往与拱手、作揖、行礼之类联系起来,以往的学人也都这样解说。如《说文解字》说:"儒,柔也。术士之称。""儒"本来是指以教书相礼等为职业的一种人。由此,人们往往将"儒"与"柔弱"相联系,好像孔子也应该是一个文弱的人。

孔子以前乃至孔子时代,"礼、乐、射、御、书、数"等"六艺"是人人必修的"小学",按照《大戴礼记·保傅》的说法,那时,孩童至"八岁而出就外舍,学小艺焉,履小节焉"。春秋时期,"国之大事,在祀与戎",特殊的社会历史环境决定了战争与祭祀一样为人人所关心、关注,人人必须懂得射、御——学会射箭、驾车。

孔子教授学生的"六艺"乃是"大学"的主要内容,指诗、书、礼、乐、易、春秋六种科目,是所谓"大艺""大节"。孩子到十五岁左右,就应当学习做人与社会管理,这便是《大戴礼记·保傅》所说的"束发而就大学","学大艺","履大节"。"六经"与"六艺"不同,被称为"六经"的《诗》《书》《礼》《乐》《易》《春秋》应当是孔子为这六种科目所编定的教科书。孔子以"六艺"教人,是为了教化社会人心,显然,这与学习射、御没有任何矛盾。

孔子是一位博通的人。有人评论孔子,说他"博学而无所成名"。孔子听后对弟子们说:"吾何执?执御乎?执射乎?吾执御矣。"说明孔子通于射箭、驾车,尤其擅长驾车。《淮南子·主术训》则说:"孔子之通,智过于苌弘,勇服于孟贲,足摄郊菟,力招城关,能亦多矣。"孟贲是"水行不避蛟龙,陆行不避兕虎"的著名勇士,传说他力大至"生拔牛角",而孔子之勇"服于孟贲",不难察见孔子之勇。"足摄郊菟"是说孔子奔跑能追上郊外的野兔。"力招城关"应当就是《吕氏春秋》说的"孔子之劲,举国门之关",他"力招城关"应有根据。孔子父亲曾经手托下落的城墙悬门,当时就有人以"有力如虎"的语句夸赞他。孔子与他父亲一样勇力过人。

孔子向往天下大同,要求人们仁爱礼让。但现实中的孔子头脑清醒,绝不迂腐。他也懂得"文事"与"武备"之间的关系,齐、鲁两国在夹谷会盟,孔子力主带兵前往,才使得齐国的阴谋未能得逞。孔子主张和平,反对战争,反对专注于兵战问题。卫灵公向他请教这方面的问题,他就很不耐烦,说:"俎豆之事,则尝闻之矣;军旅之事,未之学也。"在治理邦国上,孔子主张"足食""足兵""民信"。如果实在要放弃其一,孔子认为应当"去兵"。只留一者,也应当是"民信",因为"民无信不立"。

孔门师徒希望"城郭不修,沟池不越,铸剑戟以为农器,放牛马于原薮,室家无离旷之思,千岁无战斗之患",但是战争终究不可避免,所以他指出,如果不对百姓进行训练,不让他们懂得战争之术,就让他们上战场参加战斗,无异于抛弃他们。据《孔子家语·正论解》记载,孔子弟子冉有为季氏带兵打仗,取得胜利。季氏问他军旅的知识从哪里来时,他说"学之于孔子"。冉有认为孔子乃是"大圣",其学无所不包,"文武并用兼通"。《吕氏春秋》说孔子"不肯以力闻",但说他文武双全却是没有问题的。

三、 孔子并没有"轻视妇女"

传统社会中妇女的地位一直不高,人们往往认为是孔子"轻视妇女"所带来的恶果,而孔子"轻视妇女"的直接证据就是《论语·阳货》中孔子的那句话:"唯女子与小人为难养也,近之则不孙,远之则怨。"这被视为孔子歧视妇女的铁证,谁要说孔子没有轻视妇女,首先必须越过这道坎儿。

孔子这句话人人皆知。孔子处在父权家长制时代,女性地位较低,似乎被歧视也很正常。但他的思想具有浓重的人本主义色彩,他说"仁者爱人",

难道不包括女性在内？蔡尚思写过一篇文章《我爱孔子，我更爱真理》，说："孔子大谈忠恕之道，但却不能付诸实践，将心比心，推己及人，诸如推父母，推夫及妻，推男及女等。"又说："男女性别是优劣品质的大问题。孔子站在男子的立场歧视女子的表现有多种。"蔡先生的基本论据不过就是孔子那句话。看来，正确理解这句话还影响到对孔子思想的整体认知。

事实上，问题并不如此简单。仅从情理上判断，孔子也不会将占人口半数的女性一口否定，而且他说的还不只有"女子"。《论语》出于孔门后学，可能就是孔子的孙子子思主持选编而成，难道他们也"轻视妇女"？直到有一天，读到《逸周书·和寤解》中的"小人难保"一语时，我们才恍然大悟，从而彻底消除了疑问。

孔子那句话既说"女子难养"，也说"小人难养"。《逸周书》中的"小人难养"正是"小人难保"，因为《说文解字》明确说："保，养也。"

那么，"小人难保"又是什么意思？《逸周书·和寤解》是周武王灭商前在商郊"明德于众"之作。周武王要收服民心，希望取得广大民众的支持，所以他说："呜呼，敬之哉！无竞惟人，人允忠。惟事惟敬，小人难保。"这里的"小人"乃是"平民""普通百姓"，而不是指人们惯常意识中的那些"道德低下的人"。依《逸周书·序》，该篇乃是周武王要求众人重视小民，不能与小民争利。他认为"小人难保"，故应"惟事惟敬"。要得到民众的支持，就要事事施之以敬，这正是周人传统"敬德保民"思想的体现。

除了《逸周书》，《尚书·周书·康诰》也有"小人难保"一语。其中记周公告诫康叔之语曰："呜呼！小子封，恫瘝乃身，敬哉！天畏棐忱，民情大可见，小人难保。往尽乃心，无康好逸豫，乃其乂民。"当时，周公刚刚平定管叔、蔡叔与殷人勾结的叛乱，周公嘱告康叔小民不易安，应当在治理时保持一颗敬畏之心。欲安其民，就应当重视他们，就要尽心尽诚，而不能苟安逸乐。

啊，原来如此！原来"小人难保"本是周人的政治观念！

孔子学说的突出特点就是"从周"。他十分推崇"文武之政"，常常"梦见周公"。由此，孔子的一些"拿捏不准"的言论与争议，就可以结合周代典籍中的言说进行理解。所谓"小人难养"竟然是要重视"小人"，应当心存一份敬畏和戒惧，不要忽略这一群体。

同样,"女子难养"也不会是轻视妇女。孔子特别强调要了解"民性""民情",《孔子家语·入官》记孔子说:"君子莅民,不可以不知民之性而达诸民之情,既知其性,又习其情,然后民乃从其命矣。故世举则民亲之,政均则民无怨。故君子莅民,不临以高,不道以远,不责民之所不为,不强民之所不能。"这其实就是一个"度"的问题。对于"女子"与"小人",都要注意"政均",不能"近",也不可"远",从而让他们恭敬、不怨。朱熹也是这样理解的,他认为应当"庄以莅之,慈以畜之"。对于为政者,更是必须慎思慎为。对"女子"和"小人",需要注意如何与他们相处或役使他们。要取得他们的拥护、理解与支持不是轻而易举的事情,过于亲近,他们就难免简慢而不驯顺;可如果疏远了他们,他们又会产生怨愤。孔子此语,也可能包含对"女子"和"小人"的重视、关注与深切体察。

四、《论语》开篇值得回味

　　孔子的巨大影响,使人们总是希望了解到"真实的孔子",但孔子已经去世两千多年,由于材料的匮乏以及认识上的不同,每一个人都有自己心目中的孔子形象,而这些孔子形象也会各不相同。

　　那么,怎样才能消弭人们认识之间的差异,最大限度地接近"历史的实际"?带着这样的问题,我们去翻看与孔子相关的历史资料。

　　《史记》中的《孔子世家》可以说是历史上"最早的孔子传记"。读《孔子世家》,司马迁为我们记录的孔子生平的最后一个场景让人过目难忘。临终前七日的那天早晨,孔子怅然而又逍遥,他知道自己将不久于人世,便对匆匆赶来的弟子子贡说:"天下无道久矣,莫能宗予。"

　　孔子的话真是意味深长。司马迁的记载与《孔子家语》一致,这可以说是孔子留下来的最后的话,映照出了孔子人生的基本格调。孔子一直追求用世,希望人们讲信修睦,期盼政治理想的实现,他为此不停地思考、探索、宣传。

　　就研究孔子而言,《论语》的价值不言而喻。我研究《孔子家语》,发现此书的价值应在《论语》等书之上,认为可以称为"孔子研究第一书"。有朋友正面相告,认为"第一书"还应当是《论语》。

　　《论语》的影响当然是《孔子家语》无法比拟的,但关于《论语》章句的理解也存在众多分歧。我们认为，《论语》开篇第一章就十分耐人寻味。

《论语》首篇首章人人耳熟能详："学而时习之，不亦说乎？有朋自远方来，不亦乐乎？人不知而不愠，不亦君子乎？"传统上认为这里所说的分别是学习、交友、胸怀方面的问题。可是，这又不免让人感到疑惑：《论语》中不论哪篇哪章，不论其字数多少，似乎都在集中论说一个主题，为什么偏偏首篇首章显得主题散乱而不集中？

经过思考，我们发现，对于《论语》开篇这一章，传统的理解存在问题。这里的"学"应该与"道"相近，它不是动词，而是名词，指的是孔子的"学说"。"时"不应解作"时常"或"按时"，而应解作"时代"，也可引申为社会。"习"不应作"温习"讲，而应作演习、采用讲。下面的两句与之相应，第二句中的"友朋"其实就是朋友，指的是志趣相同的人。

这样，《论语》首章的意思大体是：如果我的主张被时代或社会所采用，那不就太令人喜悦了吗？如果在社会上行不通，可是有赞同我的学说的人，与我一同讨论问题，不也很快乐吗？再退一步说，尽管自己的主张在社会难以施行，而且也没发现理解自己的人，但是自己却坚守认定的思想观念，不也是一位了不起的君子吗？

这样的理解并不是什么新发现。程树德《论语集释》已经指出："'学'字系名辞。"清人毛奇龄《四书改错》也早就说："'学'者，道术之总名。"今还有学者专门撰文，认真进行研究，遗憾的是却没有引起人们的注意。

实际上，《论语》开篇第一章也是"夫子自道"，反映了孔子本人对于自身境遇和个人思想学说的认识，也包含了《论语》编者对孔子人生的概括。

（原载于《光明日报》2010年1月28日）

博学的孔子

在不少人心目中，孔子是博学的人，是不同于一般人的"圣人"。孔子是中国文化承前启后的伟大先哲，不了解孔子，就不了解中国文化。孔子的思想学说不仅集往圣之大成，更开后世之先河，影响后世既深且远——孔子"博学"是显而易见的。看到孔子"博学"的记载，不少人往往会想到，这是不是后人对孔子"神化"或者"圣化"的结果？是不是后人"编造"之后附会到孔子身上的呢？我们要认识孔子，走近这位伟大先哲，对有关问题加以了解很有必要。

一、孔子怎样"博学"？

翻开有关历史记载，孔子博学的事例可以说俯拾即是。孔子时期，有一位"达巷党人"就评论他说："大哉孔子！博学而无所成名。"从这位平民的角度看，孔子并没有什么专长，但他夸赞孔子"博学"却十分符合孔子的实际。当时的音乐家苌弘认为孔子"洽闻强记，博物不穷"，有"圣人之兴"的气象。孔子的"博学"表现在方方面面，可以说，孔子上通天文，下知地理；他熟悉历史，也深谙现实；他讲治国平天下的"大道理"，也谈为人处世的"小枝节"；他通晓《诗》《书》《礼》《乐》典籍，也识于鸟兽草木之名……

明朝末年流传下来的记载孔子事迹的《圣迹图》中，有许多孔子博学多识的事例，如观象知雨、羵羊辨怪、楛矢贯隼、紫文金简、萍实通谣、商羊知雨、骨辨防风……这些都是从各种历史记载中抽取出来的。《孔子家语·辩物》中也记载了孔子关于各种事物的论断、谈话，充分表现了孔子的博学多闻、好古敏求以及敏锐的洞察力。

孔子"详于万物"，更"博于《诗》《书》，察于《礼》《乐》"。他在评人论事，言谈之中对《诗》《书》的运用可谓信手拈来，娴熟之至。孔子的博学，使得他声名远播，身边聚集了众多弟子。这些弟子"皆服孔子之化"，衷心佩服与尊重孔子。孟子说："以力服人者，非心服也，力不赡也；以德服人者，中心悦而诚服也，如七十子之服孔子也。"孔子正是靠自己的文德、学养与内涵使大家"中心悦而诚服"！

我们还可以从孔子弟子和孔门后学对老师的崇拜中体会到孔子的博学。颜回紧跟孔子，"夫子步亦步，夫子趋亦趋"，称赞孔子"仰之弥高，钻之弥坚"；宰我则说"以予观于夫子，贤于尧舜远矣"，认为老师远远超过了作为古代圣王的尧舜；子贡则说孔子就像日月，"无得而逾焉"，他认为孔子是不可企及的，"犹天之不可阶而升也"。

在曲阜孔庙大成殿的匾额上有"生民未有"四字，这是借用了孔子弟子对孔子的评价。《孟子》引用有若的话说："麒麟之于走兽，凤凰之于飞鸟，泰山之于丘垤，河海之于行潦，类也。圣人之于民，亦类也。出于其类，拔乎其萃，自生民以来，未有盛于孔子也。"孟子以孔子为"金声玉振""圣集大成"；司马迁也引《诗》"高山仰止，景行行止"，表示自己对孔子的崇敬与向往。

我们很难想象，如果孔子仅是徒有虚名，会有那么多的弟子聚集到孔子的身边；如果孔子没有真才实学，包括他的弟子在内会众口一词地对他表示服膺与维护。在孔子弟子以及孔门后学看来，孔子已经是一位不折不扣的"圣人"。但是，孔子却从不以"圣人"自居。孔子说："若圣与仁，则吾岂敢？抑为之不厌，诲人不倦，则可谓云尔已矣。"孔子自称"学而不厌，诲人不倦"或"好学而不厌，好教而不倦"，自然没有任何问题，然而"诲人不倦"自当以博学多才为前提，他"学而不厌"只会使他更加博学。

子贡曾将孔子的学问比喻为宫墙，他说："夫子之墙数仞，不得其门而入，不见宗庙之美、百官之富。得其门者或寡矣。"如果不修习孔子之学，就难以了解孔子之圣。如此看来，有些人不了解孔子，甚至对他有种种误解，也是十分正常的。更何况孔子说了，圣人本来就是"下民不知其德，睹者不识其邻"。

二、孔子何以如此"博学"？

孔子之博大，已至"圣人"之境，那么，孔子何以如此博学？孔子时代已经有人对此感到吃惊。有人问于子贡曰："夫子圣者与？何其多能也？"卫国公孙朝也向子贡打听说："仲尼焉学？"

如果要回答这个问题，恐怕我们今天比子贡的条件更好。子贡与孔子长时间朝夕相处，他知道的孔子的一些事情比我们知道的当然会更加具体、形象、生动。但是，正如"身在庐山"，未必真能够"识得庐山真面目"，比之子贡，我们的观察可以将视野放得更宽，更加全面，更有历史感。

第一，学无常师，博学不穷。

很显然，子贡对公孙朝的回答——"夫子焉不学？而亦何常师之有？"是孔子博学的重要原因。"学无常师"说明孔子的"好学"，唯其好学，才能"博学"。

孔子立志高远，因此常常感到自己知识的不足。例如，孔子说："吾有知乎哉？无知也。"又曰："君子道者三，我无能焉。"孔子言其"无知""无能"，显然不是他在自轻自贱，而是有意张扬勇于责己以求奋发向上、积极有为的精神。唯其如此，孔子的博学才成为可能。

孔子好学，而且可以说是古往今来好学的典范。对此，孔子本人也是十分肯定的，他说，就是只有十户人家的地方，也一定有像自己一样忠信的人，只是都赶不上自己的"好学"。

孔子还乐学。他说："知之者，不如好之者；好之者，不如乐之者。"他把学习也当成快乐的事情。孔子几乎不放过一切求知的机会，例如，郯国国君至鲁来朝见鲁公，谈论少昊氏何以以鸟名官。他听说后，便前往求教；孔子曾适周问礼老子；进入鲁国太庙时，遇有不明白的事情便一一询问请教；他还向师襄学琴。正是因为虚心学习，不耻下问，所以他深谙礼仪，熟悉音乐，学识广博。

在孔子的心目中，儒者的品质之一就是"博学而不穷"，意思是说有的儒者知识广博却仍然不懈努力，学无止境。这恰是孔子博学的生动写照。生命有限，学无止境，但孔子的学识仿佛没有边际。孔子是一位出色的儒者，他学习"不穷"，所以知识"无穷"。

第二，年少身贱，多能鄙事。

孔子的"博学"与他的身世也是密切相连的，这就是有人询问孔子"何其多能"时孔子所说的"吾少也贱，故多能鄙事"。

孔子的祖先是宋国贵族，后因统治集团的内争避祸至鲁。其父名为叔梁纥，曾为陬邑大夫，但此时早已丧失了原来的社会地位。孔子幼年丧父，之后随母亲迁居曲阜，过着贫贱的生活。他曾经当过吹鼓手，二十岁左右时为鲁国贵族季氏做过管理账目的"委吏"，当过管理牲畜的"乘田"。

有一件事情很能够说明问题：孔子的母亲去世后不久，鲁国的执政大夫季孙氏"飨士"，孔子当时还在守丧期间，腰间还系着孝麻。孔子兴冲冲地去了，却被季孙氏的家臣阳虎挡在门外。这对于急于进入贵族阶层的孔子来说，不啻当头一棒。这也促使孔子在逆境中更加奋发上进。因此，孔子博学多览，名声越来越大，其社会地位也有所提高。

第三，文武之政，布在方策。

谈孔子的"博学"问题，我们还应注意孔子以前中国文明的发展程度。孔子是上古文化的"集大成"者是不争的事实，但如果孔子时代中国刚刚跨入文明的门槛，孔子学说的价值自然就会大打折扣。事实上，长期以来人们对于中国上古文明发展水平的估价往往偏低，这使得孔子学说的价值大受影响。

近年来，人们已经逐步走出了长期以来盛行的疑古思潮，认识到中华文明的起源肯定在商代以前。商朝已经有了简册书籍，《尚书·多士》有"惟殷先人，有册有典"的记载，西周初年的周公说殷先世有册书典籍。可见，夏朝已经有了历史的记载。钱存训先生的著作《书于竹帛》，其名字就来自《墨子》。墨子也崇尚"尧、舜、禹、汤、文、武"等先王，他认为这些古代圣王的言行"书于竹帛，镂于金石，琢于盘盂"，所以"后世子孙者知之"。

孔子也说过与之类似的话。据《孔子家语·礼运》记载，孔子在阐说自己的政治理想时说："昔大道之行，与三代之英，吾未之逮也，而有记焉。"所谓"记"，指的就是"识记之书"。孔子所说的"三代之英"，是指禹、汤、文、武、成王、周公，其实与墨子所言"圣王"本质上是相同的。孔子说大道实行的时代，夏、商、周几位贤明之人当政的时代，我没能赶上,但还有相关的记载可以看到。孔子尊崇先王,向往"天下有道"的礼乐之治,当然也是因为当时的典章制度都可以完整地看到。孔子赞叹周朝的礼仪制度"损益"了夏、商两代,十分丰富而多彩,说"周监于二代,郁郁乎文哉"。孔子还说:"文武之政,布在方策。"文王、武王所推行的政治,都记录陈列在木版和竹简上,可以明明白白地加以稽考。"仲尼祖述尧舜,宪章文武",孔子思想正是对前代文化的继承和发展。

另外,由于鲁国在诸侯国当中的特殊地位,较好地保留了周朝的礼仪制度和典籍简册。因此史籍说"周礼尽在鲁矣"。孔子在鲁都曲阜长大,这种深厚的礼乐文化传统成为孔子博学的坚实基础。

三、孔子的"学"是什么?

作为儒家学派的创始人,孔子的学说可以概括为仁爱礼乐之学,可以说是修己安人之学。孔子是政治家,也是思想家、哲学家、教育家。那么,孔子的学说主要是政治学说还是伦理学说,其思想核心是"礼"还是"仁"?对此,学者们的理解存在不少分歧。

孔子之所谓"学",包含的内容极广,但可以肯定,它绝不仅仅局限于读书而已。作为名词,"学",学问也,泛指知识与技能。孔子的"学",当然有通过读书以求得知识的意义,但还有关乎品行、主乎忠信的道德人格修养,更有天下治平、大道运行的哲学思考。孔子立志所向,并不仅仅是指一般的知识与技能,应该指的是一种"道术",是《大学》所说的治国平天下的大学问。他广博的知识与技能,正是成就他的"大学问"的基础。

孔子在鲁国国都长大,所学以礼乐为主。他修习礼乐,希望能治国平天下,但他的主张却不容于时。他周游列国期间的栖栖惶惶的遭遇,是时代所造成的必然结果。在这种情况下,孔子便越来越多地谈到了"仁",思考如何使人具有仁人之心,实现文、武、周公之治。孔子关于"仁"的说法,很自然地使我们想到前面已经提到的西周春秋时期的教化传统。其实,孔子对于"仁"的要求,正是那时教化的目标。而彼时的教化乃服务于当时的礼治统治,所以说到底,孔子关于"仁"的思想本由其礼治思想生发开来。

孔子希望统治者施行仁政德治,从而恢复周礼。一般说来,"仁"的思想属于道德范畴,是处理好人与人之间关系的思想。孔子的"仁"是为其政治层面的"礼"的思想服务的。所以他说:"人而不仁,如礼何?人而不仁,如乐何?"孔子是一位思想家,更是一位政治思想家。如果没有对于社会现实政治的深刻体认,孔子思想便失去了赖以成立的基础。因而孔子的学说绝不是单纯的伦理道德学说,而首先是一种社会政治学说。

孔子思想有一个不断发展的过程。孔子思想产生之初,他关注最多的是"礼",即周礼。他所念念于怀的,是怎样以周代礼乐重整社会;但他到处推行自己"礼"的主张,企图改造社会,却事与愿违,处处碰壁,他不得不思考"礼"之不行的深层原因。于是,他开始越来越多地提到"仁",议论"仁"与"礼"之间的关系。这个时期,孔子"仁"的学说得到了充分的拓展和完善;进入"知命"之年以后,孔子的人生境界逐渐提高,以至于最后达到了"从心所欲不逾矩"的佳境。他晚而喜《易》,并作《易传》,对自己的哲学思想进行了具体的阐发,他的"中庸"的方法论观点也臻于成熟。

孔子本人好学、博学,也倡导博学,而博学的结果则是使人不至于离经叛道。《论语》两次记录孔子说:"博学于文,约之以礼,亦可以弗畔矣夫!"孔子的弟子子夏说:"博学而笃志,切问而近思,仁在其中矣。"《孔子家语·儒行解》说:"博学而不穷,笃行而不倦。"《大学》说:"博学之,审问之,慎思之,明辨之,笃行之。"这都是相互对应的。"博学"与"仁德"密切联结,只有"博学深谋",才能进而"修道立德"。

对于孔子之"学"的理解,《论语》首篇首章的"学"字十分关键。这一章可以说是人人皆知,孔子说:"学而时习之,不亦说乎?有朋自远方来,不亦乐乎?人不知而不愠,不亦君子乎?"传统的理解并不符合《论语》原意。学者们新的理解可能更近于实际。第一句话是整个意思理解的关键,其中,"学"不是动词,而是名词,即学问、学说;"时"不是指"常常",而是指"时代";"习"不是指"复习",而是指"实践""使用"。这样全章的意思大体是:孔子认为,如果自己的学说被时代或社会所采用,那会令人发自内心地喜悦;如果时代没采用,有赞同自己学说的人从远方而来也很快乐;即使这一点也达不到,所有的人都不理解,自己也不恼怒,这不也是一位具有道德修养的君子吗?

清朝学者毛奇龄就已经指出:"'学'者,道术之总名。"近人程树德也说："'学'字系名辞。"现代学者刘家齐、李启谦先生进而对《论语》首章进行了新的理解，认为本章概括了学者的思想主张与社会实际关系可能遇到的三种不同情况，勉励学者端正态度，树立坚持真理的君子精神。这种解释与孔子一生的出入进退完全符合，更加有利于我们理解孔子思想。

　　孔子一心求仕，热心救世，他的满腔热情换来的却是丧家离国。天下谁人能识君，又有几人能够真正了解自己的抱负呢！这一切自然令孔子感触最深，痛之最切，因此他在言谈之中也会流露出类似情绪。如《论语》记孔子云："不患无位，患所以立"，"不患人之不己知，患其不能也"。不管怎样，自己博学，有治世的真本领最为重要。孔子弟子认识到："夫子之道至大，天下莫能容。"孔子后学知道："有其人，无其世，虽贤弗行矣。"最终，博学的孔子不得不感叹："莫我知也夫！""知我者其天乎！"

（原载于《国际教育周刊》2006年第6期，原标题为《"博学"的孔夫子》）

孔子与中国女性

2004年的中秋节正值孔子诞辰2555周年纪念日，中华孔子学会与国际教育基金会联合举办了一场活动。在主礼人的主持下，北京180对夫妻面对孔子画像重新宣誓：永不离婚。目的在于表彰真爱婚姻，颂扬和睦家庭。

这一活动引起了极大反响，很多人拍手叫好、热情赞扬，也有不少人冷嘲热讽、坚决反对。事情过去了多年，人们的看法依然没有取得一致。人们的态度截然不同，是因为对孔子的妇女婚姻观存在认识上的分歧。正如孔子与中国社会历史文化存在密切关联那样，中国女性的社会地位也与孔子有重要关联。这是一个需要认真加以澄清的问题。

一、对孔子"女子难养"论的误解

由于时隔世移，人们认识中"孔子的可信言论"较少，而且多语录片段，因而理解起来有不少障碍。孔子曾说："唯女子与小人为难养也，近之则不孙，远之则怨。"（《论语·阳货》）由此，世人普遍认为孔子"轻视妇女"。就是这句话，让人们对孔子存在实实在在的误解。

孔子斯语，世人皆知，影响极大！在这里，"女子"与"小人"并言，而且皆被视为"难养"。于是，长期以来，人们一直以之为孔子"轻视妇女"的"铁证"。近代以来，受平等主义、女性解放思潮的影响，人们更对孔子耿耿于怀，由此所引发的争议也纷繁热烈。

孔子轻视妇女？孔子竟然将占人口半数的女性给一口否定了？这似乎有点匪夷所思。那么，孔子实际上要表达什么意思？要理解孔子这句话的真实含义，应对其中关键词语的内涵有准确把握。不难理解，经典诠释应坚持经典溯源，以经典解释经典：回到孔子所传承的文化和他生活的那个时代。

孔子自称"述而不作"(《论语·述而》),孔子所"述"者何?典籍中说得十分清楚,《礼记·中庸》说:"仲尼祖述尧舜,宪章文武。"孔子时代,齐国也有人说:"孔子生于衰周,先王典籍,错乱无纪,而乃论百家之遗记,考正其义,祖述尧舜,宪章文武。"(《孔子家语·本姓解》)按照朱子的解释:祖述者,远宗其道;宪章者,近守其法。孔子崇尚"文武之政",熟知周代文献,那么,有关孔子的一些"拿捏不准"的言论与争议,可以结合周代典籍进行理解。

孔子之时,周初历史文献大量存在,使孔子得以了解与效法"周政"。在阅读周代历史文献时,我们欣喜地发现,周初存在的一个观念对理解孔子"女子难养"说颇具启发意义,那就是"小人难保"。

《尚书·周书·康诰》记周公告诫康叔之语,曰:"呜呼!小子封,恫瘝乃身,敬哉!天畏棐忱,民情大可见,小人难保。往尽乃心,无康好逸豫,乃其乂民。"当时,周公刚刚平定管叔、蔡叔与殷人勾结的叛乱,《康诰》就是这种背景下周公对被封于卫地的康叔的嘱告之辞。这里,"小人"指百姓、小民。孙星衍疏引《释诂》云:"保,康,安也。……小民不易安也。"小民不易安,应当在治理时保持一颗敬畏之心,因为天威之明,唯诚是辅,在民情中可以得到应验。欲安其民,就应当重视他们,就要尽心尽诚,而不能苟安逸乐。总之,因为"小人难保",就应当重视"小人"。

《逸周书·和寤解》中也有"小人难保"之语。该篇记周武王的话说:"呜呼,敬之哉!无竞惟人,人允忠。惟事惟敬,小人难保。"这里的"小人"同样指小民、百姓;保,养也。依《逸周书·序》,本篇是周武王将灭商时,在商郊"明德于众"之作。武王要求众人重视小民,不能与小民争利。尤其重要的是,这里说因为"小人难保",故应"惟事惟敬"。小民很难护养,所以就要事事施之以敬。这正是周人传统的"敬德保民"思想。

这样,我们可以回到孔子了。孔子说"唯女子与小人为难养也",既说"女子难养",又说"小人难养"。"小人难养"与"小人难保"意思一样,《说文解字》明言:"保,养也。""保"训为"养",即护养之意。古代典籍训"保"为"养"者很常见。既然周初认为"小人难保"丝毫没有轻蔑"小人",那么尊崇和效法周政的孔子也同样如此,这正符合孔子的一贯思想主张。由此可以确定,孔子所言"女子难养",也不会带有任何轻蔑、歧视的意味。

在周代,"小人"通常指一般庶民、下层百姓,是相对于为政者、大人、君子的统称。先秦典籍中的"小人"多指劳力者、鄙夫、野人,是王、侯、卿、大夫、士之外的普通百姓。新公布的清华简《保训》篇中有"昔舜久作小人,亲耕于历丘"之语,舜当初所做的"小人"也是此义。周代的女子一般不从事社会活动,她们是相对独立的一个群体。就政治管理而言,对待"女子"与对待"小人"一样,应当十分注意管理方式,应当心存一份敬畏。

那么,"女子""小人"何以"难养"?按照孔子言语字面的意思,应当是说如果对其过分亲昵,他们就难以保持恭敬;相反,如果一旦疏远,他们就可能心生怨愤。也许正因为如此,孔子才特别强调了解"民",正如《孔子家语·入官》记孔子说:"君子莅民,不可以不知民之性而达诸民之情,既知其性,又习其情,然后民乃从其命矣。故世举则民亲之,政均则民无怨。故君子莅民,不临以高,不道以远,不责民之所不为,不强民之所不能。"

孔子所强调的其实是管理的"度"。对"女子"与"小人",要注意"政均",不能"近",也不可"远",以更好地让他们恭敬、不怨。这与朱子所理解的"庄以莅之,慈以畜之"(朱熹:《四书章句集注·论语集注》)大致相同。孔子此语,着重强调对"小人"和"女子"的重视和关注,是对于"女子"和"小人"的深切体察,这恐怕才是孔子斯语的题中应有之义。①

二、孔子格外重视婚姻家庭

在孔子、儒家看来,夫妻男女、婚姻家庭乃是人伦之基础所在,因此,在整个儒家伦理思想体系中,这乃是最为根本、最为核心的内容。孔子认为,婚姻问题不仅是个人问题,而且是家庭问题、社会问题。孔子、儒家从天道自然、人道顺天、阴阳和谐的角度阐释婚姻,将婚姻与国家政治、社会发展联系起来,所以绝对不会片面地轻视妇女,随意休妻。

孔子有"女有五不取(娶)""妇有七出、三不去"的说法。《孔子家

---

① 关于这个问题,更详细深入的论述,请参阅本书《孔子"女子难养"说新论》一文。

语·本命解》记孔子说：

> 女有五不取（娶）：逆家子者，乱家子者，世有刑人子者，有恶疾子者，丧父长子者。妇有七出、三不去。七出者：不顺父母出者，无子者，淫僻者，嫉妒者，恶疾者，多口舌者，窃盗者。三不去者：谓有所取（娶）无所归一也，与共更三年之丧二也，先贫贱后富贵者三也。凡此，圣人所以顺男女之际，重婚姻之始也。

对于"七出"，《大戴礼记·本命》解释说："不顺父母去，为其逆德也；无子，为其绝世也；淫，为其乱族也；妒，为其乱家也；有恶疾，为其不可与共粢盛也；口多言，为其离亲也；盗窃，为其反义也。"今天看来，孔子所说有的具有其合理性，但也有一些并不合理。

婚姻家庭乃是社会教化的开端，孔子自然十分重视男女之际、婚姻之始。尤其孔子所谓"三不去"：妻子有人娶而无娘家可归，与丈夫共守三年之丧，丈夫原来贫贱后来富贵。这都具有十分浓重的人情味！在儒家推崇的礼经《仪礼》之中，就有在妻子去世后丈夫为妻子"期"的礼制规定，即丈夫为妻子服丧一年。对此，《丧服传》解释说："为妻何以期也？妻，至亲也。"在《丧服传》看来，丈夫与妻子要共同承祀宗庙，是最亲近的人。将这一记载同"与共更三年之丧"而"不去"加以比较，二者正可以相互印证。

儒家重礼，当然不意味着不重视婚姻家庭、不重视妇女或妻子。相反，正因他们注重"齐家"，反而更重视家庭和睦，更重视"妇人之德"。但是，儒家重视"妇德"，并不意味着可以随意休妻，事实上，无论是孔子家族还是孔门儒者，他们都没有动辄"出妻"。看来，今日依据古人对《礼记》的误解批判儒家，表示对孔子三世的不齿，还以之为儒家"假道学"的旁证，不仅于史籍记载无征，而且是大错特错了。

有人论证孔子是否轻视女性，有意无意地从论证女性也包括"母亲"在内这样的角度入手，这样的论证不知道到底有多少说服力。但是，也许这可以看作一个客观事实，而我们认为更重要的是，孔子谈孝多把"父"与"母"连言，不仅没有对母亲的轻视，其实更能够彰显他对于家庭的重视。如孔子说："父母在，不远游"；"事父母，能竭其力"；"父母唯其疾之忧"；"父母之年，不可不知也"；"子生三年，然后免于父母之怀"；等等。

在孔子儒家的观念中,男主外、女主内是基于性别差异所导致的社会分工的不同,周代就是这样的社会。《中庸》说:"君子之道,造端乎夫妇,及其至也,察乎天地。"在孔子看来,君子之道是从夫妻关系开始,等达到了它的最高境界,就能显明天地间的一切事物了。从儒家的观点和实践来看,他们有明确的女性意识,这与今天忽视性别差异、盲目追求男女平等完全不同。

三、威权思想改变了女性的境遇

先秦儒家思想具有浓厚的德性政治色彩,而汉代尤其是儒学"独尊"之后的政治学说则带有明显的威权政治特征。西汉以后,女子的地位由与男子相对平等或者并列,逐渐演变为女子服从于男子。

春秋末年,面对"天下无道""礼坏乐崩"的局面,孔子立足于现实,创立了儒学。儒学创立的动机在于"务治",怎样解决社会动乱问题,怎样使"天下有道",这是孔子的终极追求。孔子向往社会"大同",希望社会和顺。为达到这一美好目标,孔子提出了自己的方案,那便是用道德教化来"治人",进行社会管理,以仁、礼思想培养和熏陶人,从而使人向善,最终达到社会"至善"。从实质上说,先秦儒学是一种德性政治学说。

孔子推崇"内圣外王"之道,主张修身与为政的内在统一。修身是儒家治世的根本,作为社会的一分子,上自天子,下至庶人,都要"以修身为本"。无论是个人的修行还是治国从政,先秦儒家的一个共同特征,就是都强调内在修养,强调个体的道德修为,主张"三省吾身""为仁由己",强调"修己""克己""敦于反己"。先秦儒学的基本精神正在于此。

孔子有一句名言:"君君,臣臣,父父,子子。"其本义正与《大学》中孔子的言论一致,孔子说:"为人君,止于仁;为人臣,止于敬;为人子,止于孝;为人父,止于慈。"这句话本是强调君、臣、父、子各自的修养,强调君有君德、臣有臣德、父有父德、子有子德。但人们对此存在严重误解,认为这里是强调君权、父权,强调臣下对君上、子女对父母的绝对服从。

这样的改变,正与先秦儒家的德性政治色彩蜕变相应。先秦儒学强调以人为本、以民为本,重视仁德、重视教化。到汉代,儒学由民间学术上升为官方学术，开始与皇权政治紧密结合，呈现出明显的纲纪观念，尤其重视下对上的绝对政治服从，与以前相比发生了质的变化。

西汉中期以后，儒学被定于一尊，儒家经典成为国家思想与政治生活的组成部分，所以，这个时期经学兴盛，传业者滋多，"盖禄利之路然也"（《汉书·艺文志》）。传经目的不在于弘道，而是将着眼点放在现实政治上面，背离了原始儒学精神。经学博士为满足统治者需要，甚至改变经意，例如在强调"民本"时，他们会自觉不自觉地抛弃孟子的"君轻"论，放弃荀子的"从道不从君"论，而代之以突出君权的"尊君卑臣""君为臣纲"，有意强化君主专制理论。

君臣关系发生了变化，父子关系也由父慈子孝的双向德行发展成父权独尊。孔子注重孝悌，但不片面强调孝。"孝"是子女对父母的义务，"慈"是父母对子女的责任，但汉代统治者强调"孝治"，宣扬孝道，在以孝化民的同时却走向了片面。统治者强调父家长权威，在法律上规定子女的奉养、丧葬、祭祀等一系列义务，父母拥有法律赋予的绝对特权，如支配子女人身、对子女主婚、处置家庭财产等，从立法和司法方面强调子女对父母的绝对服从，形成了汉代父权独尊的单一局面。

武帝时期，董仲舒把君臣、父子、夫妇等伦理关系与天道观联系起来，在天人系统中确立了"三纲"的基本内容。东汉章帝时召开白虎观会议。会后，班固根据章帝的意旨，撰写了具有"国宪"性质的《白虎通德论》，正式提出"三纲六纪"之说。在威权政治气候的影响下，与君臣、父子关系的变化相一致，夫妇关系也发生了变化：先秦时期相对平等的夫妇关系，变成了"夫"对"妇"的支配、"妇"对"夫"的服从。

所谓"三纲"，本来并不包含一方对另一方的"支配"。这正如《孝经》中所说："父有争子，则身不陷于不义。""纲"的本义是提网之总绳，"纲纪"是指事物关系中相对的主次、轻重之别。《白虎通》讲到夫妇问题时也说："夫妇者，何谓也？夫者，扶也，以道扶接也。妇者，服也，以礼屈服也。"又引用《昏礼》"夫亲脱妇之缨"，说明夫要以身作则以赢得妇从。夫妇就像父子那样，虽有主次之分、轻重之别，但只是位置或角色不同，发挥的作用有所不同而已。然而，到了后来却走向了片面，女性境遇发生了极大翻转，最后则是夫权、男权主义盛行，大男子主义肆无忌惮。

四、 传统塑造了中国女性之"美"

在帝制时代，中国女性的地位一直不高，甚至还出现了妇女缠足、婚姻包办、不准改嫁等压抑乃至剥夺女性自由的种种现象。这些情形，在不同时代表现程度有所不同，但细究起来，这些现象的出现与孔子本人并没有直接关系。例如，妇女缠足可能就出现在孔子逝世1300多年以后的五代时期；而"女子无才便是德"这样的民间说法，也可能是到了明末才开始出现。

在汉代以后出现压抑、压迫妇女现象的同时，人们也开始关注女性，关注其"内在美""内涵美""阴柔美"。正因如此，"女子无才便是德"之类的说法遭到了很多人的反对。如明末赵如源在给《古今女史》作序时就说："夫'无才便是德'似矫枉之言，'有德不妨才'真平等之论。"清人章学诚则说："古之贤女，贵有才也。"清朝一妇女作《女范捷录》，其中说："男子有才便是德，斯言犹可；女子无才便是德，此语诚非。盖不知才德之经与邪正之辨也。"

中国古典的女性美，主要体现在女性的坚强、柔顺、刚毅、低调、矜持、内敛、善良、体贴、智慧、端庄，以及相夫教子、勤俭持家、无怨无悔、孝敬父母和公婆等方面。当然，这样的女性，现代中国社会也比比皆是。她们之所以如此，是源于其内心的操守，源自塑造她们的儒家文化。

历史上有"男尊女卑"思想，这一思想产生很早，影响很大。《周易·系辞上》说："天尊地卑，乾坤定矣。……乾道成男，坤道成女。"所以说，孔子之时已经有了"男尊女卑"思想。然而，正像《周易·系辞上》所说的"天"与"地"的关系那样，"男"与"女"的"尊"与"卑"在很大程度上还是一种次序，是"先"与"后"、"主"与"从"的关系，"天"或者"男"的"尊"与"贵"，与后世所理解的"尊贵"有程度上的不同。"夫为妇纲"的"纲"，其本义也是如此。

周代婚礼中就体现了对女性的尊重。《礼记·昏义》说："昏礼者，将合二姓之好，上以事宗庙，而下以继后世也，故君子重之……夫妇有义，而后父子有亲；父子有亲，而后君臣有正。"婚礼有固定的程序，每个程序其实都体现了对女子的尊重。例如"纳征"，是男方向女方送聘礼，表示正式订婚，也是为报答女方父母的养育之恩，表示男子愿为女子承担起生活重担，关心照顾女子。"请期"是男方择婚期告知女方征求同意；"亲迎"则是男子亲自迎接新娘。

在周代，平民女子没有受教育的权利，所以女子有"三从"之说，即"未嫁从父、既嫁从夫、夫死从子"。这里的"从"有"顺从""服从"之意，同时更包含了对女性社会生活、社会地位的保障，所以，《礼记·郊特牲》特别强调说："夫也者，夫也；夫也者，以知帅人者也。玄冕斋戒，鬼神阴阳也。将以为社稷主，为先祖后，而可以不致敬乎？共牢而食，同尊卑也。故妇人无爵，从夫之爵，坐以夫之齿。"男子在祭祀中要"敬"，因为他有重要的家庭责任，夫人要"从夫之爵"，丈夫要与妻子"同尊卑"，丈夫的地位决定了妻子的地位。这如同后世的"妻以夫贵""母以子贵"。

女子在社会、家庭中的地位，使"相夫教子"成为她们追求的德行修养。在这样的前提下，女性的人生价值观得以确立，女性之美也从而有了方向性的规定。在周代，贵族女性十岁之后就要开始接受专门的女子教育，在家中由女师教给她们婉娩听从，学习妇功。《礼记·内则》说："女子十年不出，姆教婉娩听从，执麻枲，治丝茧，织纴、组、紃，学女事以共衣服，观于祭祀，纳酒浆、笾豆、菹醢，礼相助奠。"女子结婚以后，就十分强调"四德"，这在《礼记·昏义》里有明确记载。

"四德"也称"四行"，即妇德、妇言、妇容、妇功。《周礼·天官冢宰》说："九嫔，掌妇学之法，以教九御。妇德、妇言、妇容、妇功，各帅其属，而以时御叙于王所。"关于女子的"四德"，东汉的班昭在《女诫》中进行过具体的解释：

> 夫云妇德，不必才明绝异也；妇言，不必辩口利辞也；妇容，不必颜色美丽也；妇功，不必工巧过人也。清闲贞静，守节整齐，行己有耻，动静有法，是谓妇德。择辞而说，不道恶语，时然后言，不厌于人，是谓妇言。盥浣尘秽，服饰鲜洁，沐浴以时，身不垢辱，是谓妇容。专心纺绩，不好戏笑，洁齐酒食，以奉宾客，是谓妇功。

班昭认为，这些方面是"女人之大德而不可乏者"（《女诫·妇行》），这分别是从德性、言说、容貌、劳作等方面对妇女的伦理要求。

妇德由女子在家庭中的地位所决定，正像男子立身社会需要有君子之德那样。男性立身处世，在社会公共领域里活动，就应该加强修养，遵守孝、悌、忠、信、礼、义、廉、耻诸德行。《论语·学而》说："入则孝，出则悌，谨而信，泛爱众，而亲仁。行有余力，则以学文。"士君子要孝敬父母，恭敬兄长，谨慎守信，善良和众，进德修业；同时又要富于智慧与仁爱之心，有担当意识，见义勇为；等等。女德与士德相应，因为男女有别，女子活动的领域主要在家庭，就像士君子在外听从于上级或者君王那样，主妇在家要服从于丈夫，丈夫死后服从于儿子。显然，这种听从不是没有原则的盲目顺从。

（根据作者 2012 年 12 月 4 日在维也纳大学孔子学院国际儒学研讨会上的演讲整理而成）

孔子的感情生活

2004年的中秋节正值孔子诞辰2555周年纪念日，中华孔子学会与国际教育基金会联合举办了一场活动。在主礼人的主持下，北京180对夫妻面对孔子画像重新宣誓：永不离婚。目的在于表彰真爱婚姻，颂扬和睦家庭。

这一活动引起了极大反响，很多人拍手叫好、热情赞扬，但也有不少人冷嘲热讽、坚决反对，因为孔子本人可能曾离婚"出妻"。那么，事情到底如何？怎样看待这一问题？应当走近孔子的生活，了解他的感情世界。

一、 母爱成就了孔子的"博学"

人们说，孔子之为孔子是"天纵之将圣"，他生活在春秋末年的乱世，是这个时势造就了他。还有人说，孔子生活的鲁国是周公封国、王室懿亲，文化积淀深厚，是鲁国浓郁的礼乐文化氛围培育了他。

然而，孔子自幼"好学"，关键还在于他的母亲。在母亲的教育下，孔子刻苦努力，终于成为"详于万物"的"博学"之人。

孔子父亲名叔梁纥，是鲁国的陬邑大夫。叔梁纥的妻子生了九个女儿，却没有儿子。他的妾生了一个儿子，却患有足疾。他求子心切，于年近六旬时向颜氏求婚，颜徵在因此嫁给了叔梁纥。颜徵在便是孔子的母亲。

据说，徵在嫁到叔梁纥家，三个月后行庙见之礼，正式成了孔家的媳妇。因为丈夫年龄大，她担心不能及时有儿子，便偷偷到尼丘山祷告，祈求生子。

所以，后来生了孔子给他取名为丘。孔子三岁时，叔梁纥就去世了。

叔梁纥去世后，颜徵在带着儿子到了鲁都。他们之所以迁居到鲁国都城，一则可能那里是颜徵在的娘家，因为颜氏本来就是鲁国的大族，后来孔子收徒教学，来自鲁国的弟子中，颜氏子弟就有好几位；更为重要的，可能是因为那里是鲁国的政治、经济、文化中心，非常有利于孔子的成长。

孔子的先祖本来是宋国的贵族，其祖先虽然迁来鲁国，地位衰落，但父亲叔梁纥仍然具有一定的社会地位。叔梁纥晚年向颜氏求婚，颜徵在尼丘山祈求得子，似乎也对振兴家族抱有深深的期望。可以推想，来到鲁都后，颜徵在培养年幼的儿子方面一定不遗余力。

果然，孔子没有辜负母亲的期望，很小的时候，他与小朋友一起做游戏玩耍，就常常摆上坛坛罐罐之类的东西作为礼器，学着大人的模样，有板有眼地演习礼仪。鲁太庙是祭祀周公和鲁国历代先祖的地方，这里是鲁国礼仪的中心，孔子小时候常常跑到太庙去观看祭祀礼仪。他遇到不明白的地方，就主动向他人请教。有时候他刨根问底，问的问题很多，以至于有人怀疑他是否懂事。但孔子认为，不懂就问，这应当是符合"礼"的要求的。

孔子不仅"好学"，而且"乐学"。他把学习也当成快乐的事情，这恐怕是孔子在母亲悉心教导下慢慢形成的良好习惯。孔子几乎不放过一切求知的机会，他曾说："三人行，必有我师焉。"郯国的国君到鲁国来朝见鲁公，谈论少昊氏何以"以鸟名官"。孔子听说后，便前往求教。孔子曾适周向老聃问礼，又向师襄学琴，所以他也深谙礼仪，熟悉音乐。

孔子的人生境遇也是他的宝贵财富。民间社会是很好的大课堂，孔子在这个大课堂里学到了太多的东西。父亲去世后，孔子与母亲相依为命，家境贫寒，处在社会底层，他不得不从事各种各样的劳作，做一些"低贱"的事情，也做过管理仓库、看管牛羊的小官。

家庭的磨难使他得以了解社会和人生，懂得了民间疾苦，丰富了自己的人生。例如，孔子的母亲刚刚去世，还在服丧时期，鲁国季孙氏设宴招待士人，孔子便兴冲冲赶去，然而，他却被季孙氏的家臣阳虎挡在外面。阳虎说："季氏招待士人，没有说招待你呀！"不难看出，在母亲的教导下，孔子渴望改变自己的社会地位。

孔子主动向人们请教问题，也在社会生活中认识社会，增长了许多知识才干。在不断的学习中孔子尝到了甜头，他曾自信地说："就是只有十户人家的小地方，也一定有像我一样忠信诚实的人，但很难找到像我这么好学的人。"正是孔子的"好学"，成就了孔子的"博学"。当时就有一位"达巷党人"评论孔子，认为他真了不起，真是博大，他学问领域宽广，绝不只是某一方面的专家。当时的音乐家苌弘更认为孔子"博物不穷",简直有"圣人之兴"的气象。孔子上通天文,下知地理;熟悉历史,深谙现实;他讲治国平天下的"大道理",也谈为人处世的"小枝节"……

二、说孔子曾"休妻"是重大误解

孔子从天道自然、人道顺天、阴阳和谐的角度阐释婚姻,将婚姻与国家政治和社会发展联系起来,认为婚姻不仅是个人问题,也是社会问题,男女、夫妻、婚姻乃是人伦之基。诚如《中庸》所说:"君子之道,造端乎夫妇,及其至也,察乎天地。"没有哪位思想家比孔子更重视夫妻关系与婚姻家庭的和谐。

但是,多年以来,史学界却流传着"孔子出妻"的说法,以为孔子曾休妻离婚,并且还引发出孔氏数世都曾"出妻"之说。如果是这样,人们面对孔子画像宣誓忠于婚姻,的确显得"滑稽""好笑"。其实,事情的真相并非如此!

前人关于孔子"出妻"之说的叙述,其实都是源自《礼记·檀弓上》。其中说:"伯鱼之母死,期而犹哭。"伯鱼是孔子的儿子孔鲤。期,指期服,为期一年的丧服。这是说伯鱼的母亲去世一年后,伯鱼还在为母哭丧,孔子听到后,责备这不符合礼制。

由此,孔颖达在《礼记正义》中解释说:"时伯鱼母出,父在,为出母亦应十三月祥,十五月禫。"在他看来,当时伯鱼的母亲被"出",其父亲健在,为被"出"的母亲也应该十三月祭祀,十五月举行除服的祭祀。他还认为,这里说"期而犹哭",则是说祥祭以后禫祭之前,祥祭之外不应再哭,但那时伯鱼又在祥祭之外哭,所以孔子责怪他,是埋怨他做得过分。孔颖达是根据伯鱼为母亲服丧的时间,确定伯鱼母被"出",即肯定孔子曾经休妻。

孔颖达这里所谓"伯鱼母出"应该就是孔子"出妻"的最早出处了。期,是古代丧服名称,指一年时间。这里的"期而犹哭",是说伯鱼在为母亲服丧一年之后还没有除去丧服。但孔颖达所说是有严重问题的。

《仪礼·丧服》说:"期者,父在为母,妻,出妻之子为母。"这里说的是"期"的三种情况:第一,母死,父在,为母期;第二,妻子死,丈夫为妻子期;第三,出妻之子为母期。《礼记·檀弓上》说"伯鱼之母死,期而犹哭"，显然是违背了第一种情况的丧制规定：母死，父在，为母期，过期则当除服。出母无禫，期可无哭。伯鱼丧母，期而犹哭，忘却其父孔子仍然健在。故孔子责之，伯鱼遂及时改正。孔颖达显然是由此就联想到了"出妻之子为母期"，而忽略了"父在为母"的第一种情况。

那么，为什么不是第三种情况？为什么不是伯鱼以"出妻之子"的身份为母亲服丧？因为《仪礼·丧服》在上述引文之后，接着还有"出妻之子为父后者则为出母无服"的记载。所谓"出妻"，即被休之妻；所谓"出母"，乃是生身之母。如果被休的妻子去世，他们共同的儿子如果是丈夫的继承人，即使生身母亲去世，儿子也不能为之服丧一年。

孔子只有伯鱼这一个儿子，伯鱼是孔子的唯一继承人，他作为孔子之"后"没有任何问题。按照《仪礼·丧服》的规定，如果伯鱼母亲被"出"，伯鱼之母去世时，他是不能为母亲服丧的。这就是说，《仪礼·丧服》的规定证明，伯鱼在母亲死后"期而犹哭"的事实，不仅不能说明伯鱼之母曾经被"出"，反而应当是孔子未曾"出妻"的强有力证据。

与孔子"出妻"说紧密相连的，还有所谓"孔氏三世出妻"的说法。孔氏"三世出妻"，指的是孔子、伯鱼、子思三世都曾经休妻。也就是说，孔子家族不仅孔子休妻，孔子的儿子孔鲤（伯鱼）、孙子孔伋（子思）也都曾休妻。其实，这同样也是对"出母"一词的误解。

一直以来，许多人认为孔子是轻视女性的，其铁证就是那句"唯女子与小人为难养也，近之则不孙，远之则怨"。其实，这里的"小人"是平民、没有官职的草民的意思，"难养"是不要忽视、随便对待的意思。"小人难养"，即《尚书》《逸周书》中提到的"小人难保"，体现的是周人传统的"敬德保民"思想。孔子没有轻视"小人"，同样没有轻视"女子"！还有人不仅误解这句话，还由此来解释孔子的夫妻关系，可谓大错特错！[①]

三、孔子和他的子孙们

曲阜的孔林是孔子及其后裔的墓地，前面中部的院子是其核心与灵魂。孔林里有数不清的墓葬，但这个院子安葬的只有孔子、孔子的儿子孔鲤和

[①] 更详细深入的讨论，请参阅本书《孔子"出妻"说及相关问题》一文。

孙子孔伋。孔鲤墓在孔子墓东侧，孔伋墓在孔子墓前面，当地俗称这种葬式为"携子抱孙"。这似乎昭示着孔子永远享受着他生前的那种天伦之乐。

孔子的家庭一定是温馨的。他有儿有女，有侄子有侄女，还有孙子；他的女儿、侄女嫁给了他的弟子。儿子、侄子也像自己的弟子那样跟从自己学习。对自己的子孙们，孔子同样倾注了满腔的关怀。

他关心孩子们的婚姻，在为女儿、侄女择偶时，十分注重品德与能力。孔子很赏识自己的弟子公冶长。据说，公冶长当时无辜获罪，但孔子知道他聪颖好学，博通书礼，德才兼备。他虽然身陷牢狱，但这并不是他的罪过。在这样的情况下，孔子还是把女儿嫁给了他。孔子的另一位弟子南容富有智慧。他自持有度，世道清平时能够自保不遭废弃，世道昏暗时不同流合污。孔子十分赞赏这样的处世原则，大概兄长早逝，所以由他主婚，把侄女嫁给了南容。

关心子女，最重要的是敦励他们的学习。孔子教育孔鲤要学而不厌。他开导儿子说，无论怎样的人，如果"终而有大名，以显闻四方，流声后裔"，一定是学习的功效。人的成长若是一定论其泉源，一定非学习莫属，所以，"君子不可以不学"（《孔子家语·致思》）。

孔子培养了那么多的弟子，那么他如何教育自己的儿子？有的弟子感到好奇，悄悄向孔鲤打听，想知道孔鲤是否在老师那里听到过特别的教诲。孔鲤给他介绍说，有一次，他看见孔子独自站在堂前，当自己快步从庭院走过时，孔子问他学诗了没有。孔子教导说："不学诗，无以言。"又有一天，孔子问学礼了没有，孔子教导说："不学礼，无以立。"孔鲤认为，自己所受到的主要是诗、礼之教。这位弟子十分感慨，他不仅知道了关于"诗""礼"的道理，还了解到君子在教学上没有独厚其子的品质。

侄子孔蔑与弟子宓子贱一起做官。孔子到孔蔑那里去，问他做官以来有何得失。孔蔑觉得自己忙忙碌碌，有点首尾难顾，所以没有得到什么。孔蔑认为，公事一件接一件，自己的理想很难付诸实践；薪俸不多，勉强度日，不能分给内外亲属，与他们的亲情在慢慢疏远；公务急重，缺少了与朋友们的一些联系，感情在日渐缺失。

孔子听了很不高兴。他又到宓子贱那里，问了同样的问题。宓子贱的回答与孔蔑不同。子贱认为，自己原来学习诗书礼乐，现在得到具体的体会和实践，自己的理想追求更加明晰；所得的俸禄虽然不多，但力所能及地帮助内外亲属，骨肉之亲更密；虽然公务缠身，但兼顾到吊唁死者、探望病人，因此朋友之情更浓。

对此，孔子十分感慨，他称赞宓子贱真是个君子！孔子认为，如果鲁国没有君子，宓子贱不会如此。孔子似乎是在用这样的方式告诫侄儿，应当善于从周围的环境中慢慢提升自己的人生境界。

孔子晚年十分不幸，儿子在他年近七十的时候先他而逝。然而，年幼的孙子聪明伶俐，给了他莫大的安慰。一天，孔子独坐叹息，孔伋上前问道："您是担心子孙不能继承祖业，还是遗憾不能实现王道理想？"当时的孔伋还是个孩子，他能够说出这样的话，着实让孔子感到惊奇。孔子问故。孔伋说："我听您教诲说，父亲劈柴，儿子不能将柴背回，就是不肖。我每想到这里就惶恐不安，所以不敢懈怠。"他自幼就以承继孔子之道为己任。

四、孔门师徒间的"拟血缘亲"

孔子身边常常聚集着一批弟子。他们听孔子讲学，与孔子聊天，跟孔子习射……孔子一生的大部分时间都有弟子陪伴，无论是教学还是闲居，无论是周游列国还是晚年在鲁。直至临终，都有弟子不离左右。

孔子长事教育，先后到他的门下求学的有三千人之众，"身通六艺者"就有七十余人。孔子本人曾说，凡是到了一定的年龄，愿意跟从学习的，他都给予不倦的教诲。孔子满怀救世理想，栖栖惶惶，四处奔走，"知其不可而为之"。孔门师徒组成了一个行道群体，他们有共同的理想、共同的追求。

孔子弟子带着"从政"的目的跟从孔子学习，孔子教之以穷理、正心、修己、安人的道理，向他们传授忠恕之道。时人评论说："孔子之施教也，先之以诗书，而道之以孝悌，说之以仁义，观之以礼乐，然后成之以文德。"（《孔子家语·弟子行》）孔子先以诗书教育弟子，然后用孝悌思想教导他们，用仁义说服他们，用礼乐启示他们，以成就他们的道义和德行。

孔子与弟子朝夕相处，他非常了解弟子，对每个学生的特点几乎都了如指掌。在教学过程中，他根据每个人的具体情况进行教育。孔子教学的形式也灵活多样，无论是闲居还是出游，或者师徒临时相聚，他都可能与弟子讲论问题。弟子们珍视师说，将孔子的"善言嘉语"随时加以记录。

如子张向孔子"问行",孔子回答说要认真履行"言忠信,行笃敬"六个字。子张听后,担心忘记,连忙写在腰间的带子上。孔子弟子都是如此。很多时候,弟子觉得老师见解精辟,往往随时加以记录整理。

孔子晚年,他的言语弟子更是格外珍视。孔子教学时,他的旁边往往有专人进行记录。《孔子家语·七十二弟子解》就记载了这样的场景,孔子讲学时,旁边有年轻弟子负责笔录。弟子叔仲会比孔子小五十岁,与孔旋年龄相当,每当有学童在孔子身边执笔记事,二人常常轮流服侍左右。以孔子为中心,师徒们常常相聚研讨,切磋琢磨。

在亲密的相处之间,孔子与弟子们结下了深深的情谊。弟子服膺师说,也与老师同甘共苦,志趣相投。无论是为政之余还是困顿之时,都有弟子如影随形,不离不弃。孔子关心弟子的学业,也关心他们的生活,关心他们的成长。弟子进步了,他往往掩饰不住内心的喜悦;弟子有缺点,他可能会毫不客气地指出来;弟子生病了,他亲自前去探望;弟子家庭困难,他尽力加以接济……

在孔子的教导下,有的弟子走上了"从政"的道路;有的则继续研究经典,传承学术;还有的在生活中践行孔子学说。孔子弟子视孔子"犹父"(《论语·先进》),孔子也视弟子"犹子"。孔子逝世后,孔子弟子"丧夫子如丧父"(《孔子家语·终记解》),为孔子服丧三年,子贡甚至服丧六年。

孔子弟子服丧结束后,很多人"散游诸侯",在各地传播与弘扬师说;还有一些弟子留下来,与鲁人百余家居住在孔子墓附近,形成了一个名为"孔里"的村落。《史记·孔子世家》说"故所居堂,弟子内",孔子弟子有的就住进了孔子家里,并将这里改作祠堂,岁时奉祀孔子。

孔子与他的弟子不是父子胜似父子,没有血缘关系却形成了"拟血缘亲",他们的师生情谊,对传统中国影响至深。

〔原载于《国学茶座》(第二期),山东人民出版社2014年版〕

孔子真的会武功吗？

问：日前，电影《孔子》因传闻其中提到"孔子会武功"而受到关注。对此，有网友提出，孔子武功高强在《史记》中是有明确记载的。孔子倡导的"六艺"当中的御、射，就是骑马、射箭等军事技术。再说，在春秋战国的混战年代，孔子没点儿身手，随便一个匪徒就把他料理啦，怎能周游列国呢？我觉得，孔子是古代先贤，不应戏说孔子。想问问，孔子真的会武功吗？

答：由于孔子在我国历史文化中具有特殊地位，人们特别关注孔子，希望用不同的手段表现他，展现他的形象。但是，因时代悬隔、材料匮乏，在许多具体问题上，人们仍然认识模糊，存有争议。

孔子是儒家的创立者。在儒家产生前，已经有"儒"存在。《说文解字》说："儒，柔也。术士之称。"郑玄说："儒之言，优也，柔也。能服人，能安人。""儒"最初应指以教书相礼等为职业的一种人。就像"文"与"文弱"相近而与"武"相对那样，人们往往将"儒"与"柔弱"相联系。由此，在人们看来，孔子似乎也应是一个文弱之人。

其实，"儒"与"儒家"既有区别，又有联系。"儒家"来源于"儒"，儒家中的人有的就仍操"儒"之职业，但两者却不是一回事。按照冯友兰的说法，在"儒"之中，有人"欲以昔日之礼乐制度平治天下，又有予昔日之礼乐制度以理论的根据者，此等人即后来之儒家"。孔子等儒家关注社会、关注人生，立意高远，视野开阔。他们提倡修身，着眼点在于安人、服人，也不纠缠于礼的细枝末节。

孔子重视教育，重视人的培养。在周代，贵族教育有"小学""大学"之分。朱熹曾说，那时，"人生八岁，则自王公以下，至于庶人之子弟，皆入小学，而教之以洒扫、应对、进退之节，礼、乐、射、御、书、数之文；

及其十有五年，则自天子之元子、众子，以至公、卿、大夫、元士之适子，与凡民之俊秀，皆入大学，而教之以穷理、正心、修己、治人之道。"所谓礼、乐、射、御、书、数等"六艺"，乃"小学"必修。春秋时期，战争与祭祀一样为人人所关心、关注，人人都懂射、御。孔子自然也修习礼、乐、射、御、书、数这"六艺"，甚至达到了精通的程度。只不过，一般所说孔子重视的"六艺"或用以教授弟子的"六艺"，乃是"六经"，也就是经他整理研究过的《诗》《书》《礼》《乐》《易》《春秋》。在孔子看来，"六经"可以教化社会人心，包含了"修己安人"的"大学之道"。如果说"小学六艺"主要集中在知识与技能层面的话，那么，"孔子六艺"所蕴含的是儒家修齐治平的思想学说。

孔子主张和平，反对战争。《论语》说："子之所慎：斋、战、疾。"也就是说，孔子慎重对待斋戒、战事、疾病。虽然军事战争是国之大事，为时人所重，但他却反对专注于兵战。例如，卫灵公向他询问有关战事的问题时，他就很不耐烦，说："俎豆之事，则尝闻之矣；军旅之事，未之学也。"他与弟子曾经谈到，理想社会应当是"城郭不修，沟池不越，铸剑戟以为农器，放牛马于原薮，室家无离旷之思，千岁无战斗之患"。但理想毕竟只是理想。孔子也知道，治理邦国，应力求做到"足食""足兵""民信"，这三方面都十分重要。

庄子曾将"内圣外王之道"称为无所不包的"道术"，认为抓住一点不及其余的学术是"方术"。孔子之学包罗宏富，包蕴精微，应属"道术"。如《孙子兵法》谈论兵战，就特别重视"道"，将其作为国家安危存亡的关键，说："道者，令民与上同意也，故可以与之死，可以与之生，而不畏危。"上下同欲、君臣同心，至关重要。孔子希望人们了解社会，懂得社会，也注意从细节上关心民众。尽管孔子反对战争，但战争终究不可避免。所以，他说："以不教民战，是谓弃之。"也就是说，如果不对百姓进行训练等，就让他们上战场参加战斗，无异于抛弃他们。孔子的弟子冉有曾为季氏带兵打仗，取得胜利。当季氏问冉有关于军旅的知识从哪里来的时，他说是"学之于孔子"。可见，在冉有看来，孔子乃是"大圣"，其学无所不包，"文武并用兼通"。

综上所述，说孔子文武双全应该没有问题。孔子不仅考虑治国安邦，而且着眼于"平天下",通晓射、御、善射、会驾,懂得军事,了解兵战。但是,如果说孔子"武功高强",则缺乏直接材料。当然,这里所说的"武功",是指今人习惯上所说的武术、技击之类,或者冷兵器时代的御敌格杀技能。此外,可以肯定的是,孔子没有现代武侠小说中那类飞来飞去、隔空伤人的"神功"。

孔子父亲和孔子周游的安全问题,并不能直接作为孔子武功高强的佐证。孔子父亲确以勇力闻名于诸侯。在一次战斗中,他力托城门,救出众多士兵。孔子本人也长得高大,人称"长人"。据说,孔子也像他的父亲那样,力气可以"举国门之关",但是,他"不肯以力闻"。孔子曾经奔走在诸侯之间,他栖栖惶惶,有时也会遭到攻击和围困。但是,在周游列国时,他总有弟子相伴,且他的弟子中就有像子路一样"有勇力才艺"、不惧争斗的人。孔子曾说,自从子路入门,"恶言不闻于耳",子路维护师门,保护孔子,起到了很好的"御侮"作用。

(原载于《解放日报》2009 年 4 月 5 日)

如何看待孔子的旅行足迹

从京台高速公路到曲阜,首先看到的是名曰"孔子列国行"的大型雕塑;走104国道从北部来曲阜,进入城区首先看到的是"孔子列国行"曲阜城市标志。在世人心目中,孔子就是一个栖栖惶惶、四处奔波的人。事实上,孔子一生奔波,仅仅他"周游列国"的十几年,给人们这样的印象也足够正常了。

一、 孔子为什么要游学?

春秋战国时期的很多士人都是经常在列国之间游走的。孔子本人就说过:"今丘也,东西南北之人也。"像孔子这样游学讲学,漂泊不定,可能是那时许多士人的常态。尤其在官学式微之后,人们礼乐知识的丰富,为政经验的学习,恐怕都需要"走出去"才能做到。孔子不仅"入太庙,每事问",还向老子问礼,向师襄学琴,听说郯国国君到来便连忙跑去请教。他说自己"欲观夏道,是故之杞","欲观殷道,是故之宋"。因为他"学无常师",才最终"博学不穷"。孔子求学东奔西走,推行主张也四处游历。

孔子以后,不仅他的弟子"散游诸侯",先秦时期的几位儒学大师也都如此。子思、孟子都游历各国,孟子甚至"后车数十乘,从者数百人,以传食于诸侯",浩浩荡荡,可谓场面宏大。荀子甚至十五岁就离开家乡到了齐都。在那个周天子威权衰落、诸侯纷争的年代,人们的生活不再平静、安逸,各种文化因素不断强烈碰撞,为思想发展提供了契机。下层的士人得到了解放,他们关注民事,关怀社会,逐步取得了独立的社会身份。而那些汲汲以求霸业的诸侯也渴求人才的帮助,他们"厚招游学",推动了士阶层的兴盛,产生了以"劳心"为特征的知识分子。

政治的多元为思想文化的多元提供了前提,诸侯列国彼此不相统属,学术环境相对宽松得多。在这样的社会生活中，士人可以充分展开自己的想象，发挥自己的才干，独立进行创造性精神劳动，"游学"之士可以集中精力从事精神性创造事业。因此，作为社会的特殊阶层成员，士人们走公室，跑私门，希望得到任用，推行政治主张，同时又可以"合则留，不合则去"。孔子就曾以自由的鸟儿自比，认为自己可以在政权林立的众树之间选择栖身之所。

那么，孔子都去过哪里？孔子去过多少地方？可以肯定地说，除了周游列国的十四年间，孔子还到过很多地方，至少他去过齐国，到过杞国，到过宋国，还到了东周洛邑。孔子行迹遍布各地。他不仅是因为"好学"而"求知"，更为实现理想而奔波。梁启超认为，包括孔子思想在内，诸子学说，"皆起于时势之需求而救其偏弊"；胡适则认为，儒、墨、道、法等家"皆忧世之乱而思有以拯济之，故其学皆应时而生"，都是正确的说法。在那个"天下无道""礼坏乐崩"的乱世，孔子"志于道"，希望以周代礼乐重整社会。孔子以维护天下一统和重建王道之业为己任，到处奔走，希望实现社会理想。他以"爱人"解释仁作为仁德的标志，不仅希望以"仁爱"精神处理人与人之间的关系，更以"仁爱"原则治国安邦。在他看来，如果社会中的每个人都能做到"仁"，具有仁爱之心，上下、长幼、和谐有序的礼治社会便不难实现了。

二、观孔子行迹，我们能学到什么？

当年，西汉太史公司马迁曾到鲁地，专门感受孔子。《史记·孔子世家》记载了他的话："余读孔氏书，想见其为人。适鲁，观仲尼庙堂车服礼器，诸生以时习礼其家，余祗回留之不能去云。"他在深深思考：天下君王至于贤人是很多的，当时则荣，没则已焉。孔子布衣，何以能够传十余世，学者宗之？孔子"至圣"，所以自天子王侯，中国言六艺者折中于夫子。我们今天纪念孔子，学习和弘扬他的思想学说，那么，也可以像司马迁那样读孔子书，观孔子行迹。

由于地处孔子故里，我有幸得以见到更多倾心向慕孔子思想和儒家学说的人士。二十多年前就有香港友人"重走孔子周游列国路"；后来又有媒体采风团驾车感悟孔子"列国游"；近些年来，组织类似活动的人更多。这样的活动很有意义，人们这样做，都有大致相近的目的，就是通过这样的活动，回想孔子的时代，理解他的艰辛，感受他的指向，走近他那颗平凡而伟大的心灵。

观孔子行迹，实际是为了与孔子建立链接，走近他的那个时代，走近他那颗伟大的心灵。有时，我们所观孔子行迹，或者为后人附会，未必完全与历史事实相符，但它可以把我们带到历史的深处。这就像参加祭祀活动，孔子说"祭如在，祭神如神在"。每当我们置身其中，处在一个"如在"的环境中，去追寻、去思考，就会使我们生发特别的情景感。这就像古圣先贤所说的"知人论世"，更好地感触与接收经典中圣贤的"善言嘉语"。

无论是参观还是祭奠，抑或其他礼仪活动，目的在于涵养心性，陶冶性情。在这样的活动中培养人的内心情感，便不言而喻。人们观孔子行迹，不仅仅在于"观"，更重要的是同时开展心中的"思"。"观"或"游"这种形式背后，有"敬"的心理生发和情感升华。古代强调"以祀礼教敬"，例如孔子经常教导大家："祭礼，与其敬不足而礼有余也，不若礼不足而敬有余也。"孔子强调"敬鬼神""祭思敬"，都是说祭祀时"敬"的重要性。孔子强调礼的损益关系，时代变化，礼的形式随之改变，但其内涵是不会改变的。

人之敬来自心灵，人之敬取决于信念与信仰，因而祭祀具有特殊的神圣性。敬是对待事物的一种态度，是指人受感动而产生的恭敬和钦佩。通过祭祀仪式达到"致其敬"的目的，所以"敬"之于祭祀须臾不可离。无论形式怎样变化，目的都在于借助庄严、庄重气氛的烘托，使现场笼罩在神圣的氛围中，人们放弃自我而置身其中，使个人得到感染与熏染。

参观与凭吊之类的游学活动，其意义正在于此，否则"游"便缺少了灵魂。这就是说，人们游览古迹，凭吊孔子圣迹，耳闻目睹，有见有思，就走进了孔子的世界，走进了我们的文化传统。

三、孔子游学对当下的启发

孔子强调道德教化、修齐治平，主张德育以"行"为出发点，靠"行"来检验。我们应将孔子"知者乐水，仁者乐山"以及善于引导学生思考等思想贯穿在研学旅行的过程中。孔子与弟子一起进行的教与学，往往与"游"在一起，例如他们曾"北游于农山"，"游乎缁帷之林"，他与弟子们畅谈志向、读书弦歌，德性与志趣的提升也就融入"游"的过程之中了。

孔子还有一句话在今天影响很大，那就是"父母在，不远游，游必有方"。"远游"之"远"乃相对而言，它可能不仅仅在于空间或者时间，更有心灵的因素。孔子时代与当今不同，那时通信、交通不便，子女在外，连捎个信儿回家都很困难。试想，如果子女"慆慆不归"，肝肠寸断、哭瞎双眼的不都是疼爱自己的爹娘吗？远离父母，难尽最起码的孝道，恐怕只能徒留"子欲养而亲不待"之类的浩叹。当然，今天通信便利、交通便捷，可以经常电话问候父母，父母需要侍奉时子女也能及时出现，可以不用斤斤计较距离的远近。孔子所说的"不远游"，基本精神在于为人子女不可不知父母的牵挂，这是一个并不难理解的道理。

这里，尤其不能忽略的是，在"父母在，不远游"之后，孔子紧接着还有一句很关键的话，就是"游必有方"。所谓"方"，是指方向、地方或者处所。父母在世，尽量不要远游，却不是不可远游。一方面，父母盼儿女平安，儿女盼父母健康；另一方面，父母期待子女成材，子女也希望自己成材。理解父母的牵挂，知道自己的义务，就不该远离父母的视野，应当让父母"知其所之"，不用苦苦挂念和担忧自己去了哪里。孔子的话符合天理人情，不可拘泥解读。

说到孔子的"游"，很多人可能会首先想到他曾"周游列国"。算起来，他在世的七十多年中，有五分之一的时间不在鲁国。孔子年轻时曾适周问礼于老聃，至晋学琴于师襄，在齐闻《韶》乐，到宋得《坤乾》，至杞得《夏时》。孔子的最后一次"出游"是从公元前497年到公元前484年，"周游"期间他可能也曾返鲁，但时间不会太长。人们通常说他"周游列国"即指此次出游。

但孔子后来的"周游"更像是"政治流亡"，他长期漂泊，栖栖惶惶，目的是寻找可以施展政治抱负的理想国度。良禽择木而栖，但他到处奔走，却未找到合适的栖身之所。孔子"周游"说见于《孔丛子·记问》。孔子作《操》曰："周道衰微，礼乐凌迟，文武既坠，吾将焉师？周游天下，靡邦可依。"孔子感叹王道废弛，没有可以施展政治抱负的国度。他自称"周游天下",《吕氏春秋·孝行览》则称"孔子周流",《孔子家语·七十二弟子解》称"孔子周行"。显而易见，他的出游实际带有很多的被动与无奈。

孔子"志于道"，他的"周游"远远谈不上轻松洒脱，与现在所谓游学、旅游、游说也不可同日而语。十四年间，在弟子们的陪伴下，孔子于卫、曹、宋、郑、陈、蔡、楚等各国之间颠沛流离，饱尝艰辛。有人不解，有人讽刺，有人揶揄，有的弟子也不理解，但他还是"知其不可而为之"。孔子充满矛盾，他依恋"父母之邦"，但为了实现"道"，只能去更广阔的天地中，寻找一个能实行王道的国度。孔子可能也苦闷过，但他不曾消沉。他认为："芝兰生于深林，不以无人而不芳，君子修道立德，不为穷困而改节。"弟子颜回说"夫子之道至大，天下莫能容"，越是不容于世，越能看出他的君子品格。

艰难险阻历练了孔子，激励了孔子，也提升了孔子。他的孙子子思说他"屈于陈蔡作《春秋》"，司马迁说他"晚而喜《易》"，都与他的这一特殊经历有关。孔子"周游"彰显了一种情怀和境界，代表的是一种人生态度。

（原载于《文化大观》2018年第6期）

孔子"出妻"说及相关问题

孔子及其思想学说的影响既深且广，因而他的身世和他的婚姻家庭也往往受到关注。在相关讨论与研究中，人们常常会看到有关孔子"出妻"的说法，以为孔子曾经休妻离婚，并且还由此出现了孔氏数世都曾出妻的说法。可是，在对相关材料认真考察之后，我们发现这些说法都出于后人的误解，与史实不符。看起来，孔子是否休妻似乎是一个具体的"小问题"而已；其实，由于孔子的身份、地位非同寻常，这一"小问题"与许许多多的"大问题"密切联结，实在很有细细辨别清楚的必要。

一、孔子"出妻"说的影响

孔子"出妻"说认为孔子曾经"休妻""离婚"，还有人进一步将孔子的婚姻问题与所谓"那时的男尊女卑"联系起来，认为孔子"出妻"是把妻子"休出"，这不完全等同于现在所说的男女双方的平等离婚。

孔子"出妻"说流传已久，影响很大。现在有人举办孔子文化普及活动，曾有180对夫妻面向孔子像共同宣誓"永不离婚"，于是，不少人便冷嘲热讽，认为这是"搞怪""好笑""非常荒诞滑稽"，因为"孔夫子他老人家恰恰是离过婚的"。据说，某年中国台湾地区"立法委员选举"，有一位参与角逐者曾有过多次婚姻，为谋求妇女选民谅解，他竟放言孔子曾休妻出妇。在他看来，圣贤既然也有离婚前科，又何苦苛求凡人皆须鸳鸯偕老。

对于孔子"出妻"之说及相关问题，历代学人多有考证，但至今仍然意见纷纭，莫衷一是。孔子夫人为宋国亓官氏，今之亓氏为其后人。作为孔子夫人的家族，亓氏后裔族人本来应该觉得荣耀而自豪，可是，有意思的是，因为有孔子"出妻"说法的存在，而且这样的误解由来已久，亓氏家族竟然流传有"亓孔不联姻"之说,现在还有亓氏后人对所谓"孔子出妻"颇愤愤然,以为"孔夫子休妻是亓家的奇耻大辱",所以告诫子孙"千万勿与孔家结亲",认为"这家人头难剃"。[①]对历史资料的误读,竟至造成如此误会,实在令人扼腕叹息。

孔子与中国文化的密切关系,孔子影响较大的伦理学说,都很容易使人联系到他的生活实际。所以,有人愤慨地质疑:"假设孔子果真休妻毁家,则有何面目谈论人伦纲常?"

二、孔子"出妻"说的真相

考察前人关于孔子"出妻"之说的叙述,其实都是根据《礼记·檀弓上》的记载。其中说:

> 伯鱼之母死,期而犹哭,夫子闻之曰:"谁与哭者?"门人曰:"鲤也。"夫子曰:"嘻!其甚也!"伯鱼闻之,遂除之。[②]

对此,孔颖达在《礼记正义》中的解释是:"时伯鱼母出,父在,为出母亦应十三月祥,十五月禫。言期而犹哭,则是祥后禫前。祥外无哭,于时伯鱼在外哭,故夫子怪之,恨其甚也。"此是从伯鱼为母亲服丧的时间,确定伯鱼母被出,即肯定孔子曾经休妻。

孔颖达这里所谓"伯鱼母出"应该就是孔子"出妻"的最早出处了。期,是古代丧服名称,指一年时间。这里的"期而犹哭",是说伯鱼在为母亲服丧一年之后还没有除去丧服。

但是,孔颖达所说是有严重问题的。《仪礼·丧服》中说:"期者,父在为母,妻,出妻之子为母。"这里说的是"期"的三种情况:第一,母死,父在,为母期;第二,妻子死,丈夫为妻子期;第三,出妻之子为母期。《礼记·檀弓上》说"伯鱼之母死,期而犹哭",显然是违背了第一种情况的丧制规定:母死,父在,为母期,过期则当除服。出母无禫,期可无哭。伯鱼丧母,期而犹哭,忘却其父仍然健在。故孔子责之,伯鱼遂及时改正。孔颖达显然是由此联想到了"出妻之子为母期",而忽略了"父在

---

① 《史传中凭空消失的家族——亓官氏》,《国文天地》2008年第11期。
② 《礼记正义》,《十三经注疏》,北京:中华书局,1980年。

为母"的第一种情况。

那么，为什么不是第三种情况？为什么不是伯鱼以"出妻之子"的身份为母亲服丧？因为《仪礼·丧服》在上述引文之后，接着还有"出妻之子为父后者则为出母无服"的记载。所谓"出妻"，即被休之妻；所谓"出母"，乃是生身之母。被休的妻子去世，他们共同的儿子如果是丈夫的继承人，即使是生身母亲去世，儿子也不能为之服丧一年。孔子只有伯鱼这一个儿子，伯鱼是孔子的唯一继承人，他作为孔子之"后"没有任何问题。按照《仪礼·丧服》的规定，如果伯鱼母亲被"出"，伯鱼之母去世时，他是不能为母亲服丧的。这就是说，《仪礼·丧服》的规定证明，伯鱼在母亲死后"期而犹哭"的事实，不仅不能说明伯鱼之母曾经被"出"，反而应当是孔子未曾"出妻"的强有力证据。

三、所谓"孔氏三世出妻"

与孔子"出妻"说紧密相连的，就是所谓"孔氏三世出妻"的说法。所谓孔氏"三世出妻"，指的是孔子、伯鱼、子思三世皆休妻。也就是说，孔子家族不仅孔子休妻，孔子的儿子孔鲤（伯鱼）、孙子孔伋（子思）都曾休妻。其实，经过认真研究，孔子的子、孙同样都未曾"出妻"。

对于所谓"孔氏三世出妻"，历代学者同样均有讨论与考证。例如，南宋朱熹《朱子语类》、南宋罗璧《罗氏识遗》、清袁枚《随园随笔》、清钱泳《履园丛话》、清周安士《安士全书》、钱穆《先秦诸子系年》等。但是，大家的认识同样存在分歧，有人认为确有其事，有的则否定这样的说法。今有不少学者未加细究，疑者、信者都不乏其人。还有的或者存疑，或者不解。孔氏三代竟然都有"出妻"的经历，实在令人疑惑！

其实，如果认真考察，历代学者认定"孔氏三世出妻"，其所根据的同样也是《礼记·檀弓上》篇的相关记载。《檀弓上》记曰：

子上之母死而不丧。门人问诸子思曰："昔者子之先君子丧出母乎？"曰："然。""子之不使白也丧之，何也？"子思曰："昔者吾先君子无所失道。道隆则从而隆，道污则从而污，伋则安能？为伋也妻者，是为白也母。不为伋也妻者，是不为白也母。"故孔氏之不丧出母，自子思始也。①

子上，名白，孔子的孙子孔伋（子思）之子。所谓"丧"，这里是指丧礼，其中包括戴孝、守墓、哀哭等治丧与守丧的礼仪。《檀弓上》所说"子上之母死而不丧"，是说子上的母亲去世后，没有为她举行丧礼。这里关键是子上母亲的身份，文中说她为"出母"，那么，何谓"出母"？不少人将"出母"混同于"出妻"，其实，两者有明显差别，《檀弓上》所说"出妻之子为父后者则为出母无服"，同一句子中有"出妻"与"出母"，细究其意，二者不能相同。

《檀弓上》文中的"先君子"指谁？《礼记正义》说："云子之先君子，谓孔子也。"这是对的。其实，"先君子"乃是孔子，《荀子·非十二子》中也有旁证，其中说："案饰其辞，而只敬之曰：此真先君子之言也。子思唱之，孟轲和之。"唐人杨倞注曰："先君子，孔子也。"钱穆先生在《先秦诸子系年》中考论曰："先君子谓孔子，孔子母颜徵在，其嫁叔梁纥，亦在纥之晚年，非正妻。正妻施氏无子，其妾生孟皮，颜氏生孔子。孔子既早孤，故生母死而丧之。至子上母卒，子思尚在，故不使其子丧出母也。伯鱼之母死，期而复哭，孔子止之。"钱穆先生所言极是！

其实，"出母"就是"生母"的意思，与"庶母"不同。关于这一点，以前早有学者指出，例如，钱泳《履园丛话》就曾经议论关于"出母"的问题。例如，《左传·成公十三年》曰："康公，我之自出。"钱泳说："出之为言生也，谓生母也。"他认为，《檀弓上》中的记载表明，子上之母为子思之妾，非为正妻，如此而已。他说："《檀弓上》曰'子之不使白也丧之，何也'，盖嫡母在堂，不得为三年丧耳。其曰'为伋也妻者，是为白也母'者，正其妾之谓也。必白为妾所出，而子思不令其终丧故也……然则子上之不丧出母，生母也，非见出于父之母也，更无待辨，何疑乎子思有出妻之事，而兼疑乎伯鱼为出母之丧哉！况《檀弓》止有出母字，并无出妻字。后人因出母字而溯从前一代为出妻，亦弗思之甚。"他认识到，不仅孔子没有出妻之事实，子思同样没有出妻。

其实，以"出母"表"生母"之意者，例子并不罕见。再如，《左传·

---

① 《礼记正义》，《十三经注疏》，北京：中华书局，1980年。

庄公二十二年》记曰:"陈厉公,蔡出也。"就表示陈厉公为蔡国女子所生。在中国古代,有地位的男人往往要讨几房小老婆,大老婆生的孩子叫正出,小老婆生的孩子叫庶出。《红楼梦》里那个探春就因为是赵姨娘生的,凤姐才对平儿叹息说她是"庶出",怕将来有人看走眼糟蹋了探春。

关于"出母",今人误解可谓陈陈相因。例如,有人解释这一词语说:"出母者,乃子女对其亲母,为父所出者之称谓也。"这就是说,"出母"是从孩子的立场来看已经离婚的母亲,而"出妻"则是从丈夫的立场来看已经离婚的妻子,所指称呼的对象都是同一个女性。① 这样的错误解释自然也是对《礼记》中记载的误解造成的。

孔子、子思均未有所谓"出妻"之事,那么子思的父亲伯鱼如何?《礼记》也有关于子思之母亲的相关记载。《檀弓上》记载:

> 子思之母死于卫,柳若谓子思曰:"子圣人之后也,四方于子乎观礼,子盖慎诸?"子思曰:"吾何慎哉!吾闻之,有其礼无其财,君子弗行也;有其礼有其财,无其时,君子弗行也。吾何慎哉!"②

从这里看,子思的母亲是死在卫国的,于是,有人就联想到了她是否也曾经被"出"。其实,《檀弓下》还有相关记载:

> 子思之母死于卫,赴于子思。子思哭于庙,门人至曰:"庶氏之母死,何为哭于孔氏之庙乎?"子思曰:"吾过矣!吾过矣!"遂哭于他室。③

这里明言,死去的"子思之母"为"庶氏之母",应当不是子思的生母。子思的父亲伯鱼在孔子去世之前就已死去,可能因为伯鱼早死,子思的母亲才离开鲁国,或另嫁,或回归母家,但没有任何迹象显示她是被"出"。她去世时,子思已经收徒授学,时间已经过去多年,如果她是被"出",而她又是作为"庶氏之母",子思在她去世以后决不会违礼而哭于孔氏之庙。

四、所谓"孔氏四世出妻"

所谓"孔氏四世出妻"是与"孔氏三世出妻"说相联系的。世人一般

---

① 参见赵凤喈:《中国妇女在法律上之地位》,上海:商务印书馆,1928年。
② 《礼记正义》,《十三经注疏》,北京:中华书局,1980年。
③ 《礼记正义》,《十三经注疏》,北京:中华书局,1980年。

所谓"三世"分别指孔子及其子孙伯鱼、子思。如前所说，这种说法乃是误解典籍所说"出母"一词造成的。所谓"孔氏四世出妻"同样如此。

所谓"孔氏四世出妻"，是在孔子及其子孙之外再加孔子的父亲叔梁纥。最早说到孔子父亲"出妻"的是《孔子家语》中的"后孔安国序"。在《孔子家语》的形成与流传过程中，较早出现了两个比较重要的"序"：一是西汉时期孔子后裔孔安国的"后序"；二是与孔安国的后代孔衍大致同时期的某人的序，此即我们所说的"后孔安国序"。"后孔安国序"是在解释"孔氏三世出妻"时说到孔子父亲叔梁纥"出妻"的。其中有这样的话："自叔梁纥始出妻，及伯鱼亦出妻，至子思又出妻，故称孔氏三世出妻。"但是，"后孔安国序"的版本还有疑点。《四库全书》依据宋本翻刻的本子显得较为完整；而元代马端临的《文献通考》中却只有其中的一部分，并没有前面所引用的内容。但不论如何，这里所言"孔氏三世出妻"与通常所说的都不同。

正是《孔子家语》"后孔安国序"的这一说法，引出了所谓"孔氏四世出妻"之说。有人认为，这可能是"后孔安国序"的作者为顾全孔子圣贤的颜面，把"三世出妻"的第一世换成了孔子的父亲叔梁纥。所以，这很容易使人认为此乃弄巧成拙，把孔子的老子也牵扯了进来，使"三世出妻"成了"四世出妻"。也就是说，经过这样的解释，孔子家族上下四代都曾经"休妻"。

其实，"后孔安国序"言孔子父亲"出妻"，也不是其所说的故意进行置换，实际很可能同样是误解《礼记》材料所致。

在前引《礼记·檀弓上》中，子思门人向子思请教说："昔者子之先君子丧出母乎？"子思回答说："然。"这里的"先君子"指的就是孔子。所谓"先君子"，有时指"自己或他人已去世的祖父"，有时指"自己去世的父亲"，这里应该指"去世的祖父"，即孔子。《荀子·非十二子》有相同的用法："案饰其辞，而祗敬之曰：'此真先君子之言也。'子思唱之，孟轲和之。"《荀子》中的"先君子"指的就是"子思去世的祖父"，即孔子。子思门人向子思请教孔子是否"丧出母"，子思做了肯定的回答。人们将"出母"误解为"出妻"，这里便出现了孔子父亲叔梁纥亦曾"出妻"的误解。

五、所谓"孔门出妻"说

所谓"孔门",世人有两种用法:一是指孔子家族内部,前面所谓孔氏"三世""四世"之说都可谓之"孔门";另一种说法是作为使之区别于孔子家族的概念,指的是孔子学术门派,包括孟子等。

前面已经提及,世人有借孔、孟说事者,遂不仅误解说孔子及其家族曾经多有"出妻"之人,而且还带出了战国时期的大儒孟子。例如,有人便说,世传"孔氏三世出妻",孔氏实为孔门,乃孔子、子思、孟子。宋人罗璧《罗氏识遗·卷四》"圣贤纲常之变"就说:"夫妇,人道之始,而仲尼、子思、孟子皆出妻。孔氏三世出妻,见《礼记》《孔子家语》。孟子出妻见《荀子·解蔽篇》。"

《荀子·解蔽篇》所说的所谓"孟子出妻",其记载为:"孟子恶败而出妻,可谓能自强矣。"据清人郝懿行、郭嵩焘研究,这里当作"孟子恶败而出妻,可谓能自强矣,未及思也"。恶败而出妻,说的是厌恶败坏自己的德操而要休妻。据《韩诗外传》卷九,孟子进门时看到妻子"踞坐"(伸开腿坐着,不合古礼),就告诉母亲想要休掉妻子。孟母斥责他进门时没有出声提醒他人,自己违反礼制不应当休掉妻子,于是孟子自责而没有休妻。

看来,关于孟子出妻,实在没有更多的材料证明他的确那样做了。除了《韩诗外传》,《列女传》中也有叙述,内容大致相同。如果细察孟子欲休妻之事的相关记载,不难看出《韩诗外传》《列女传》似乎都是为了突出孟母之贤。我们知道,在孟子的成长过程中,孟母起了非常重要的作用,"孟母三迁"的故事脍炙人口。其实,所谓"孟子欲出妻"的故事与之可谓异曲同工。

在谈到孔门出妻问题时,还有人提到曾子休妻的事情。在先秦孔门儒家学者中,恐怕只有曾子是真正出妻的人。《孔子家语·七十二弟子解》中记载说:

> 参后母遇之无恩,而供养不衰。及其妻以藜烝不熟,因出之。人曰:"非七出也。"参曰:"藜烝,小物耳。吾欲使熟,而不用吾命,况大事乎?"遂出之,终身不取妻。①

---

① 《孔子家语》(杨朝明注说),开封:河南大学出版社,2008年。

曾参的后母对他缺少恩德，但曾参却仍然供养她，丝毫没有懈怠。后来曾参的妻子没有将藜叶蒸熟，曾参就休掉了她。别人认为他的妻子不该被离弃，因为不在七出的范围之内。但在曾参看来，蒸藜为食虽然是一件小事情，但她连这样的事情都做不好，更何况大的事情呢！他离弃了妻子，而且终身不再娶妻。他的儿子要他娶妻，他为避免后妻再做错事，也没有答应。

曾子至孝，尽心侍奉后母，历代传为佳话。为了后母，曾子出妻，也许曾子所做具有更大的合理性，更能够为后人所接受，因此，在揶揄孔门、讥讽儒家"出妻"时，人们较少引用曾子为例。

六、结语

在先秦时期，有所谓"女有五不取""妇有七出、三不去"的说法。《孔子家语·本命解》记孔子之言曰：

> 女有五不取：逆家子者，乱家子者，世有刑人子者，有恶疾子者，丧父长子者。妇有七出、三不去。七出者：不顺父母者，无子者，淫僻者，嫉妒者，恶疾者，多口舌者，窃盗者。三不去者：谓有所取无所归，与共更三年之丧，先贫贱后富贵。凡此，圣人所以顺男女之际，重婚姻之始也。①

对于所谓"七出"，《大戴礼记·本命》的解释是："不顺父母，为其逆德也；无子，为其绝世也；淫，为其乱族也；妒，为其乱家也；有恶疾，为其不可与共粢盛也；口多言，为其离亲也；窃盗，为其反义也。"在今天看来，孔子所说的有的具有其合理性，也有一些并不合理。

儒家重视婚姻家庭，认为婚姻家庭乃是教化之始、人伦之基；孔子同样十分重视男女之际、婚姻之始。孔子所谓"三不去"：妻子有人娶而无娘家可归，与丈夫共守三年之丧，丈夫原来贫贱后来富贵。所有这些，都具有十分浓重的人情味！实际上，在儒家推崇的礼经《仪礼》之中，就有在妻子去世后丈夫为妻子"期"的礼制规定，即丈夫为妻子服丧一年。对此，《丧服传》解释说："为妻何以期也？妻，至亲也。"在《丧服传》看来，

---

① 《孔子家语》（杨朝明注说），开封：河南大学出版社，2008年。

丈夫与妻子要共同承祀宗庙，是最亲近的人。将这里的记载同"与共更三年之丧"而"不去"的规定比较，二者正好可以相互印证。

在不少人心目中，孔子儒家似乎都不重视妇女或妻子。其实，儒家重礼，绝不意味着他们不重视婚姻家庭；恰恰相反，正因他们注重"齐家"，所以更重视家庭和睦，更重视"妇人之德"。但是，儒家重视"妇德"，并非意味着他们"随意休妻"，事实上，无论是孔子家族还是孔门儒者，他们都没有动辄"出妻"。他们有的虽为"圣人"，但一样要食人间烟火，自然也有七情六欲。但事实总归是事实，我们要做的应该是探究历史的真相，既不因圣门的光环而曲意回护，也不曲解历史的真实。只有这样实事求是的叙述，才是对他们的真正敬重。

通过探究，我们知道，不仅所谓孔子"出妻"子虚乌有，就连孔氏数代也都没有所谓"出妻"的事实。今日依据古人对《礼记》所言之误解，在批判儒家的同时，表示对孔子三世的不齿，并以之作为儒家假道学的旁证，不仅与史籍记载无征，而且是大错特错了。细究致误的原因，根本的还在于长期以来无端怀疑《仪礼》等典籍，严重后置许多相关古书的成书年代，从而影响了对许多相关问题的正确理解。

附记：本文的撰写得到了台湾师范大学历史系亓婷婷教授、台湾省高雄县乐生医院副院长亓允文先生、山东师范大学齐鲁文化研究中心王钧林教授的提示、指导，谨此致谢！

（原载于《齐鲁学刊》2009年第2期）

孔子历代形象变迁

220—960 年　三教之争
主张受命于天　巩固皇权成支柱

东汉后期,社会长期动荡,意识形态发生巨大变化,西汉以来儒家学说在思想界的一统局面发生了动摇,于是玄学产生,但儒家的纲常名教仍是立国之本,儒家的天命论仍是皇权的支柱。

魏晋时期玄学盛行,清谈成风,士大夫把道家的《老子》《庄子》和儒家的《易》称为"三玄"。文人、士大夫或厌世纵酒,斥责儒、道,或寄托于老、庄之虚无。有人痛骂仁义礼法,认为名教是"乱危死亡之术";有人提出要"越名教而任自然",对儒家的名教纲常展开猛烈抨击。

虽然当时玄学盛行,但人们没有从根本上否定儒学。曹操当政时曾下《举贤勿拘品行令》,宣称可以任用"不仁不孝而有治国用兵之术"的人,但谈到培养下一代时他也曾说:"后生者不见仁义礼让之风,吾甚伤之。"

继起的晋代司马氏更标榜以孝道治国。有的玄学家批判儒家"名教",也都是调和而不否定,还宣称"名教"出于"自然",要求人们"安分""顺命",肯定儒家伦理纲常合乎人性自然。

魏晋隋唐时期,儒学与佛、道长期并存,互相斗争融合。佛教是外来宗教,在共争正统地位的斗争中,儒、道往往结成联盟。

唐初的傅奕斥责僧徒"非孝无亲",斥佛教为"无父之教"。中唐以后,韩愈也指责佛教,希望发扬儒家之道。

儒学适合维护国家的长治久安,儒家思想也得到了统治者的支持,由此,佛、道二教便向儒学妥协,与儒学相互交融。

魏晋到隋唐时期出现了"三教合一"等主张,而立足点仍是儒家。在政治上,许多帝王利用佛、道思想治国,却以儒家思想为其根基。

960—1840年　发展兴起
宣扬天人合一　朝廷尊崇封公侯

在宋朝，"三教"融合趋势更为明显，不少理学家都出入佛、道。

周敦颐是宋明理学的先驱者和奠基人，他克服了玄学、佛、道空无本体的理论局限，建立了以"理"为本的天人合一的宇宙观。

继周敦颐之后，朱熹建立和发挥了"理一分殊"学说，使传统儒学的哲理化迈出极重要的一步；尔后，又把三纲五常、忠孝节义等封建政治伦理道德说成至高无上的天理，主张人们"去人欲，存天理"，君、臣、父、子都要依照本分，按"天理"行事。

在理学兴盛时期，宋、元、明诸朝都注重尊孔崇儒。以对孔子后裔的封赐为例，北宋以前相袭延续的"侯""公"基本属于"荣誉"性的虚爵。

北宋仁宗至和二年（1055年），封"孔子后为衍圣公"。以后，"衍圣公"在不断加码的"推恩""优渥"下，成为炙手可热的不衰显贵。历代皇朝"崇倡儒教""优渥圣裔"，其着眼点在于孔子"留下三纲五常，垂宪万世的好法度"（朱元璋语）。

到了明朝时期，为了严厉控制士人的思想，创立了八股取士制度，规定科举考试仅从儒家的"四书""五经"中命题，不许发挥个人见解，从而使儒学的地位空前加强。明政府规定，科举取士必以《四书集注》为准，并广修儒家典籍。明嘉靖年间，孔子谥号被更为"至圣先师"。

总的说来，孔子学说是理学的理论基础，因此孔子本人的形象在宋元时期作为"至圣先师"也被塑造得更加完美、高大，无论是皇家朝廷还是学林名流，对孔子都极力颂扬，对孔子的学说也都极力阐发光大。

1840—1949年　遭遇危机
西方文明入侵　孔子身陷真假之争

19世纪40年代，鸦片战争的隆隆炮声把中国驱向了半殖民地化的道路，中国传统文明受到前所未有的挑战。

中日甲午战争的惨败给国人带来了巨大震撼，许多人从对"圣贤之书"

的攻读中走出来，改变观念，从事"新学"，学术"大变"。他们毅然宣布与传统决裂，直接向以儒学为代表的传统文化发动猛攻。

维新运动的代表人物康有为撰写了《新学伪经考》，从本质上，虽然他仍然留恋中国文化传统，但他的论断推动了疑古的进一步发展，由此，"五经去其四，而《论语》犹在疑信之间，学者几无可读之书"。

但是，辛亥革命后，由于思想的冲击，许多学校废除了尊孔读经，有的孔庙被改建成学校或习艺所，停止了每年春、秋两季的祭孔典礼。后来，袁世凯为给其复辟帝制制造舆论，颁布《崇孔伦常文》，公布《整饬伦常令》，发布《尊孔祀孔令》，要求恢复学校祀孔、把孔学宗教化、以孔教为国教的声浪十分高涨。袁世凯复辟的失败，反过来导致了对孔子儒学更强力的反对与声讨。

1915年开始，新文化运动兴起。人们围绕"复辟与尊孔"等问题，一致认为孔子学说不适于时代精神、政治制度和社会道德标准，主张彻底否定孔子与民主精神相违背的伦理政治思想。后来，新文化运动继续广泛而深入，人们认为对"孔子主义"进行批判不仅是反封建的需要，也是进行新民主主义运动和传播马克思主义的需要。

五四时期的思想家对孔子和传统文化的批判，已经开始注意采取实事求是的科学态度。他们中一些头脑清醒的学者或思想家，已经认识到对待孔子不能简单化，应该在批孔时注意"真孔子"和"假孔子"，即区分孔子的本来面目和被后人改造了的孔子。他们抨击孔子，"非抨击孔子本身，乃抨击专制政治灵魂"。

1949年至今　走向复兴
借助网络便利　孔子走向全球化

新中国成立以后，马克思主义居于主导地位，儒学的统治地位被彻底推翻。

自20世纪80年代开始，从经学、哲学、宗教角度来研究儒家文化的学者逐渐增多。杨伯峻的《论语译注》和杨树达的《论语疏证》分别在1980年和1983年出版。研究儒学较为著名的有李泽厚、匡亚明、张岱年、任继愈等。同时，中国政府在复兴儒家文化方面亦慢慢开始提供资助。

中国孔子基金会于1984年9月在谷牧同志的指导下，经中共中央批准，在山东曲阜市成立。在谷牧同志的推动下，原文化部在1994年筹办纪念孔子诞生2545周年纪念会的同时，在北京召开"国际学术研讨会暨国际儒学联合会成立大会"。

1996年9月，经国务院批准，孔子研究院在曲阜成立，十余年来编撰出版了21卷、1200万字的《20世纪儒学研究大系》，60余卷、1200万字的《中华伦理范畴丛书》前十卷和《大哉孔子》《中国儒学入门》等图书。从20世纪90年代开始，对儒家文化的研究可以说是非常兴盛的。

凭借全球化时代的信息和网络的便利，分散在各地的学者、机构得以联合力量，交流经验，形成新文化运动以来前所未有的巨大的儒学复兴运动。

这个运动的根本动力并不是政治力量的介入，政治力量只是提供了更多的资源。儒家文化复兴的根源是海内外华人对于孔子思想和儒家文化的认同，而他们认同的理由是孔子思想自身含有深邃的智慧和强大的适应性。

（原载于《法制晚报》2011年4月10日）

正本清源与孔子新识

自孔子至今，2500多年过去了，孔子似乎是一位说不完、道不尽的"历史人物"。由孔子思想的特征所决定，他总是不断地被人们说起，他总是活在历朝历代的现实中。不过，人们对孔子的看法却有很大不同。尽管在传统中国的很长时期里他受到尊崇与膜拜，但也有很多时候受到评论与指责，甚至是谩骂和揶揄。关于孔子的极端的看法明显对立，势同水火。事实上，从很早的时候起，我国就形成了足以令国人骄傲的文化，有了丰富生动的文献记载。我们都期待正本清源，还原根植于深厚传统中的文化真相。

一、孔子西行见老子

孔子"学无常师"，曾西行向老子请教，孔子的"博学"正源于他的"好学"，孔子的"好学"成就了他的"博大"。孔子学说是一套完整的体系，他的思想博大精深，源于他对以往历史文化的继承、总结与提升。孟子说"孔子之谓集大成"；现代学者说，"自孔子以前数千年之文化，赖孔子而传"（柳诒徵先生语），"孔子以前的中国文化差不多都收在孔子手里"（梁漱溟先生语）。孔子不仅好古敏求（《论语·述而》），而且学无常师（《论语·子张》），多方请益。孔子45岁（前508年）那年，西行洛邑拜见老子，中国历史上两位思想巨人的此次相会，具有极其非凡的意义。

以往，"孔、老相会"是久议难决的"疑案"。在很多人看来，不仅"孔子是否曾问礼于老子""老子生活的时代"存在争议，就连"老子有无其人"也很成问题。好在学术在发展，早期思想史材料纷纷出土问世，许多珍贵的典籍文献得以有效利用，历史的真相逐渐显现出来。例如，原来被视为"伪书"的《孔子家语》极具史料价值，其中不仅专篇记载了相关史实，而且还有孔子"闻诸老聃"之类的很多材料。难怪先秦著作不少都记有孔子问礼于老子的故事，汉代艺术造像中也有许多这种题材的作品。

从文献透露的信息看，孔子与老子相见可能不止一次，二人很可能在鲁国有过交流，还可能曾经在宋国相见，这或许正是历代学者对孔、老相见确切时间聚讼纷纭的原因之一。而最重要的是孔子主动"适周问礼"，这在《孔子家语·观周》和《史记·孔子世家》中都有明确记载，言之凿凿，具体细腻，其真实性应无问题。据研究，孔子与老子的此次相会是在公元前508年，这一年，孔子45岁。①

孔子此次拜见老子，对孔子人生境界的提升具有重要意义。孔子听说老子博古知今，懂得礼乐的根本，明了道德的宗旨，于是与弟子南宫敬叔一道去拜见老子。敬叔是鲁国贵族孟僖子的儿子，受父嘱而师从于孔子。他们得到鲁国国君的支持，一辆车、两匹马，有童仆和驾车的人，赶赴东周洛邑。

正如南宫敬叔对鲁国国君所说，孔子访问东周，是要学习先王政教制度，考察礼乐文化境界。在洛邑，孔子除问礼于老聃，还访乐于苌弘，历郊社之所，考明堂制度，了解宗庙、朝廷法度。孔子感慨地说："我现在终于知道周公之所以圣明和周朝之所以取得天下的原因了。"

孔子的收获是多方面的。参观明堂时，孔子看到四门口墙上画有尧、舜和桀、纣的肖像，昭示了善恶、兴衰。还有周公辅佐成王，抱着年幼的成王接受诸侯朝拜的图像。孔子徘徊许久，不停地观望，他对跟从的人说："这就是周朝兴盛的原因了。"在周人始祖后稷庙，他看到右边台阶前立有铜人，嘴巴被封了三层，背上有慎言藏智、温恭卑己的长篇铭文，孔子认为这些言论"实而中，情而信"，教育随从弟子要这样立身行事。

孔子困惑自己所执守的大"道"难于实行，遂请教老子。老子认为问题的症结在于"说者流于辩，听者乱于辞"。实际上，优秀思想学说得不到真正的贯彻实行，往往是由于"学者"们的论说过于宏阔、浮华、巧辩，使"听众"一头雾水，不知所云。所以孔子曾说"道不远人"

---

① 杨朝明、张向向：《孔子"适周问礼"时间考辨》，《中和学刊》第二辑，西安：陕西师范大学出版总社有限公司，2010年。

(《中庸》),认为"道"实际就在每个人的日常坐卧之间,行道者首先应该着眼于"人"。

孔子见老子时,老子告之以"良贾深藏若虚,君子盛德容貌若愚"(《史记·老子韩非列传》)的道理;离开洛邑时,老子为他送行,特意告诫孔子,认为人聪明深察却不可"好讥议人",博辩闳达却不可"好发人之恶"(《孔子家语·观周》)。老子"深远"的"虚无"之道,其特点是"因应变化于无为",孔子感慨老子就像"乘风云而上天"的蛟龙,认为老子难"知"!

孔子此次西行,可谓意义重大。《史记·孔子世家》说:"孔子自周反于鲁,弟子稍益进焉。"《孔子家语·观周》说,孔子"自周反鲁,道弥尊矣。远方弟子之进,盖三千焉"。孔子曾"严事"多人,从而积淀形成了孔子的智慧,而老子却是对孔子影响最大的一位。

二、孔子杀少正卯了吗?

作为鲁国的大司寇,孔子负责司法,他上任之初而"诛""乱政大夫"少正卯,这是孔子事迹中的重要一节。是真正杀了他,还是本无其事?两千年来,人们争论不休。原来,这是我们对于古籍的误读!还有,中国的历史记载哪有那么多的"伪造"?

孔子提倡"为政以德",主张"仁者爱人",他是人们心目中体恤民情、重视道德教化的典范。然而,史书上却存在这样的记载:"孔子为鲁摄相,朝七日而诛少正卯。"真的是这样吗?孔子真的在他为鲁国司寇的第七天就杀死了当时的大夫少正卯吗?这件事的真相到底是什么?

《荀子》《孔子家语》《史记》《论衡》等传世文献对此事均有记载。对比相关文献,我们看到,虽然各种文献对该事件的语言描述不尽相同,但都大同小异,在"诛卯"事件的真实性上并未出现分歧。

然而,从南宋的朱熹开始,对孔子是否"诛卯"的问题有了争议。朱熹首先对此事的真实性产生怀疑,他说:"若少正卯之事,则予尝窃疑之。盖《论语》所不载,子思、孟子所不言,虽以左氏春秋内外传之诬且驳,而犹不道也,乃独荀况言之。"朱熹之后,著名学者叶适、崔述、梁玉绳等也对此事的真实性表示怀疑。出于对孔子的崇拜与尊敬,他们认为孔子作为一代圣人，一向主张"为政以德"，反对"齐之以刑"，绝不可能出现乱杀人的情形，更何况是在他刚刚上任司寇的第七天。因此，他们认为此事并不存在，又因为此事最早出现于《荀子·宥坐》篇，所以有学者认为，此事是荀子一派伪造出来的。

另一种观点与之相反，认为孔子诛杀少正卯确有其事，现代有不少学者这样认为。在他们看来，《论语》等书不载的事情未必没有发生，文献记载不尽相同，只能说明传说不一，并不能怀疑其真实性，反而应该看作真实性的反证。如果正如孔子所说，少正卯身俱"心逆而险""行僻而坚""言伪而辩""记丑而博""顺非而泽"（《孔子家语·始诛》）等"五恶"，那么他就是孔子眼中的"佞人""小人"，孔子"诛之"也就不足为奇了。

实际上，后面的说法有一定道理，"诛少正卯之事"应有所本，确有其事。但是，问题的关键在于，"诛"少正卯并不一定意味着杀了少正卯。

在这里，"诛"可以理解为"责、讨"之意。这正是一直以来对此事产生误解的根源所在。在朱熹那里，"诛"被理解为"诛杀"之意，而他认为圣人是不会随便杀人的。基于对道统和孔子的维护，朱熹便顺理成章地对此事提出质疑。然而"诛"之含义却并非为"杀"。据《说文解字》："诛，讨也。从言朱声。""诛"可以理解为"责、讨"，即谴责、声讨、惩罚的意思。

《孔子家语·始诛》篇曰："于是朝政七日而诛乱政大夫少正卯，戮于两观之下，尸于朝三日。"正确的理解应是："诛"，惩罚，讨伐。"戮"，羞辱。"尸"，代祭的人。这件事可理解为：孔子为鲁司寇的第七天，惩罚当时的乱政大夫少正卯，在宫门前两边的望楼下公开羞辱他，把他绑缚着像代祭的人那样示众。而对于大夫来说，被当众羞辱在当时已经算是一种不小的惩罚了。

先秦时期，"诛"为"责、讨"的用法非常广泛，如"于予与何诛？"表达的是孔子对弟子宰予的责罚。而《荀子·富国》"诛而不赏，则勤厉之民不劝"中的"诛"也是"责成、惩罚"的意思。"戮"为"羞辱"之意在当时也很常见，如《荀子·宥坐》篇在记载少正卯一事之后，对"父子争讼"的记载，"今杀一人以戮不孝"便是很好的例证，这里的"戮"就是"羞辱、耻辱"的意思。

孔子"诛"少正卯只是对其进行了谴责和惩罚，并没有杀掉他，这与孔子的一贯思想也是相辅相成的。孔子主张仁爱，但也不否定刑罚，刑罚是德政的必要补充。孔子说："圣人之治化也，必刑政相参焉。"孔子对少正卯的处罚，体现了孔子严厉的一面，也是孔子刑罚思想的典型例证。

看来，"孔子诛少正卯"之事确实存在，只是一直以来对个别字的误读，才造成了重大分歧。现在看来，孔子对少正卯只是进行谴责与惩罚，并没有杀他。通过这一事例，我们看到了一个更加真实的孔子：一位既注重仁爱礼治、道德教化，又不排斥刑罚，以刑罚辅助德政，宽猛相济的公正的大法官。

三、孔子无奈的"周游"

孔子曾"周游列国"，但他的"周游"更像是"政治流亡"。他长期漂泊、流浪，目的是寻找可以施展政治抱负的理想国度。良禽择木而栖，但孔子栖栖惶惶，到处奔走，却未找到合适的栖身之所。他"择木之鸟"般的政治品格导致了他"丧家之狗"般的政治命运。

说到孔子，首先浮现出来的往往是一个栖栖惶惶到处奔走的身影。他曾经长期漂泊在外，算起来，他在世的七十多年中，要有五分之一的时间离开鲁国。孔子年轻时曾适周问礼于老聃，至晋学琴于师襄，在齐闻《韶》乐，到宋得《坤乾》，至杞得《夏时》。孔子的最后一次"出游"是从公元前497年到公元前484年，"周游"期间他可能也曾返鲁，但时间不会太长。人们通常说他"周游列国"即指此次出游。

孔子"周游"之说见于《孔丛子·记问》。孔子作《操》曰："周道衰微，礼乐凌迟，文武既坠，吾将焉归？周游天下，靡邦可依。"孔子感叹王道废弛，没有施展政治抱负的国度。他自称"周游天下"，《吕氏春秋·孝行览》则称"孔子周流海内"，《孔子家语·七十二弟子解》称"孔子周行"。

孔子生于乱世，心怀救世之心。他51岁时做了邑宰，显示了杰出的政治才干，不久即升任司空，由司空又升任大司寇。鲁定公十年，齐鲁夹谷之会，孔子相礼，为鲁国赢得了尊严和利益。孔子还要改变鲁国公室衰微、"三桓"专权、陪臣横行的现状，着力推行"隳三都"的计划，希望毁掉季孙氏、叔孙氏、孟孙氏三家的采邑。这与三家的根本利益相冲突，也让他最终失去了当政者的支持。

齐国认为"孔子为政必霸"（《史记·孔子世家》），于是向鲁国赠送了美女、骏马，以离间鲁国当权者与孔子的关系。结果鲁国执政的季桓子多日不朝，怠于政事，疏远了孔子。孔子大失所望，不得不离开鲁国，开始了"周游列国"的生涯。孔子的这次"周游"带有很多的被动与无奈。

孔子年轻时就"志于道"，他说："道不行，乘桴浮于海。"（《论语·公冶长》）而孔子的"周游"远没有这般洒脱，与现在所谓游学、旅游、游说也不可同日而语。孔子充满矛盾，他依恋"父母之邦"，但为了实现"道"，只能去更广阔的天地中，寻找一个能实行王道的国度。

十四年间，在弟子们的陪伴下，孔子于卫、曹、宋、郑、陈、蔡、楚等各国之间颠沛流离，饱尝艰辛。有人不解，有人讽刺，有人揶揄，甚至有的弟子也不理解，但他还是"知其不可而为之"（《论语·宪问》）。被困于匡时，他慨叹："文王既没，文不在兹乎？天之将丧斯文也，后死者不得与于斯文也；天之未丧斯文也，匡人其如予何！"在宋国习礼于大树之下，宋司马桓魋竟命人将树伐倒，欲加害孔子，孔子说："天生德于予，桓魋其如予何？"（《论语·述而》）。

孔子看到诸侯们的私欲、私利像滔滔大水一样到处流淌，但他没有消极避世，没有退居山林，而是继续不知疲倦地传承斯文。一天，孔子与弟子在郑国失散，孔子独立在郑国都城东门。有人说，孔子瘦弱、疲惫，像"丧家之狗"（《史记·孔子世家》）。要知道，在那个"争于气力"（《韩非子·五蠹》）的年代，更容易成功的是野心勃勃的狼，而不是忠心耿耿的狗。良禽择木而栖，孔子说："鸟能择木，木岂能择鸟？"（《史记·孔子世家》）孔子有"择木之鸟"般的政治品格，才导致了他"丧家之狗"般的政治命运。

孔子可能也苦闷过，但他不曾消沉。他认为："芝兰生于深林，不以无人而不芳，君子修道立德，不谓穷困而改节。"弟子颜回说，"夫子之道至大，天下莫能容"（《孔子家语·在厄》），越是不容于世，越能看出他的君子品格。孔子"周游列国"是无奈的，但他认为也是幸运的。孔子说："夫陈蔡之间，丘之幸也。二三子从丘者，皆幸也。吾闻之，君不困不成王，烈士不困行不彰。"(《孔子家语·困誓》)艰难险阻历练了孔子，激励了孔子，也提升了孔子。他的孙子子思说他"屈于陈蔡作《春秋》"(《孔丛子·居卫》)，司马迁说他"晚而喜《易》"(《史记·孔子世家》)，都与他的这一经历有关。

孔子"周游"彰显了一种情怀和境界，代表的是一种人生态度！

四、"亲亲相隐"合理吗？

父亲偷藏了别人家的东西，儿子是去告发还是隐瞒？有人认为向官府告发是"直"，孔子却不以为然。从现代法制观念的角度看，孔子的观点似乎是现实生活中徇情枉法、任人唯亲等腐败现象滋生的根源。殊不知，父子之"亲"恰恰是整个中国传统伦理大厦的根基。

据《论语·子路》记载，有人对孔子说："我的家乡有个正直的人，他的父亲偷了人家的羊，他告发了他的父亲。"孔子说："我家乡正直的人不是这样：父亲为儿子隐瞒，儿子为父亲隐瞒，正直就在其中了。"无端将他人的东西据为己有，任何时候都是不应该的。即使是父亲做了这样的错事，子女也不应该支持与鼓励。在这一点上，难道孔子真的是非不分？

其实，孔子主张"亲亲相隐"，恰恰是孔子的高明之处。要知道，儒家伦理思想是一个完整的体系，"亲亲"是最根本的环节。

孔子主张仁爱，最基本的就是"亲亲"，也就是孝亲，所以孔子说："仁者，人也。亲亲为大。"(《中庸》)人只有"孝亲"，才具备了最基本的素养，才能做到推己及人。孔子说"立爱自亲始"(《孔子家语·哀公问政》)，人只有"亲亲"，才能"不独亲其亲"(《孔子家语·礼运》)，"老吾老，以及人之老"(《孟子·梁惠王上》)，进而"泛爱众"(《论语·学而》)，"仁厚及于鸟兽昆虫"(《孔子家语·五帝德》)。孔子儒家所提倡的仁爱，就是这样一个立足于"亲亲"，不断扩充，从而"爱人""爱物"的逻辑推衍过程。

传统中国具有家国同构的特点，国即是家的扩大——只有家庭和睦了，良好的社会秩序才能形成。孔子说得很明白："《书》云：'孝乎惟孝，友于兄弟，施于有政。'是亦为政，奚其为为政？"(《论语·为政》)"孝悌"是为政的根本，人们由孝悌而守礼、敬上，有助于社会的稳定。在本质上，

"亲亲"就是以"孝敬父母"为核心，处理好家庭内部各成员之间的关系。人如果连最起码的亲情都没有，那就谈不上忠君，更谈不上整个社会的安定。

当然，孔子绝不片面强调"亲亲"。他认为"亲亲"要符合"义"。孔子儒家往往"仁""义"并称，例如，孔子说"仁者，人也。亲亲为大"，同时还说"义者，宜也。尊贤为大"。家庭成员之间、君臣之间、臣与臣之间，都要讲究差等、礼让、秩序，都要符合一定的道义和原则。

孔子对"亲亲相隐"表示理解，但不意味着孔子力主"亲亲相隐"。孔子看重的恐怕是隐含在"相隐"之后的亲子之"爱"，他所说的"容隐"不是一般的包庇、窝藏，而是指不称扬亲人的过失。孔子是从人性、人情出发，在对待人与人之间最基本的情愫——孝亲时，呵护父子间的自然亲情，希望通过家庭的小忍以实现社会的大爱。所谓"体仁足以长人"，人要健康成长，体味仁爱之情不可或缺。孔子认同"亲亲相隐"，乃着眼于社会长远利益，把牢固的亲情看成社会稳定、和谐的根基，这是孔子思想的深层内涵所在。

孔子赞成"亲亲相隐"，也有其特定的适用范围。孔子儒家分清了私人领域与公共领域的差异，正所谓"门内之治，恩掩义；门外之治，义断恩"（《礼记·丧服四制》），针对不同境况，其处理原则也互不相同。如《左传·昭公十四年》载：叔鱼借职务之便贪赃枉法，其兄叔向多次指出叔鱼的罪恶。叔向"大义灭亲"，孔子给予赞扬。可见，孔子并非不分主次轻重地主张"容隐"，尤其对于为民表率的执政者，认为他们的道德品行应当更高。

孔子之后，容隐制度曾经被继承下来。"亲亲相隐"及容隐制体现了维护家庭稳定的人文关切。但是，一百多年来，由于亲情缺失太久，人与人之间的信任大大降低。实际上，人情之实才是立法之本，法律中的容隐制将亲人从证人席上拉下来，其出发点显然不是为了"隐恶"、窝藏罪犯或制造腐败，而是为了呵护亲情、维护人权，是出于对人类社会长远发展和长治久安的考虑。

五、 孔子主张贵族特权吗？

在当今中国，"官本位"意识不可谓不浓。人们追溯其根源时，往往找到儒家，甚至找到孔子，因为儒家典籍中明确记载着"刑不上大夫，礼不下庶人"这样的话。此话何义？如果真正弄清了它的本意，就不难发现孔子不仅没有主张什么贵族特权，反而对这些人要求更高。

孔子出身于没落贵族家庭，一直被认为是"奴隶主贵族阶级的代表"。传统观点认为，孔子一生席不暇暖，就是站在他特定的阶级立场上，想通过恢复周礼来维护贵族阶层的特权。在具体论证时，人们还常常引用"刑不上大夫，礼不下庶人"作为论证的主要根据。现在看来，这种认识是有严重问题的。

所谓"刑不上大夫，礼不下庶人"，通常被解释为礼仪不对下施行于平民，刑罚不对上施行于大夫。这句话最早见于《孔子家语》和《礼记》，二者只是表述略有不同。长期以来，人们都认为"礼不下庶人"是说庶人没有礼仪，同时也认为是对庶人的蔑视；认为"刑不上大夫"是贵族享有特权，大夫可以免于刑罚。

鲁迅在《在现代中国的孔夫子》中说："孔夫子曾经计划过出色的治国的方法，但那都是为了治民众者，即权势者设想的方法，为民众本身的，却一点也没有。这就是'礼不下庶人'。"其实，鲁迅可能没有认真看或没有认真想，就在《礼记》这句话的后面紧接着还有一句话，就是"刑人不在君侧"，这句话已经暗示了大夫没有什么免刑的特权，因为在君侧的只能是大夫，而受过刑罚的大夫就没有资格留在国君身边了。在《周礼》中就有所谓"八议"制度，大夫犯法治罪通过"八议"定其轻重，所以孔颖达说："大夫罪未定之前，则皆在八议，此经注是也。若罪已定，将刑杀，则适甸师氏是也。凡王朝大夫以上，及王之同姓，皆刑之于甸师氏。"《礼记》则说："君之臣不免于罪，则将肆诸市朝。"在儒家看来，只要是人就要讲礼仪，《礼记》说："今人而无礼，虽能言，不亦禽兽之心乎？夫唯禽兽无礼，故父子聚麀。是故圣人作，为礼以教人，使人以有礼，知自别于禽兽。"儒家自然不会说庶人不讲礼仪。

关于"刑不上大夫，礼不下庶人"的问题，孔子弟子冉有就专门请教过孔子，这一记载就在《孔子家语·五刑解》中。

孔子认为，大夫有罪，当然不是不可以加刑。但作为治理国家的"君子"，他们是国家栋梁，自然应该明于礼义，承载是非。因此，对这部分人要靠礼乐教化，"以礼御其心"，使其明于"廉耻之节"。如果他们犯罪，就应该让大夫"自请罪""跪而自裁"，以让更多的人引以为鉴。士大夫与一般的民众不同，他们应自觉按照礼的要求严格约束自己，礼应该内化为自觉的道德观念。所以，所谓"刑不上大夫"还是大夫不失其罪。而且，这不仅不与后世"王子犯法与庶民同罪"及近现代"法律面前人人平等"的观念一样，甚至还隐含了对大夫品质的更高要求。至于"礼不下庶人"，那时"仪礼三百，威仪三千"，庶民忙于劳作，当时的观念是"使民以时"，不应当也不可能责求庶人礼仪完备，所以孔子说："所谓礼不下庶人者，以庶人遽其事而不能充礼，故不责之以备礼也。"

长期以来，人们以《孔子家语》为"伪书"，以至于人们根本没有顾及孔子的合理解释。20世纪70年代以来，出土的早期思想材料让人们开始逐渐认识到此书价值极高，看到了该书的真实性、可靠性，也使得包括这一历史疑问在内的许多问题得到了正确理解。

孔子主张"为政以德"，认为正人先正己。实际上，"刑不上大夫"是对知识阶层和社会精英的尊重，有利于广开言路和保护"士节"，所以司马迁在《报任安书》中说："此言士节不可不勉厉也。"孔子主张重民，要求为政者"修己以安百姓"，最好能够"博施于民而能济众"。所谓"礼不下庶人"恰恰也是重民的表现，这样的礼制规定，其实也是从实际出发，从庶民忙于劳作的现实出发。长期以来，人们受封建专制思想的束缚，误解孔子，还以儒家的礼教为"吃人的礼教"。现在看来，这种观点应该及时纠正。

千年史话：当思想家与思想家聚首时

历史上，学者间的雅集与会晤不计其数，但孔子与老子洛邑相会的意义却非同寻常。孔子、老子是儒家、道家学说的创始人，孔子西行向老子请教，印证自己的理解，沟通对礼乐文化的看法。《孔子家语》等典籍有孔子"闻诸老聃"之类的许多记载，孔、老相会是中国文化两大巨子的伟大聚首，是仁者的交流，是智者的激荡，是中华智慧的高峰对话。

一、"疑案"无须再疑，孔、老相会是历史真实

"孔、老相会"曾是久议难决的"疑案"。在很多人那里，不仅"孔子是否曾问礼于老子"存在争议，就连"老子有无其人"也成问题。好在学术在发展，早期思想史材料出土问世，历史真相逐渐显现出来。例如，在《孔子家语》这部书中得到印证，其中有专篇记载相关史实，还有孔子"闻诸老聃"之类的很多材料。难怪许多典籍都记有孔子问礼于老子的故事，汉代艺术造像中也有这种题材的作品。

从文献透露的信息来看，孔子与老子的相见可能还不止一次，这或许也是对孔、老相见问题聚讼纷纭的原因之一。孔子主动"适周问礼"，《孔子家语》《史记》都有明确记载，言之凿凿，具体细腻，真实性应无问题。据研究，孔子与老子的第一次相会是在公元前508年，这一年，孔子45岁。

孔子此次拜见老子，对孔子人生境界的提升具有重要意义。孔子听说老子博古知今，懂得礼乐的根本，明晰道德的宗旨，于是与弟子南宫敬叔前去拜见。敬叔是鲁国贵族孟僖子的儿子，受父嘱而师从于孔子。他们得到国君的支持，一辆车、两匹马，有童仆和驾车的人，赶赴东周洛邑。

正如南宫敬叔对鲁君所说，孔子访问东周，是要学习先王政教制度，考察礼乐文化境界。在洛邑，孔子除问礼于老聃，还访乐于苌弘，历郊社

之所，考明堂制度，了解宗庙、朝廷法度。孔子感慨地说："我现在终于知道周公圣明和周朝取得天下的原因了。"

二、是本质，是映像：他们留下千古智慧

孔子见老子，他的收获是多方面的。他参观周之明堂，看到四门口墙上画有尧、舜和桀、纣的肖像，昭示了善恶、兴衰，看到周公辅佐成王的图像。孔子徘徊走动，不停观望；在周人始祖后稷庙，他看到右边台阶前立有铜人，嘴巴被封了三层，背上有慎言藏智、温恭卑己的长篇铭文，认为这些言论"实而中，情而信"，教育随从弟子要这样立身行事。

孔子见老子，老子告之曰"良贾深藏若虚，君子盛德容貌若愚"；离开洛邑时，老子为他送行，特意告诫孔子：聪明深察却不可"好讥议人"，博辩闳达却不可"好发人之恶"。老子的"虚无"之道"因应变化于无为"。孔子感慨，认为老子犹龙，一般人难"知"！孔子本人当然知道，老子言"聪明深察""博辩闳达"是深深的告诫，要发挥正能量，也要警惕副作用。

古希腊哲学家柏拉图认为，理想国守卫者不仅要认识事物的本质和它的映像，以及与之相反的丑恶事物的本质，还要知道它们可能产生的一切组合形式。在现实生活中，哪些是呵护生命的本质、哪些只是本质的映像，孔子、老子可以借我们一双慧眼。有了老子与孔子，我们看事物会更加全面，因为本质与映像本就是他们所强调的"一"。真正的明达与智慧，可以穿越映像，洞达本质。其实孔子、老子就是人类的慧眼，日月同辉，高悬于空。

认知映像只是让人们警醒，绝不是要背离本质。不能因为怕骄傲，就不建功立业；不能因为怕迷途，就不上路。老子是自然主义者，并非消极主义者，他以退为进；孔子追求道行天下，并非莽撞直行，他好谋而成，回到生命的本质，不离君、臣、父、子，不离修、齐、治、平。

三、道，在惚恍中明晰，它有最坚实的根基

老子言之决绝，源于情之真切。老子叮咛孔子："无以有己为人子者，无以恶己为人臣者。"一句话，老子两次讲"无"。老子语系中的关键词，有道、德、不争、下、柔、雌、静、常、和、无欲、无知、无为、无名等，

"无"是主旋律。"无"不是没有，它是一种状态、一种思维、一种视角。老子何以明达于本质、映像、反面以及它们的组合，贵在他的思维方式，贵在他审视生命的视角。他后其身、外其身，不敢为主而为客，不敢进寸而退尺，他以智者的深邃、仁者的谦卑，看到真相，洞察本质。天下万物生于有，而有生于无。

老子讲，道"玄之又玄"，道"惟恍惟惚"，用他的话说，就是"迎之不见其首，随之不见其后"，其实这只是"道"的映像。事实上，在静定澄明中，"道"明晰地呈现："惚兮恍兮，其中有象。恍兮惚兮，其中有物"。老子同样重视为人子、为人臣的本分。父子主恩，起敬起孝。君臣主义，以道事君，不可则止。老子示出了方向，孔子则有行动清单，孔子许多的嘱咐，都直达生命本质，畅行于生命之达道。日常伦理，永远都是"道"最坚实的居所。

孔子的理论偏向"有"，好像人生的说明书；老子的理论多言"无"，可谓生命的动力源。动力源需要启动，说明书需要践行。中华文明以有无之道开启众妙之门，万事万物存在一个妙理。有无、难易、高低、上下、大小、多少、事与无事、味与无味、为与无为……在两端之间，透着高度的统一，相生相养，相反相成。理性与直觉从不背道而驰，修身与率性亦非南辕北辙。由此，那些生命与生活中看似不可调和或者纠葛不清的矛盾，将由阻隔与牵绊而全然转化。生命因此而澄明通达，涵蕴万象。

从宗周返回鲁国，孔子学问精进，声名远扬，跟从学习的人越来越多，竟达三千之众。《史记》说"孔子自周反于鲁，弟子稍益进焉"，《孔子家语》说孔子"自周反鲁，道弥尊矣"。《史记》还说孔子曾"严事"多人，从而积淀了自己卓越的智慧，而老子应该是对孔子影响极大的一位。

四、 信念，就像能感觉光的鸟儿，在黎明时就歌唱起来

孔子对老子评价很高。礼乐文明是中华文明的荦荦大端，周公制礼作乐，奠定了周王朝八百年基业。孔子"从周"，崇拜周公，一生讲礼谈乐，因为礼乐关乎文明的底色和源头。那么，礼乐之源又在何处？道德的归宿又在何方？对于这些话题，在孔子看来，老子是明达者。

孔子为人答疑解惑，现在他向老子倾诉。老子曰："夫说者流于辩，听

者乱于辞,如此二者,则道不可以忘也。"如今实行"道"真是太难了,恰在于游说者流于巧辩,听者被浮华的言辞迷惑。其实,游说者、听闻者皆需执守大道,正本清源。在环形舞中,圆心安静而沉默。在黑暗中,月光、星辰愈加显明。愈是纷扰,愈要静定执守。老子倡导"致虚极,守静笃",回到虚灵的本心,笃守宁静的元神。孔子说:"芝兰生于深林,不以无人而不芳,君子修道立德,不谓穷困而改节。"君子志于道,不可夺志,只是本心所在,本性澄明。

在人生的路途中,有信念之人不会因富贵、荣耀、名声而快乐,不会因贫贱、失望、困窘而苦楚。信念在前方引领,就像黑夜里的月,就像黎明时的光。持守信念是一种精神能力。老子对孔子讲这些乃源于信任,老子对孔子深切叮咛,乃是对承堪大任者的期许,故而词不婉、情至深。

圣人懂圣人,圣圣相惜。遗憾的是,后世之学老子者多绌儒学,而儒学亦绌老子。其实,老子哪里是消极,他只是守静抱朴,未被流风波及;老子的确多言否定,只是他否定了自以为是,否定了违自然而行。老子也信礼法与教育,他只是怕礼法和教育的映像害人伤物。请不要不理解孔子讲规则,因为绘圆成方离不开规矩。遵守规则的人不会将红绿灯视为束缚,有良知的人不会将孝敬父母、尊敬长者视为负累。中国文化之深刻曼妙,恰在于将务实与浪漫、坚强与柔弱、进与退视为"一",它彼此依存转化,动态行进。

以老子为宗的自然随性者,因读孔子之书而不至于浮浪;以孔子为宗的现实建功者,因明老子之理而不至于呆滞。不明孔子,老子之路壅塞不通;不读老子,孔子之门枳棘充焉。《老子》其书是老子的"道德经",《论语》《孔子家语》又何尝不是孔子的"道德经"?不知道应该"信什么",就不知道该"怎么做",不是吗?孔子与老子心同理通,圣圣相通。

(原载于《学习时报》2018 年 11 月 2 日)

第二编
——
孔子思想新解

孔子的一贯之道

中华传统文化的主干是儒家学说。作为儒家学派创始人的孔子，其思想影响既深且远。在弘扬孔子思想时，如何抓住要点？怎样把握精髓？现今呈现出的可以说是一种乱象，这大概属于一种探索，是一个必经的阶段。随着不断地摸索，人们慢慢会抓住本质。作为概念，"文化"可以有表层、中层、深层的区分。深层的文化是哲学文化、精神文化，属于价值观层面，是认识论、荣辱观、世界观，这是最紧要的东西。深层的文化决定着中层和表层的文化，人们的衣食住行、婚丧嫁娶等的做法以及制度规则之类，都决定于人们的认识。

我们认为，思考孔子思想精髓、儒家学说精华，只要读《论语》就可以"不假外求"，这自然就是孔子本人所说的"一以贯之"的那个"道"。

一、博大精深，以"一"贯之

关于孔子思想的精髓，如果我们去问孔夫子，他会怎么回答呢？由此我们想到了《论语》中的一段话：

> 子曰："参乎！吾道一以贯之。"曾子曰："唯。"子出，门人问曰："何谓也？"曾子曰："夫子之道，忠恕而已矣。"

有一天，孔子和曾子聊天，孔子对曾子说："吾道一以贯之"。"一以贯之"就是用这个"一"来贯通。这个"一"到底是什么？孔子说完就出去了，曾子当然听得明白，于是他说："唯。"晚辈回答长辈，下级回答上级，学生回答老师，一般都用"唯"或者"诺"，就是"唯唯诺诺"。孔子出去后，其他弟子问曾子："老师所说指什么？"曾子说："夫子之道，忠恕而已矣。"

那么，可不可以说"一"就是"忠恕"？如果说"是"，这个回答也没有大错，但是，这里似乎又不是这么简单。这一点，我们认真读读《论语》一定会体会得到。孔子因材施教，很多时候，孔子只把一些话、一些问题说给能够听得明白的人。这里也是如此。关于这个"一"的问题，也应该不是所有的弟子都能容易听得很明白的，这里涉及孔子思想、儒家学说的"本体论"问题，涉及了"天道""性命"问题。

据《论语·公冶长》，子贡说："夫子之言性与天道，不可得而闻也。"难道孔子对于"性命"与"天道"就不谈？难道孔子不思索"性命"与"天道"的问题吗？当然不是。孔子这段话"证明性与天道是一个很难了解的问题。即便是孔子生时，群弟子中以言语见称的子贡，亦曾以'不可得而闻也'而兴叹"①。

所谓"兴叹"，不是不谈。李学勤先生细致分析了"不可得而闻也"是什么意思，认为这是子贡对孔子的赞叹之词。李先生指出，当时所谓"言"和"闻"每每不仅是说到、听到的意思。"言"有论议之义；"闻"也不只是感官的听，《说文解字》曰："闻，知闻也。"子贡的话很明白，说的是孔子关于性与天道的议论高深微妙，连他自己也难于知解。②

孔子说："道不远人。人之为道而远人，不可以为道。"既然难于知解，孔子就不会常常说起来。不过，在孔子的弟子中，曾子非常优秀，不然，子思也不会在孔子众弟子中选择并学于曾子。大家知道，"四书"里面的《大学》以及《孝经》都出自曾子，可以说，曾子对孔子之道把握得非常准。孔子对曾子说"吾道一以贯之"，那么，曾子是听得明白的。

这个"一以贯之"的"一"到底是什么？其实，孔子不止一次地谈到这个问题。《论语》又记载说：

子曰："赐也！女以予为多学而识之者与？"对曰："然，非与？"
曰："非也，予一以贯之。"

孔子又说自己"一以贯之"，我们就不能当成他"随意说说""并无深意"。

《韩诗外传》记载了一个故事。一次，子贡到齐国去，齐景公问他：

---

① 金景芳、吕绍纲、吕文郁：《孔子新传》，长春：长春出版社，2006年，第95页。
② 李学勤：《孔子之言性与天道》，杨朝明主编《孔子文化研究》，上海：上海文化出版社，2007年。

"你老师是贤人吗?"子贡答:"哪里仅仅是贤人呢,简直就是圣人。"齐景公问:"怎么个'圣'法呢?"子贡说:"不知道。"他刚刚说孔子是圣人,又接着说不知道,齐景公当然很生气。子贡对景公说,自己天天头顶着天,却不知道天有多高;天天脚踏大地,却不知道地有多厚。他说自己跟从孔子学习,就好像渴了到江海边去盛水喝。不渴了就走人,为什么要知道江海有多深呢?子贡的回答很睿智、很智慧。他想表达,虽然自己不知道孔子学问有多大,但知道孔子学问很大。

子贡认为孔子"多学而识之",可孔子认为自己不过"一以贯之"。这个"一"是什么?孔子这个"一以贯之"的"一"与"忠恕"之间是什么关系?

其实,这里有一个思维本体论的问题。孔子有一个本体论的思考,这里显示的是他思想的深度与系统性。

二、 孔子思想的内在依据

我们今天立身处世,人与人之间如此这般相处,到底正确不正确?比如,我们如何在工作中处理上下级关系,在家庭中如何处理好晚辈与长辈之间的关系,朋友之间如何相处,君臣之道如何把握。所有这些,孔子儒家在思索过程中有没有一个内在的东西?有没有本体论的思考?我们认为,无论是孔子还是老子,早期思想家的思考的确都系统而深刻。

前些年,在湖北荆门市一个叫郭店的地方发现了一批竹简,这批竹简被称为"郭店楚墓竹简"。郭店楚墓竹简是战国中期的竹简。按照李学勤先生的说法,郭店楚墓竹简里面儒家的那部分原属于《子思子》。孟子学于"子思之门人",子思非常了不起!我认为,如果没有子思,《论语》的编辑、《孔子家语》的编成可能都是问题,郭店楚墓竹简中的儒家简原属于《子思子》也没有问题。

在郭店楚墓竹简中,有一篇名曰《太一生水》的文献,十分引人注目。有人说是道家的,有人说是数术家的。我认为,那时的思想家们有共同的思想资源,在根本问题上有一些共同的思考,我们今天许多细致的区分往往"太过"。比如说各家各派的关系,我们"贴标签式"的分派方法就是不恰当的。其实,所谓"九流十家"之类,是汉代的学者给划分的。

比如孔子向老子问礼，这是不会有任何问题的。那么，《太一生水》这一篇或者就是儒、道两家共有的思考。这是关于宇宙本体问题的思考，"太一"就是宇宙的本体，是最高形上实体，是万物的创始者。

该篇说：

> 太一生水。水反辅太一，是以成天。天反辅太一，是以成地。天地复相辅也，是以成神明。神明复相辅也，是以成阴阳。阴阳复相辅也，是以成四时。

这个"太一"是一个整体，"太一"就是最大、最初的那个"一"。庞朴先生表述说："太"大于大、最于最。就是比大还大，比最还最，叫作"太"。最初的世界是一种混沌状态，最初的那个"一"（"太一"）首先创生出水，水又反过来辅助太一，于是形成了天。天的出现极其重要，十分关键。天又反过来辅助太一，于是形成了地。天和地相互辅助，于是形成了神明。神和明相互辅助，于是形成了阴阳。阴和阳相互辅助，于是形成了四季。在此之下，还有很多很多，如四季间相互辅助，于是形成了寒热；寒和热相互辅助，于是形成了湿燥；湿和燥相互辅助，最后形成岁，就是一年。

我们读《礼运》篇——《孔子家语》里有《礼运》篇，《礼记》里也有《礼运》篇。我建议大家以后再读《礼运》时最好读《孔子家语》里的《礼运》。为什么呢？对于《孔子家语》的成书问题，这些年我下了不小的功夫。我对于《孔子家语》的看法，与学术界的很多朋友交流，大家都是认可的。只要与《礼记》一比较，《孔子家语》的真实性就看出来了。《礼记》和《大戴礼记》经过了汉代的一些改动，这些改编就把汉代的一些纲纪观念、政治因素全都加进去了。当然，这种"加"不是有意的作伪，而是适应当时的社会形势。但是，有一点是十分清楚的，这就是《孔子家语》更加本真。

《孔子家语》的《礼运》篇说：

> 礼必本于太一，分而为天地，转而为阴阳，变而为四时，列而为鬼神。其降曰命，其官于天也，协于分艺，其居于人也，曰养。

这里说"礼必本于太一"，是在谈人类相处的"礼"，其根本或周围本源在哪里，我们为什么要按照"礼"的要求和谐相处。其实最根本之处还在于"太一"。这个"太一"分而为天地，转而为阴阳，变而为四时，列而为鬼神。紧接着，《礼运》说："其降曰命，其官于天也，协于分艺。"这里与《太一生水》如出一辙，特别强调"天"的地位与作用。

在此之后，《礼运》又说"协于分艺"。这是说那个"一"一直在起作用，它处在各种两两相对的关系中。因此，人们在处理两两相对的关系时，要有一个"一"的思维，不能把它分开了。其实，无论是《太一生水》还是《礼运》，都是这样相通乃至相同的思考。

关于这一点，《易传》里也有相关论述。《周易》里面的"十翼"，学界认为是孔子所作，这是不会有问题的。特别是把早期的思想文献综合比较，孔子和《易传》的关系就看得更清楚了。尤其在马王堆帛书发现以后，更是如此。《易传》里面也说道：

> 有天地，然后有万物；有万物，然后有男女；有男女，然后有夫妇；有夫妇，然后有父子；有父子，然后有君臣；有君臣，然后有上下；有上下，然后礼仪有所错。

有天地，然后有万物。有万物然后有男女、夫妇、父子、君臣、上下，然后"礼仪有所错"，为什么说这些呢？孔子是在谈天下之"达道"的根源。大家读《中庸》，其中所说的"达道"有什么呢？无非就是君臣之道、父子之道、夫妻之道、兄弟之道、朋友之道，就是天下最基本的人伦关系。"达道"就是大道，大道无非就这几个方面。那么，如何理解、践行君臣、父子、夫妻、兄弟、朋友之道？实际上这些不都是两两相对的吗？不都是天地化生、一步一步过来的吗？

三、老子学说的印证

在老子的学说里，"一"这个概念同样十分重要。老子说："道生一，一生二，二生三，三生万物。"那么，"道"和"一"是什么关系呢？

这里，"一"与"道"一致。把握了"道"，就把握了"一"；把握了"一"，就把握了"道"。这个"一"，可以理解成一个"整体思维"。那么，"一生二"怎么理解？我认为，就是孔子所说的"执其两端"，任何事物都是一个整体，要把握住事物的两端。任何关系都是相对的，人伦关系自然也是如此。

这个道理并不复杂。比如"君",他一定是相对于"臣"来说的;一个"父亲"(或"母亲"),他一定是相对于其"子女"来说的。一个人如果还没结婚,当然他就不会有"父亲"(或"母亲")这个身份。既然任何一种关系都两两相对,那么在处理关系时就要把握两端,这叫"一生二"或者"一分为二"。只有"执其两端用其中",把握了中道,才能达到一种和谐的状态。"二生三,三生万物"怎么理解呢?很简单,只有"天地位",才能"万物育",这个"万物育"便是所生之"三"。没有稳定与和谐,发展就无从谈起。

孔子强调"一",老子也同样强调"一"。老子说:"天得一以清,地得一以宁,神得一以灵。"比如,我们的精神状态,如果一个人不心静、不专心,在思考这个事的时候,同时思考那个事,心里乱糟糟的,可能什么事都干不好,所以就是"神得一以灵"。老子还说"谷得一以盈",谷物也需要合适的环境,太旱了、太涝了都不行,太热了、太冷了也都不行。

老子又说:"侯王得一以为天下正。"这里"侯王"是管理天下国家的人。有一次,鲁哀公向孔子请教"人道孰为大",孔子回答"人道政为大"。他解释说"政者,正也",就是首先要自己正。《论语》里有很多类似表述,如"其身不正,虽令不从;其身正,不令而行"。那么,这个"正"该怎么理解?大家看"正"这个字,上面是"一",下面是"止",查《说文解字》,如果是古文的话,上面是"一",下面是"足",所以这个"止"实际上就是往哪里走的意思。

知道往哪里走就是"知止"。一个人知止很重要,也就是说,我们需要知止,需要知道自己努力的方向。这个"正",《说文解字》里接下来的解释是"一以止",知道这个"止"的时候,要把握了这个"一"。知道努力的方向,要坚守、坚持,知一以止,执一以止,这样才是"正"。所以《大学》说:"为人君,止于仁;为人臣,止于敬;为人子,止于孝;为人父,止于慈。"作为君主,谁能够管得了你?所以你要"止于仁";作为父亲,乃是相对子女来说的,所以不能只有强势,要"止于慈"。如果为人君而知其止,为人父而知其止,那么君臣、父子关系就能处理好了。这句话不是通常理解的"君让臣死,臣不得不死;父让子亡,子不得不亡",而是说"君要像君,臣要像臣,父要像父,子要像子"。所以一个侯王治理天下的时候，他自己做好了，天下国家也就容易治理了。

作为一种管理哲学，儒学的精髓就在于强调管理者要"身正"。《孔子家语》里有很多论述，比如："凡治君子，以礼御其心，所以属之以廉耻之节也。"对"君子"、对为政者进行管理，最重要的就是让他们有荣辱观念，知道是非。例如，我们不应该只把社会主义荣辱观贴在墙上，而应该写在心里。"侯王得一以为天下正"，强调的还是"一"。《老子》有这样一句话，叫作"载营魄抱一"。所谓的"抱一"，无非就是能执着、坚持、坚守，守"一"不放。《大学》说："知止而后有定，定而后能静，静而后能安，安而后能虑，虑而后能得。"一个人不知止，不知道努力的方向，不知道自己是谁，不知道自己走向哪里，那怎么行?!

我们现在教育孩子，常说"不要让孩子输在起跑线上"，这话怎么理解？这里有两点必须注意：第一是起点，第二是方向。起点，我们的孩子都有一个共同的起点；方向，应该就是"知止"，就是懂得教育的方向。这个十分紧要！不让孩子输在起跑线上，想让孩子跑得快一些，方向最重要。可以想见，如果跑错了方向，跑得越快越糟糕。所以，"知一以止""执一以止"，实际上要好好把握这个"一"，关键的还是这个"一"。

四、与"中道"学说的联系

那么，我们还要继续追问：这个"一"到底怎么理解？我认为，这个"一"就是把它作为一个整体进行思考的时候，就是合宜、合理，就是"执其两端用其中"的那个"中"，就是中正。这就是孔子思想的精髓。

什么是"中庸"？"中庸"其实就是"用中"。现在的解释有很多，我觉得东汉郑玄的解释是对的。很简单，"中庸"就是恰当地把握这个"中"。荀子有一句话："礼之于正国家也，如权衡之于轻重也。"治理国家，一定要以礼治国，为国以礼。什么是"中"？孔子说："夫礼，所以治中也。"合乎礼的才是"中"。

现在，提到中庸，一般往往与"折中""调和"联系起来，认为中庸是没有原则、没有立场，这是对中庸的极大误解。什么是中庸？中庸就是把握住一个和谐的状态，比如"权衡之于轻重"，秤砣和物体达到平衡就是中。问题在于事情在发展，条件在变化，所以"中"或者"平衡"随时都会被打破。条件发生变化，就相当于物体去掉或增加，于是"中"或者"平衡"被打破了，要达到新的"中"或"平衡"，秤砣必须进行相应的移动。问题的关键是：移动多少，这是距离；往哪移动，这是方向；移动快慢，这是速度。三者必须综合考虑，例如你虽然知道往哪移动，也知道移动多少，但是迟迟没有移动，那么平衡也容易被打破。所以要达到"中"，非常不容易，必须对事物有一个整体的、通盘的把握和了解，只有这样才能做到"中"。所以，中庸就是一个不断纠偏的过程。

如何纠偏？这就是孔子提出的方法，就是"一"的方法。既然是"一"，就要把握其两端。孔子自己在"空空如也"时，往往就"叩其两端"，从而能够"用其中""执其中"。比如君臣关系，一定是君相对于臣，臣相对于君。君在这一端上，如果只考虑君，那相当于往外的方向；考虑臣就是向"反"（"返"）的方向——"返"就是返回的意思，所以老子说"反者，道之动"，这个"返"就是往回思考。很多当父母亲的教育孩子时，只考虑自己，不考虑孩子的感受，就不合适。只有往回看，换位思考，考虑孩子，才能做得好，对孩子更加慈爱。所以，这个"执其两端用其中"，就是把握一种和谐的状态，是能够"天地位，万物育"的一种方式。由此，孔子所谓"一以贯之"，曾子将其解释为"忠恕而已矣"，这两者之间的联系就很清楚了。

任何一个人，要做到"一"，都必须先修己，想好自己是谁，做好自己，然后换位思考。"忠"就是修己，"恕"就是推己及人，"忠恕"就是在修己基础上的推己。为什么？因为有两端，因为这是"一"，这是一个整体，所以必须先修己再推己。很多人只想着别人对自己怎么样，也应该想想自己对别人怎么样。孔子思想的精髓就在这里。我们的世界是由人组成的，所有的人把握好了自己就好办了。从人的属性上也应该这样，人有两重属性：我们是"自然的人"，同时也是"社会的人"。作为一个自然的人，我们有喜怒哀乐，有七情六欲，有时我们会想"我们想怎样做"；但是作为一个社会的人，我们应该怎么做？"想怎么做"和"该怎么做"有时候是冲突的。怎么处理？儒家思考最深刻的，就是"人心惟危，道心惟微，惟精惟一，允执厥中"。"人心"就是人的自然性，"道心"就是人的社会性，在"人心"和"道心"之间"允执厥中"。

如何才能做到"允执厥中"呢？要"惟精惟一"。这里又谈到了"一"，什么是"精"？"精"就是选择，"一"就是把握、坚持。选择了就去执行，择善固执，拳拳服膺，这就是"惟精惟一"，这样就能做好自己。我们读《中庸》，一定要读出、读懂一个字，那就是"诚"。《中庸》提到了"至诚"，"至诚无息，无息则久，久则悠远，悠远则博厚，博厚则高明"，最高明的人其实就是最能坚守善的人，"择善固执"很重要。做人要有一种真诚，懂得天道、地道之间的那个人道。不修己，不可能推己，但是一个只修己的人，如果不推己，这个修行还是有问题的，还是没有修养到位。

五、孔子的"忠恕"之道

有一位英国作家，他谈到孔子时说："因为有了孔子的学说，伟大的中华民族比世界上别的民族更和睦和谐地共同生活了几千年。"他还说，不要以为中国只有孔子，其实还有很多人，比如说老子。但是他又说，也许老子在远方孤寂的群山中已经达到了很高的境界，也许老子已经达到了无为而治，但是中国人选择了孔子而不是老子，应该说是一件好事。

这个英国人对老子的理解比较片面，他以为老子看透了一切。安徽学者鲍鹏山先生就说，老子太厉害了，老子看透了世间的一切，他甚至死后不愿意和我们的祖先埋在一起。老子最后去了哪里？人们"不知所终"，他毅然决然地走人了，走得仿佛没有牵挂。孔子和老子的不同就在这里。老子走了，孔子依然留了下来，孔子"知其不可而为之"，他关心世间的一切。既然他要关心人世，就必然面临如何处世的问题。

那么，问题就简单了。治理国家要用礼，问题是礼如何把握。管理国家，孔子强调"正"。孔子没有说过"以德治国"，他是说"为国以礼"，治理国家要做到"一团和气"肯定很难，治理国家必须遵循治理国家的规则，按照规律来。为国以礼，必须讲原则、讲规律，了解管理的方略；为政以德，作为为政者本人必须有德性，这是对为政者"一"的要求。

我谈这个"一"，想说明什么问题呢？关于为政，孔子说："君君，臣臣，父父，子子。"对这句话，传统上有误解，认为是强调君权和父权，是所谓"君让臣死，臣不得不死；父让子亡；子不得不亡"。实际上，恰恰相反，孔子强调的是："为人君，止于仁；为人臣，止于敬；为人子，止于孝；为人父，止于慈；与国人交，止于信。"他强调的是父、子、君、臣各自的修为。

一个人在世界上，同时既是君又是臣，既是父又是子，在社会上扮演不同的角色，既然如此，我们就要做好自己。我们都是社会的人，都有自己的社会身份，也必须做好自己，其实孔子的意思就是这样。但是，到了汉代，中国进入帝制时代，这些原则变了味，就成为"君为臣纲""父为子纲"。

本来，"君为臣纲""父为子纲"也没有什么问题，只是后人理解出了极大的偏差。"君为臣纲"，就是说工作中拍板的时候，下级服从上级；在家里，有几个孩子，讨论问题时，大家意见不一样，拍板的是父母，这叫"父为子纲"。由于理解的片面性，现在就有人就坚决地认为"三纲一个不能留"。

其实，这就是缺少了"一"的思维，与孔子背道而驰。如果按照孔子所说的君臣是"一"、父子是"一"、夫妇是"一"，就不会如此。我们背离了孔子，还说这是孔子说的，今天我们讲"一"，用意就在这里。刚才我反复引用《大学》里的话："为人君，止于仁；为人臣，止于敬；为人子，止于孝；为人父，止于慈；与国人交，止于信。"那么，为什么不把《大学》和《论语》结合起来读呢？这也不奇怪，为了批孔子，就不管别的。

《礼运》说"礼本于太一"，"太一"生化万物而"协于分艺"，有天地然后有阴阳、四时、鬼神，有男女、有夫妇、有父子、有君臣，有上下、有礼仪，其实还有很多两两相对的东西，比如生与死、动与静、本与末、先与后、心与身、知与行、高与低、忠与恕……这些看似两端，本质却是两两相对，一体两面，互参互动。它们依存转化，彼此生发，不可分割。我们现在思考问题，必须考虑到这个层面。这就相当于一枚硬币，一枚硬币有反面才有正面，正面和反面是两位一体的，是一体两面。由此我们想到，现在讨论问题时，治理国家是"德治"重要还是"法治"重要？面对义利的抉择时，到底"义"重要还是"利"重要？没完没了地唠唠叨叨，实际上两个都重要。例如义和利，你真正理解什么是利的时候，你就会先义后利，义以为利。听到人们问这些问题，就好像听到他在问"爹和娘哪个重要"，实际上这两个是不可分的。有的女人问丈夫："我和你妈同时掉到水里，你先救谁?"这样的人就没有"一"的思维，显得有点"二"。一个人"二"起来的时候，麻烦就来了。可见，这个"一"的思维，非常重要。

孔子儒家谈修养，"一"实在是须臾不可离的。所以《中庸》就反复说到了这个"一"：

> 天下之达道五，所以行之者三。曰：君臣也，父子也，夫妇也，昆弟也，朋友之交也，五者天下之达道也。知，仁，勇，三者天下之达德也，所以行之者，一也。或生而知之，或学而知之，或困而知之，及其知之，一也。或安而行之，或利而行之，或勉强而行之，及其成功，一也。

> 凡为天下国家有九经，曰：修身也，尊贤也，亲亲也，敬大臣也，体群臣也，子庶民也，来百工也，柔远人也，怀诸侯也。……凡为天下国家有九经，所以行之者，一也。

孔子思想最核心的是仁。什么是仁？我们都知道孔子说的"仁者，爱人"，但郭店楚墓竹简发现后，看看仁字，作"息"，上边是身，下边是心。什么意思？有人说是心里想着自己，当然不是这样，是曾子所说的"三省吾身"，就是反省自己。人只有"修己"才能"推己"，只有"忠"才能"恕"。孔子讲，培养爱心要从"亲亲"开始，培养敬从悌开始。据《孔子家语》，孔子讲得十分清楚、精到，他说"立爱自亲始"，培养爱心从孝敬父母开始。人只有"亲亲"，才能"不独亲其亲"，才能"老吾老以及人之老"，才能"泛爱众"，才能"让世界充满爱的阳光"。孔子仁的学说，其逻辑已经很清楚了。

孔子"一"的思维，曾子解释为"忠恕"，忠恕就是"修己安人"。我常对年轻朋友讲，如果有人问你"何为儒学"，你就回答"儒学是修己安人之学"或者说"儒学就是忠恕之学"，这是孔子自己表述得很清楚的。"忠"与"恕"哪个更重要？子贡也曾向孔子请教过："有一言而可以终身行之者乎?"孔子就说，如果一个字的话，"其恕乎"，大概就是"恕"吧。孔子强调的"恕"，就是在修己基础上的推己。由此，我们自然想到孔子的"一贯之道"，他反反复复思考的就是如此，社会的伦理与政治的伦理无一不是如此。

《孔子家语·三恕》篇说道:"有君不能事,有臣而求其使,非恕也;有亲不能孝,有子而求其报,非恕也;有兄不能敬,有弟而求其顺,非恕也。士能明于三恕之本,则可谓端身矣。""三恕"的根本在哪里呢?就是修己、推己,修己才能推己,一个人能做到推己,问题就解决了。所以孔子说:所求乎子以事父,所求乎臣以事君,所求乎弟以事兄,所求乎朋友先施之。孔子开出了一个修己做人的良方。如果照着做,很多的问题就解决了。

孔子为什么反复强调"恕",孔子继续解释说:"己所不欲,勿施于人。"大家看重这句话,原因在于这是贯通孔子思想的一点。如果我们理解了孔子的"一贯之道",我们就不会再比较哪个高、哪个低。有一个名人,他说自己读了一段时间孔子后抑郁了,后来读老庄就解脱了。他可能既没有读懂孔孟,也没有读懂老庄。我们确实要好好品味一下孔子的"一贯之道"。

孔子在《礼运》篇里还说:"人藏其心,不可测度也。美恶皆在其心,不见其色也。"人喜欢什么、讨厌什么,喜欢、讨厌到怎样的程度,其实都在他自己的内心里面。孔子说:"欲一以穷之,舍礼何以治之?"这里还是讲"一",讲怎样讲求"天下之达道"。孔子说得明白,这个"一"不就是"礼"吗?打通孔子说的"礼本于太一"与"吾道一以贯之",这样理解就可以了。

〔根据2015年6月30日在合肥"第二次全国传承与发展孔子思想文化研讨会"上的发言整理而成;载孔祥云主编:《反思与重构——孔子思想文化研究(二)》,安徽人民出版社2015年版〕

孔子的"中道"哲学及其意义

1988年1月,"第一届诺贝尔奖获得者国际大会"在法国巴黎举行,75位参会者(包括52名科学家)经过四天讨论得出重要结论:"人类要在21世纪生存下去,必须回到2500年以前,去汲取孔子的智慧。"提出这一结论的是瑞典物理学家汉尼斯·阿尔文博士,他一直致力于空间研究,1970年获得诺贝尔物理学奖。由于自己的工作无意中成为"星球大战"的序曲,因此他曾义愤地建议各国将国防部改名为"大批杀伤平民部"。上述结论是他在等离子物理学研究领域的辉煌生涯将近结束时得出的。更值得注意的是,本次会议的议题是"面向21世纪",显然,这是人们面对未来的深沉思考。而且,据报道,汉尼斯·阿尔文博士的这一发言被认为"最精彩"。①

阿尔文博士看到了怎样的"孔子的智慧",他又何以将其提升到关乎"人类生存"的高度?我认为,这里彰显出的是孔子及其哲学的重大意义。

一、"孔子智慧"在于"中道"

当年,被称为"世界公民"或"20世纪智慧人物"的林语堂曾编辑《孔子的智慧》,向西方介绍孔子,不知道阿尔文博士提到的"孔子的智慧"是否与林语堂的著作有关。但不论阿尔文博士对孔子儒学了解多少,孔子儒家的社会主张、政治理想以及"中道"学说,都是人所共知的。他们向往"天下为公,讲信修睦"(《孔子家语·礼运》);希望人们尽力"修己以安人"(《论语·宪问》),"己所不欲,勿施于人"(《论语·颜渊》《论语·卫灵公》);要求人们互相关爱,尽力做到"不独亲其亲,不独子其子"(《孔子家语·礼运》),"泛爱众"(《论语·学而》);要求人们"依乎中庸","遵道而行";

---

① 顾犇:《关于诺贝尔与孔夫子的一些说明》,《中国文化研究》2002年第4期。

要求社会管理者"执其两端，用其中于民"（《礼记·中庸》）。由此，孔子儒学影响了中国两千多年，也影响到中国以外的许多地区。

孔子相信"道不远人"，他认为："人之为道而远人，不可以为道。"（《礼记·中庸》）所以，无论是政治主张还是伦理学说，孔子往往都从浅近的道理出发。有不少人不明就里，便认为孔子"只有一些老练的道德说教"（黑格尔语）。其实，正如中国的《周易》不太容易读懂那样，真正"读懂孔子"恐怕也不是轻而易举的事情。

西方有学者经过比较后说道："在孔子学说的影响下，伟大的中华民族比世界上别的民族更和睦、和平地共同生活了几千年。"又说："孔子提出的方法是简单的。也许你不会马上就喜欢它，但是其中却蕴含着比人们第一眼所看到的更多的智慧。"[1]

孔子思想也有一个阶段性的发展过程。孔子思想产生之初，他关注最多的应该是"礼"，即周礼。孔子名声日隆，从学弟子众多，都在于他对周代礼乐的精深造诣。这个时期，孔子谈论最多的也是周礼，他所念念于怀的，是怎样以周代礼乐重整社会。后来，孔子对社会的认识逐渐深化。他积极推行自己"礼"的政治主张，企图改造社会，但处处碰壁，遂进一步思考"礼"之不行的深层原因。于是，他越来越多地提到"仁"，议论"仁"与"礼"的关系，孔子"仁"的学说得到了充分拓展和完善。进入"知命"之年以后，孔子的人生境界继续提高，逐渐达到"从心所欲不逾矩"（《论语·为政》）的佳境。他晚而喜《易》，作《易传》，对哲学思想进行了具体阐发，他"中庸"的方法论观点也臻于成熟。

孔子的智慧来源于他对以往历史的总结。历史给了孔子一个制高点。孔子富有仁德，他比许许多多的人更博学、更睿智，立足更高，所见更远。他思考人性、思考人道，同时也思考天地之道，他整体、系统而动态地观察世界。从他敬仰的先圣、先王那里，他看到了"允执其中"，看到了"中道"。通过继承、凝练与提升，孔子达到了他认识世界的最高境界。不言而喻，不理解中庸，就难以真正了解孔子。

---

[1] [英] 恩斯特·贡布里希：《写给大家的简明世界史：从远古到现代》，张荣昌译，桂林：广西师范大学出版社，2009年。

二、"中庸"就是"使用中道"

对于"中庸",历代学者做出过很多解释。"中庸"十分神奇,但同时也十分简单,因为"中庸"就是"执中",就是"用中"。无论是《易经》还是借助新出土的文献(如郭店楚简《五行》),都证明"庸"在先秦时期与"用"相通,"中庸"即"用中"。"用中"就是"用心",用心之道就是"诚"。

宋代以来,学者们对"中庸"的解说越来越复杂,让人云里雾里。其实,我认为,汉代学者早已经说清楚了。郑玄说:"名曰《中庸》者,以其记中和之为用也。庸,用也。"庸,也就是"用"。《中庸》通篇所讲都是如何把握中道,如何在实际中使用"中"。

作为概念,"中庸"特别简单,但要真正把握"中"之道、真正做到"用中"却并不容易。也正因如此,孔子才认为中庸是一种"至德"。不难理解,"中"随着时间、空间的变化而变化;"中庸"不是简单的"调和",也不是简单的"折中"。对这个"中"的把握,就好像掌握平衡,这种平衡就是一种稳定、一种和谐。如果不稳定、不和谐,就不能发展。所以《中庸》说:"致中和,天地位焉,万物育焉。""天地位"就是和谐,"万物育"就是发展。"中",不是任何时候都能一眼看透,它不是数理意义上的"中间"。

前几年,清华大学收藏了一批战国时期的竹简,价值极高!所公布的第一篇文章,李学勤先生为其定名为《保训》,李先生认为这是周文王临终时训诫太子发的"遗言",极是!人们惊奇地发现,周文王临终谆谆嘱托的竟然就是一个"中"字。他要求太子发了解民情、了解人生,深入社会、认识社会,从而准确把握矛盾,尽量处事以"中"。

有意思的是,武王在文王以后即位,而在武王本人临终时,同样希望自己的继承人(即武王之子成王)尽力做到"中"。武王让周公辅成王,他对周公说:"先后小子,勤在维政之失。"让他"克中无苗",做到适中无邪,以"保"他在位。武王接着说:"维中是以,以长小子于位,实维永宁。"既要"保"其在位,又要"长"其于位,使他在王位上尽快成长起来。怎么成长？要"维中是以"，即维中是用。①

孔子"宪章文武"，文王、武王的"中道"思想对孔子的影响一定很深！而了解文王、武王的"中道"思想，对于正确理解孔子"中庸"思想很有意义！

三、"以礼制中"和"以刑教中"

历史上，"中庸"曾备受误解，不少人认为"中庸"就是没有原则，就是片面"折中"和"调和"。时至今日，还常常会听到一些似是而非的论调。有人说中国近代落后是因为中国人"太中庸"，是因"中庸"而缺乏锐气。如此等等，不一而足，"中庸"竟成了中国落后的替罪羊！事实上，孔子非常反对不讲原则的做法，认为这是"乡愿"，是"德之贼"（《论语·阳货》），是对道德的戕害。

其实，"中庸"要求准确判断事情变化，把握时空条件，掌握事态动向，处理问题恰到好处。要在具体实践中"执中""用中"，符合"中道"，需要具备知识与境界，具有理解水平，了解事物属性，把握内在规律。孔子十分赞赏、尊崇古代"圣王"舜，认为他能够"好问而好察迩言，隐恶而扬善，执其两端，用其中于民"（《礼记·中庸》）。"中"是不断变化的，就像平衡被打破后要继续保持平衡，就应采取相应措施。舜也一定是这样，因此，尧帝非常看好舜，认定"天之历数在尔躬"（《论语·尧曰》），孔子感叹舜有"大智"（《礼记·中庸》）。

周文王对太子提出的要求很严格，希望太子认真遵行，保持诚敬态度，且不要松懈。文王、武王以后，周人认真遵行"中"，在西周时期，"中道"思想很受重视。在他们的观念中，"天道尚左，日月西移；地道尚右，水道东流。人道尚中，耳目役心"（《逸周书·武顺解》），人道尚"中"，就像"日月西移""水道东流"那样，自然而然，理当如此。所谓"耳目役心"，应该就是"耳目役于心"，这是说要用心去思考、分析、把握信息，要有透过现象看本质的能力。这种朴素的"人道"主张将"天""地""人"合观，把人放在天地之间，没有孤立地看待人的问题。

① 详见《逸周书·五权解》。

那么，这个"中"的标准是什么？这个"中"就是"礼"。西周职官中有"师氏"，具体职掌邦国事情是否合乎法度、礼制，以之教育后代。《周礼·地官司徒》说，师氏"掌国中、失之事，以教国子弟。凡国之贵游子弟学焉"。郑玄注："教之者，使识旧事也。中，中礼者也；失，失礼者也。"符合礼的为"中"，否则就不是"中"，而是"失"。所以《逸周书·武顺解》又说："天道曰祥，地道曰义，人道曰礼。"由此可见，所谓"尚中"，就是"尚礼"。这里的"礼"就是符合天理、人情。

人以"礼"的标准学会守"中"，使行为符合法度，这是从主动而言。但有时候，一些人（或者"个别人"）需要教育、教化，这是从被动而言，这便是《周礼》之中所说的"以刑教中"（《周礼·地官司徒》）。

在现实社会中，很多时候人的行为未必合宜，未必适当。按照孔子和早期儒家的取向，社会管理的最高境界是用道德教化人心，其次则是以政治引导人民。但政教不是万能的，它并非任何时候、对任何人都适用，也有的人"化之弗变，导之弗从"，其行为伤义败俗，负面影响很大，对这些人就只能"用刑"，采取强硬措施。这种对"伤义败俗"者的惩罚，是对社会扭曲行为的矫正，也是对社会行为的一种刚性引导。这是从"刑"（意思是"形塑"）的特殊角度，告诉人们什么是"中"，什么样的行为违背了社会规范。

四、"中庸之道"是"和谐"之道

从实质上讲，孔子儒家的"中庸之道"就是修身之道，是君子之道。而从根本上说，孔子儒家的"中道"哲学既是社会稳定之道，又是社会发展之道。孔子主张仁政、德治，他教育弟子，十分强调个人修养，教以诗书，导以孝悌，用仁义礼乐加以引导和启示，以成就道义、德行。这是人具体的修行方式与途径。

《中庸》说："喜怒哀乐之未发，谓之中；发而皆中节，谓之和。"人都有喜怒哀乐之类的情绪，这些情绪是对外部事物的正常反应。人们对外界事物的反映都具有一定的客观性，这便是"率性"之"道"，这正如《尚书·盘庚》中所说："各设中于乃心。"人心里面的那个"中"，是人正常的情绪与心境，它的正常、适度、有节的表达，才会得到"和"的结果。而人"发而中节",决定于心里的那个"中"。没有"中",就没有"和"。

那么,"中"的标准是什么?显然,所谓"中"是动态的,不是固定不变的,此即《礼记·中庸》记载孔子所说的"时中"。如前所说,"中"来自礼,"以礼制中"。所谓礼,就是"理"。孔子说:"礼也者,理也。"(《孔子家语·论礼》)《礼记·礼器》也说:"礼也者,合于天时,设于地财,顺于鬼神,合于人心,理万物者也。""合理"的才是"合礼"的,而合乎"礼"的,才是"中"。"中"符合天理,顺乎人情,合于人心。这种"中"的合理表达,其结果必然是"和"。没有和谐稳定,哪会进步发展!

孔子主张用仁、义、礼、智教化民众,人有了个体素养的提升,有了对社会人生的深刻理解,才有可能认识"中",从而尽力做到"中"。"中"是一种境界,但长期做到"中"又很不容易,所以,孔子强调:"中庸之为德也,其至矣乎,民鲜能久矣。"(《论语·雍也》)

中庸之道作为儒家修行的法宝,基本点在于教育人们自觉地进行自我修养、自我监督、自我教育、自我完善,把自己培养成为具有理想君子人格的人,其理论的基础在于人道应当符合天道,将天人合一,尽心、知性、知天,做到人的理性与情感的统一,完善自己内心的品德和智慧,在此基础上处理好各种人际关系,使天下国家达到太平和合的理想境界。

中庸是人生和谐之道,也是世界和谐之道。人生和谐的追求需要以"义"为准则,力求使言行"惟义所在"(《孟子·离娄下》),国家、天下和谐同样如此。"中和"之境的"和谐"不是暂时的,它建立在"礼"的牢固基础上,具有相对的稳定性。儒家主张"以和为贵",同时主张"以礼节和",认为不可为了和谐而一味地追求和谐,而不知道用礼加以节制。礼贵得"中",知有所"节"则知所"中",能得中庸之常道,不偏不倚,恰到好处。无论对个人、家庭还是社会、国家乃至整个世界,"和"都极其重要。

要保持"和",重要的是守礼、有道,遵循共同的行为准则。孔子说:"君子和而不同。"(《论语·子路》)人有恒心,坚守德行,与周围的人相处融洽。如果没有自己独立的思想,不能坚持自己的德行,一味追求和别人保持一致,而不讲求原则,就很难与他人保持和谐相处,共同发展。这同样既是人生和谐之道,也是世界和谐之道。

当今时代，中国提出建构"和谐世界"的理念，这实际是在"和平共处五项原则"基础上的延伸和发展，与孔子的"中道"哲学存在着显著的契合。外交是一个道德选择困难的领域，但也是一个道德选择适宜的领域。道义因素是外交的重要维度，而现在占据主流的国际关系准则及其价值观，还没有摆脱实质上的民族主义和社会达尔文主义的影响，因而探讨符合天道正义的国际宪政规则显得十分必要。在诸多思想资源中，也许儒家的相关资源最为丰富。

（原载于《邯郸学院学报》2013年第3期）

孔子仁爱观再认识

说到"仁爱",大家都会想到它是指一种道德范畴,指人与人之间的相互友爱、互助、同情等,还容易联想到"仁慈""仁德""仁厚""仁惠"以及"仁民爱物"这些词语,想到"仁义道德""仁人君子"以及"仁人志士"或"仁人义士"等。如果追溯"仁"的来源,谁都会想到孔子。

《论语》主要记录孔子及其弟子的言论。在该书中,"仁"字出现的频率很高,说明孔子十分重视"仁"。孔子谈到的伦理概念很多,除了"仁",还有礼、义、忠、孝、智、信、勇、直、温、良、恭、俭、让、宽、惠、怀、敏等。据统计,包括现代标点在内,《论语》共有21113字,"仁"就被使用了109次,而孔子经常谈论的"礼"仅仅有75次,"仁"远远超出了其他概念。

那么,孔子所说的"仁"是什么?他为什么反复谈论"仁"的问题?还有,孔子要求人们怎样做到仁爱?

一、"仁"是什么?

人们谈到孔子"仁"的思想,一般会说它是一个十分庞大的思想体系,甚至不少学者视其为孔子思想体系的核心,因此往往把孔子的仁学思想与孔子的整个思想体系等同。

笼统地说,"仁"就是仁爱。孔子仁的思想说的就是他的仁爱思想。孔子的仁爱思想的确有其特定的内涵,也有内涵与外延的分别。

(一)"仁"首先是修己

要了解"仁"的本义,我们不妨从文字上进行观察。说到从文字上看,都知道"仁"字"从人从二"。因为孔子曾说"仁者爱人",所以,我们又会想到,"仁"应该是指人与人之间的亲爱。

"仁"字"从人从二",最早的解说见于《说文解字》,但是,这可能并不是它的最初意义。《说文解字》在解释"仁"的时候还说:"忎,古文仁从千心,或从尸。"《说文解字》的这一说法告诉我们,汉代以前"仁"字的写法与今天有所不同。但是,以前我们无从见到作为"古文"的"仁"字,我们也就无从对相关问题细细考究。令人感到高兴的是,1993年,在湖北省的荆门市郭店,在属于战国中期的楚国贵族墓葬中,发现了一大批古文典籍。这座墓葬的年代大约在公元前300年,显然,这些被书写在竹简上的典籍,其成书、抄写的时间更在此前。这批文献属于儒、道两家。学者们公认,其中的儒家文献与孔子的孙子子思有密切关联,或者这些文献有不少就属于子思的著作《子思子》。

这些材料以"郭店楚墓竹简"的名字公布后,立即在国内外学术界引起巨大震动,因为这批学术文献的内容太丰富了,"战国时期的古文经典"清清楚楚地展现在学者们面前,人们不能不感到震撼!

在这批竹简中,"仁"字出现了65次,从这些字体中看出,从千心的"仁"字应该就是从身从心的"仁"字的简写或者变形,他们本来是一样的。另外,有的古文"仁"字或从尸,"尸"本来的意义是指古代祭祀时代表死者受祭的人,这个人一般是死者的晚辈。所以,古文"仁"字从尸与从身是一样的。

古文"仁"字从身从心所昭示的意义非常值得重视!人们一看到上为"身"下为"心"的上下结构的这个字,马上就会想到,它是否表明该字与思考或情感有关,是否表明此种思考活动的对象是人的身体,也就是以人本身为思考对象。该字是否表示心中思"人",将他人放在心上,是否就是通常所说的"爱人"和"同类意识"的意义。

其实,在古代汉语中,"身"是指己身,"人"是指他人。这样,"仁"字从身从心到从人从二的两种构形,其实表达了儒家仁爱思想的两种意义,前者是其本来意义,表示修己;后者是其引申意义,表达的是爱人。

有学者误解从身从心的"仁"表达的是对己身的爱。其实不然。"身"当然是指己身,如《尔雅·释诂下》说:"身,我也。""朕、余、躬,身也。"郭璞注:"今人亦自呼为身。"在《论语》中就有不少这样的表述,如曾子曾说"吾日三省吾身"(《论语·学而》)等。翻开早期儒家典籍，不难发现他们对于"身"和"己"十分关注。所以，有学者指出，"仁"字"从身从心"，即表示心中想着自己，思考着自己，用当时的话说，就是"克己""修己""成己"，用今天的话说，就是要成就自己、修养自己、完善自己。

"仁"字古文给我们的明确信息是：孔子的仁爱，首先强调的是修己，首先考虑的是自身的修为。所以《中庸》说："成己，仁也。"很显然，只有自己内心端正，有一颗仁爱的心，才可以"爱人"。孔子和儒家强调爱人，强调心中有百姓、心中有他人，当然是其魅力和精华所在；但相比之下，孔子的"仁"所内含的修己思想恐怕应当更加魅力永恒。

(二)"仁者人也，亲亲为大"

一个人有较高的修养，必然有外在的表现。在各种表现之中，首先就是要孝敬父母，按照孔子的表述，就是要"亲亲"。

我们不少人可能听到过这样的观点：如果一个人是有仁德的人，他一定是孝敬父母的人，因此，如果一个人连自己的爹娘都不尊敬，就不能与他交朋友。那么，你同意这样的看法吗？

孔子的看法正是如此。《孔子家语》和《中庸》都记述了孔子的话："仁者人也，亲亲为大。"孔子认为，有仁德的人首先应当意识到自己的类存在，意识到自己应该区别于其他的天地万物。换句话说，就是人应当具有人格、具有仁德。而具有仁德，首先就应当亲亲，应当以亲为亲、亲近双亲。孟子说"无父无君，是禽兽也"，也是基于这样的理解与认识。

修己、修身与"事亲"是紧密相连、密不可分的。孔子说："君子不可以不修身，思修身，不可以不事亲。"(《中庸》)修身就要事亲，为什么？因为修身最基本的就是要使自己区别于其他动物，而人与其他动物的最大区别就在于人有感情，讲究亲亲、敬亲。孔子特别强调"孝"，特别强调发自内心的、有诚敬之心的对父母的"孝"。比如，孔子弟子子游问孔子"孝"的问题，孔子就特别地说到"敬"。孔子认为，所谓的"孝"不是仅仅养活父母就可以，因为即便是狗和马都能够得到饲养。对待父母更重要的是一个"敬"字，不然的话，用什么来区别供养父母和饲养犬马呢？

最近看到一篇短文，题目是《重读〈论语〉，体味"色难"》，作者述说自己为了让操劳一生的父母享享清福，把父母从遥远的异地接到上海，想尽点做儿女的孝心。但时间久了，就慢慢倦怠松懈，甚至有些烦躁，对妈妈的啰唆，很不耐烦地大声回答；对爸爸的"不讲卫生"，也不礼貌地当面指出，有时连笑容都"挤"不出来。作者重读《论语》时，想到孔子弟子子夏问"孝"时，孔子一针见血地道出了"孝"的真谛——"色难"，即子女对父母能经常保持和颜悦色才是真正的"孝"，而这是最难做到的。孔子还说："事父母几谏，见志不从，又敬不违，劳而不怨。"就是说，侍奉父母，发现他们不对的地方，要婉转地规劝，他们若不听从，仍当恭敬，不可冒犯；内心忧虑，却不怨恨。在与弟子们讨论孝敬父母的问题时，孔子还讲了这样一个道理，即"子生三年，然后免于父母之怀"，小孩生下来三年之后，才能脱离父母的怀抱。所以作者认识到，我们应该拿出父母当年的耐心和细致来照顾他们。

孔子何以对"亲亲"如此重视？何以将"亲亲"看作"仁"之"大"者？孔门后学的人也有一定的阐发。如孔子弟子有子说："其为人也孝弟，而好犯上者，鲜矣；不好犯上，而好作乱者，未之有也。君子务本，本立而道生。孝弟也者，其为仁之本与！"他认为，一个能够做到孝顺父母、敬爱兄长的人，很少有冒犯上级的；而不喜欢冒犯上级却喜欢作乱的人，是不会有的。君子重视根本，建立了根本，道义就产生了。孝顺父母，敬爱兄长，这就是实现仁爱之心的根本。需要指出的是，"孝弟也者，其为仁之本与"中的"为"字是动词，说的是"行仁自孝弟始"。在孔子看来，人人都具有孝悌的情感，而这正是仁的根源，能否孝悌是判定一个人仁与不仁的标准。

(三)"不独亲其亲，不独子其子"

人修己孝亲，是成仁的根本，但绝不是仁的全部。人还应当充分考虑人己关系，有推己及人的仁爱之心。人们做到亲亲，才能够亲爱他人，但做到亲亲，却不一定就能够做到亲爱他人。

孔子讲"仁"，源于孝悌而又不等于孝悌。孔子说："夫仁者，己欲立而立人，己欲达而达人。"(《论语·雍也》)孔子的"爱人"实际也是一个"推己及人"的实践过程，也就是说，对于他人的关爱，源于个人的自觉，源于曾子所说的"三省吾身"。我们很难想象，一个人如果没有较高的修养，对于自己的种种作为麻木不仁，他怎么会以满腔的仁爱之心对待他人。

山东曲阜孔府收藏着明朝学者的一副对联，上联曰"以利己之心交朋必善"，下联是"以好色之念求学必真"。我们都希望交朋友时遇到知心的人，这里存在一个如何交友的问题。我的一位小朋友备考博士研究生，但他只愿意读古书，不愿意学外语，他因而"有点烦"，我跟他开玩笑说：你把外语当成你的女朋友试试。我们都能够理解这样的一个道理：一个人能够自觉地像思考自己的事情那样思考他人，那么，在立人、达人的同时，也就完成了立己、达己的过程。在孔子那里，立己与立人、达己与达人是统一的，两者不是分开的，而是一种相互含摄的关系。

有一篇记载孔子"大同"政治理想的文章，名曰《礼运》，保留在《孔子家语》和《礼记》之中。孔子说："大道之行，天下为公，选贤与能，讲信修睦。故人不独亲其亲，不独子其子，老有所终，壮有所用，矜寡孤疾，皆有所养……今大道既隐，天下为家，各亲其亲，各子其子。"孔子心目中的"大同"之世是他所说的大道实行的时代；在这样的时代，天下是人们所公有的，选举贤能的人为政，人与人之间讲求诚信，和睦相处。所以人们不只亲爱自己的双亲，不只爱护自己的子女，还使老年人安享晚年，壮年人有用武之地，年老丧夫或丧妻及失去父母、残疾的人都得到供养。而在大道已经衰微的没落时代，天下成为一家一姓的私有财产，人们只亲爱自己的双亲，只爱护自己的子女。在孔子的心目中，由"各亲其亲，各子其子"到"不独亲其亲，不独子其子"，世界会变得更加美好！

（四）"泛爱众"

孔子仁爱之心的外推，并不仅仅止于"亲"人之亲、"子"人之子而已，而是在从孝悌出发，从而"不独亲其亲，不独子其子"以后，继续向外推广。比如对于君的"忠"、对于朋友的"信"等，最后达到"泛爱众"，上升为普遍的人类之爱。所以孔子说："弟子，入则孝，出则弟，谨而信，泛爱众，而亲仁。"（《论语·学而》）

有一次，孔子与三个弟子子路、子贡、颜回谈论仁、智问题。孔子问："知者若何？仁者若何？"也就是仁者、智者是什么样子。他们三人的回答各不相同，孔子的态度也不一样。子路说："知者使人知己，仁者使人爱己。"子曰："可谓士矣。"子贡说："知者知人，仁者爱人。"子曰："可谓士君子矣。"颜渊说："知者自知，仁者自爱。"子曰："可谓明君子矣。"

这段资料读起来容易使人产生误会，似乎孔子、颜渊对"仁"的追求在于最终是让人爱自己。情况当然不是这样，所谓"自爱"就是"修身""求己"，它与《论语》中孔子所说的"不患人之不己知，患其不能也"，"不患莫己知，求为可知也"相同；与郭店楚墓竹简《穷达以时》中的"君子敦于反己"一样。

颜渊所谓的"自爱"在境界上已经超越了一般所理解的"仁者爱人"，他强调的重点在于个人的修为。《大学》说："大学之道，在明明德，在亲民，在止于至善。"西方著名哲学家柏拉图追求"至善"，但他的"至善"是一个抽象的理念，它与各种具体的善是普遍与特殊的关系。在柏拉图之前，孔子与早期儒家也谈"至善"，而且"至善"是他们的最高追求。但是，孔子、早期儒家与柏拉图不同，他们的"至善"是具体的，是一个实践超越的过程，是从"明明德"起始的。所谓"明明德"，正是一个修身的过程，需要"格物""致知""正心""诚意"。这正是颜渊所说的"仁者自爱"。

这里的"仁"同样不是抽象的，是一个实践超越的过程。孔子说："弟子，入则孝，出则弟，谨而信，泛爱众，而亲仁。"这一认识包括互为联系的两个方面：一是由"己"不断向外施爱，由"孝悌"到"泛爱众"，实现仁爱的普遍化；二是在向外施爱的基础上，反过来也成就自己、完善自己、实现自己，并最终上达天道，实现心灵的超越。在内容上，仁是指"成己"与"爱人"，而具体表现为自觉向上的道德精神。

孔子对仁的论述很多，在《论语》中有不少记载。有人问孔子，如果一个人好胜、自夸、怨恨、贪欲都没有，算不算成就仁德了？孔子说，如果能够做到这样一定十分难得，但是否成就了仁德，我就不知道了。孔子说："仁者，必有勇；勇者，不必有仁。"可见"仁"包含了"勇"，但仅仅有"勇"还不是"仁"。楚国的令尹子文三次被任命为令尹，三次被免职，喜怒不形于色，孔子认为他做到了"忠"，却未必可称作"仁"。齐国的大夫陈文子每到一个城邦，见有坏人当政，必违而弃之，孔子认为他做到了"清"，却未必可说是仁。可以看出，在孔子那里，"仁"包含了"勇""忠""清"等，但"勇""忠""清"等并不等于"仁"。

孔子的论述是精到的，一个人有"仁"，必有爱心；有了爱心，才会有爱有恨。所以孔子说："唯仁者能好人，能恶人。"一个人之所以有好恶之心，是因为他具有关爱的情怀，只有对任何事物都漠不关心的人才会显得格外"超脱""洒脱"。但是，仅仅有"勇"，也许仅仅有恨，未必一定有爱，可能勇而无当。至于像楚令尹子文"知有其国不知有身"，连自己都不爱，未必事情皆合乎"天理"。而齐大夫陈文子虽然洁身去乱，但毕竟"洁身而不济世"。他们两人，一个缺乏的是爱己，一个不能做到的是爱众。不难看出，"仁"的内涵更为丰富，它包含的是"泛爱众"，它的确是一个超越性的概念。

（五）"仁厚及于鸟兽昆虫"

有这样一句话，叫作"劝君莫打三春鸟，子在巢中待母归"，读这样的话，怎么不令人惕然心动！

孔子的弟子宰我向孔子请教关于黄帝等的事情，他问孔子："以前我听说'黄帝活了三百年'，请问黄帝是人呢？或者不是人呢？为什么能活三百年呢？"孔子回答说："黄帝生前，人民受其恩惠一百年；黄帝死后，人民敬畏他的神灵一百年；之后，人民沿用黄帝之教化又一百年才改变。所以说'黄帝活了三百年'。"黄帝何以如此？孔子说："治民以顺天地之纪，知幽明之故，达生死存亡之说。播时百谷，时是尝味草木，仁厚及于鸟兽昆虫。"意思是说黄帝治理人民，以顺应天地之法则，了解昼夜更替的原因，明白生死存亡的道理。按时播种百谷，鉴别良草佳木，仁厚的美德施及鸟兽昆虫。

孔子尊崇古代圣王，也效法古代圣王。孔子说"圣人则天"，例如他说"唯天为大，唯尧则之"。天道是人道的楷模，人应当效法天道。他对古代的圣王尧、舜、禹等表示了极大的推崇，原因就在于他们能够效法天道。孔子说"为政以德，譬如北辰，居其所而众星拱之"，就是以天道来比喻和说明人道。孔子强调要效法天道，是建立在他对宇宙"天地人"三才观念的基础上的。他认为，人是和天、地相提并论的宇宙间的三大素材。孔子重视天人关系，却并没有陷入自然主义的泥沼。他始终高扬着人类的大旗，将人的生命放在了他思考的首位。孔子始终是一个"人本主义"者。他关注自然界的万事万物，实际上都是为了完善人的生命，实现更美好的人生。

他没有像道家一样，完全投入自然的怀抱，陷入自然主义的泥潭；也没有像今天的人们一样，认为自然是人类的附庸和资源宝库，可以任我所用，成为彻头彻尾的人类中心主义者。孔子所追求的是天人的和谐。在孔子的眼中，天人关系应当是诗意的、温馨的、和谐的。孔子本人就有一个仁爱及于万物的胸怀。《论语·述而》曰："子钓而不纲，弋不射宿。"他钓鱼，不用大网横断众流来取鱼；他用带生丝的箭射鸟，但避免射归巢的鸟。孔子教学特重《诗》，除了认为学诗具有"迩之事父，远之事君"的社会功效，孔子还说学诗可以"多识于草木鸟兽之名"。多知道一些草木鸟兽之名，并非仅仅是掌握一些知识，更重要的是培养一种亲近自然、和谐万物的情怀。唯其如此，我们才会听到孔子"智者乐水，仁者乐山"的高论，听到孔子站在沂水河畔，发出"逝者如斯"的浩叹。当孔子命其弟子各言其志，当听到曾点说希望在暮春时节，与冠者五六人，童子六七人，到沂河洗洗澡，在舞雩坛乘乘风，唱着歌回来的志向时，不由得由衷发出"吾与点也"的赞许。从这点点滴滴、细枝末节来看，孔子的仁爱之心已经遍及万物。

二、为什么要仁爱？

孔子大谈仁爱，那么，孔子为什么要这样？或者说，我们为什么要仁爱？在孔子看来，这样的问题似乎是不成其为问题的问题。

第一，作为自然的"人"，我们应当仁爱。

我们说孔子认为这是不成其为问题的问题，首先是因为孔子的一句话太具有震撼力了，那就是："仁者，人也。"就现有的材料我们知道，孔子不止一次地发出这样的呐喊，至少在《孔子家语·哀公问政》《礼记·表记》等篇章中都有这样的表述。而且，发出这样呐喊的也不只有孔子，孟子也说："仁也者，人也。"（《孟子·尽心下》）

孔子认为，人具有仁爱之心使人区别于其他动物。人来到这个世界上，首先得到父母双亲的关爱，作为人，首先应当"亲亲"。在这样的基础上，继续推己及人，以至于热爱整个人类。作为人，都应当热爱自然、热爱人生，不可麻木不仁，不可对周围的世界漠不关心。

有一次，孔子与弟子路过一个地方，遇到两位正在耕地的所谓"隐者"。孔子让子路向他们打听过河的渡口。他们却劝说子路："像滔滔洪流一样的坏东西到处都是，你们同谁去改变他呢？你跟从孔丘那种逃避坏人的人，为什么不跟着我们这些逃避整个社会的人呢？"说完，他们仍然不停地干他们的活。

子路回来将他的话告知孔子，孔子很失望地说："鸟兽不可与同群，吾非斯人之徒与而谁与？"孔子说得好！我们既然不可以与鸟兽合群共处，若不同人群打交道，又能跟谁相处在一起呢？所以孔子又对子路等人说，如果普天之下都太平了，我就用不着与你们一起去改变它了。

孔子和儒家提倡积极入世，在他们看来，即使不能齐家、治国、平天下，也要独善其身，做一个有道德修养的人。孔子就是这样的身体力行者，他感到自己有一种社会责任心，正因为社会动乱、天下无道，他才与弟子们东奔西走，试图推行自己的政治主张，为改善当时的社会状况而努力。孔子这种可贵的忧患意识和社会责任感，正是他满腔仁爱之心的体现。

第二，作为社会的人，我们必须仁爱。

试想，人生活在世界上，谁都希望生活得和平与安宁，谁都希望生活得幸福与美满。可是，如果没有社会的和谐，哪来生活的和平与安宁？没有他人的关爱，哪来生活的幸福与美满？

从大处讲，孔子向往社会"大同"。他希望选举贤能的人为政，人与人之间讲求诚信，和睦相处。在这样的理想社会中，可谓"世界充满了爱"——人们不只亲爱自己的双亲，不只爱护自己的子女，还要使老年人安享晚年，壮年人有用武之地，年老丧夫或丧妻及失去父母、残疾的人都得到供养。人们爱惜财物，各尽其力，阴谋诡计被遏制而不能施展，劫掠偷盗、叛逆犯上的事也不会发生。

从小处讲，孔子说过"里仁为美"。里，这里是名词做动词用，指居住；仁，指有仁义道德的地方。里仁为美，是说居住在有仁德的地方是舒适美好的。所以孔子认为，明智的人都选择有仁德的地方居住，这对于自己的修身也有好处。事实上，社会上常常出现这样的现象：邻里纠纷让人苦不堪言，邻里不和搞得双方都精疲力竭。试想：如果在你休息的时候你的楼上、楼下或者对门在放声高歌，如果在你工作或学习的时候有噼里啪啦的麻将声响，如果你的邻居不停地争吵、打斗，如果你的邻居在楼道或者门口乱堆乱放……你还会有"美"的感觉吗？

孔子向往的社会是礼治大行的社会。尤其是古代的圣王，如夏禹、商汤、周文王、周武王、周成王、周公等，在孔子看来，他们都是用礼仪治理天下而成为杰出的人物，他们中没有不严肃、不认真地遵守礼制的。礼制的兴起，是和天地同时的。如果有人不遵守礼制而取得了尊位，则众人把他看作灾祸。礼制是先世的君王用来承续天道、陶冶人的性情的，它取法于鬼神，具体体现在丧祭、乡射、冠婚、朝聘等礼仪当中。所以圣人如果用礼来教化百姓，进行治理，那么就能够通过礼达到天下太平、国泰民安了。

可是，世道衰微之后，人们就不再遵守礼制秩序，孔子用"礼崩乐坏"来形容这样的乱世。孔子认为，人只有具有"仁"心，才能够礼制大行，社会有序，所以孔子说："人而不仁，如礼何？人而不仁，如乐何？"很显然，要使社会和谐有序，就需要社会上的每一个人具有遵守社会规范、社会秩序的高度自觉；要让"世界充满爱"，必须"人人都献出一点爱"。

三、怎样做到仁爱？

不论什么时候的思想家，也不论哪个国度里的思想家，他们的思想学说都离不开对自身存在问题的思考，他们必须思考自己为什么存在、怎样存在等问题。

战国时期产生了许多的思想流派，司马迁的父亲司马谈把他们分为阴阳、儒、墨、名、法、道德六家，司马谈认为，这六家皆"务为治者也"。他们思考的问题都可以落脚在一个字上，那就是"治"。

但是，这六家所谓的"治"，其方式却有所不同。儒家的"治"是仁治，是仁政德治，这使其区别于其他各家。从孔子开始，儒家就以人为出发点、为思想的起点，来考虑现实政治问题。

孔子是中国礼乐文化传统哺育的思想家：西周初年，周公"制礼作乐"，奠定了社会的人伦秩序，强化了早期的人道精神。春秋末年，"礼崩乐坏"，德性意识受到冲击。孔子希望使社会归于"有道"，他肯定"君臣""父子"等人伦秩序，更是通过对"己"的自觉与自反，确立起"修己以安人""修己以安百姓"的人生理想和目标，使"己"的终极意义与天下的福祉、利益联系在一起。而扶危济贫、平治天下，又需通过"修己""克己""为己"来实现。这样，"人"与"己"之间统一起来，他们不再是对立的关系，对"己"的责任感同时表现为对人的责任感，而对于人的责任感又带来了对人的爱。这才是孔子反复说到的"仁者爱人"的真意。

为了推行仁，为了使人做到仁爱，孔子及其后学可谓循循善诱，煞费苦心。他们从人的基本特征出发、从基本的人性出发，希望社会上的每一个人都具有仁爱之心，都能够自觉地按照仁爱的要求做人处世。

孔子曾经与弟子宰我讨论"三年之丧"问题。宰我认为，服丧三年的时间太长了，只有一年就可以了。孔子问他："你居丧期间吃得好，穿华美的衣服，你心安吗？"宰我居然说："心安。"孔子很失望地说："你心安，你就去做吧！"孔子认为，君子守孝，思念故去的亲人，一定会食不甘味，快乐不起来。一个人自出生起，三年以后才能够完全脱离父母的怀抱，为父母守孝三年是再正当不过的事情。宰我连为父母守孝三年都做不到，宰我真是"不仁"！

在那个时期，为父母守孝三年，天下都是如此的。孔子从内心的"安"与"不安"观察到"仁"的问题，他是从孝悌的自然情感中发现仁、体验仁。宰我居丧期间仍然安于食稻衣锦，完全丧失了孝悌之心，说明他缺乏最起码的对父母的报恩心理。孔子称他"不仁"，自然在情理之中。内心深处的"安"与"不安"十分重要，这其实就是孔子等早期儒家所重视的"修己""克己""为己"的问题。

孟子也曾经从内心的"安"与"不安"思考过很多问题，并用这样的方法劝说过齐宣王。

一次，齐宣王坐在大殿上，有一个人牵着牛从殿下走过，齐宣王看到了，问道："牵着牛往哪儿去？"那人答道："准备宰杀了祭钟。"那时候，每当国家有一件新的重要的器物或者宗庙开始使用的时候，便要宰杀一件活物来祭它，这是那时的一种礼节仪式。齐国落成了一件大钟，便要用牛祭祀。但齐宣王说："放了它吧。看它那哆嗦可怜的样子，毫无罪过，却被送进屠宰场，我实在不忍。"那人便道："那就废除祭钟的礼节了？"齐宣王说道："怎么可以废除呢？用只羊来代替吧。"

对于齐宣王的这一行为，齐国有的百姓认为是他吝啬，因为如果说可怜那头牛毫无罪过却被送进屠宰场，那么宰羊与宰牛有什么差别呢？齐宣王似乎有口难辩，但他认为，齐国虽然不大，也不至于连一头牛都舍不得吧！他辩称自己确实是不忍心看着那头牛无辜被杀才那样做的。

孟子是理解齐宣王的，他说："无伤也，是乃仁术也，见牛未见羊也。君子之于禽兽也，见其生，不忍见其死；闻其声，不忍食其肉。是以君子远庖厨也。"（《孟子·梁惠王上》）他认为百姓误解没有关系，齐宣王的这种不忍心正是仁爱。道理其实在于：宣王亲眼看见了那头牛，却没有看见那只羊。君子对于飞禽走兽，看到它活着，便不忍心看到它们死去；听到它们悲鸣哀号，便不忍心再吃它们的肉。君子往往把厨房摆放到远离自己的场所，就是这个道理。

齐宣王听到孟子的话，非常高兴。《诗经》说："他人有心，予忖度之。"意思是别人有啥心，我能揣摩到。齐宣王认为孟子就是这样。孟子发现齐宣王的不忍心，说："是乃仁术也。"这一点至关重要！齐宣王有仁爱之心，就一定能够"保民而王"。孟子讲到这样的一个道理：有人说我可以力举千钧，却举不起一个羽毛；可以明察秋毫，却看不到眼前的一车柴草。这样的话谁也不信。也就是说，这其实是"不能干"和"不肯干"之间的差别。

由此，孟子由齐宣王的"仁术"谈到"推恩"问题。他在《梁惠王上》中说："如今王的好心足以使动物沾光，却不能使百姓得到好处，又是为什么呢？这样看来，老百姓得不到安定的生活，只是不肯施恩的缘故，王的不行仁德的政治，只是不肯干，不是不能干。"孟子劝说齐宣王，应该尊敬自己家里的长辈，从而推广到尊敬别人的长辈；爱护自己家里的孩子，从而推广到爱护别人的孩子。一切政治措施由这样的原则出发，把好心好意推广到其他任何方面。《诗经》说："刑于寡妻，至于兄弟，以御于家邦。"先给妻子做榜样，推而广之到兄弟，继续推行到封国。由近及远推出恩惠，便足以安定天下，古代的圣王大大地超出别人，无非就是善于推行他们的好行为而已。所以，孟子总结说："推恩足以保四海，不推恩无以保妻子。"

孔子以宰我为"不仁"，孟子以齐宣王有"仁术"，都是从其"良能""良知"上说的。有些事情，人不学而能，这就是良能；人不虑而知，这就是良知。孔子弟子有子说，孝悌为"仁之本"；孟子说，事亲从兄为"仁义之实"。人有孝悌之心，就会生发出遵守社会秩序的自觉，就不至于轻率犯上作乱，这都是"良能""良知"进一步外推的结果。亲亲、敬长，对于仁义的意义就在于此，它是仁爱社会出现的基础，只有这样，才能"亲亲而仁民，仁民而爱物"。所以，早期儒家特别注重孝悌之道，后世儒家特别倡导"致良知"。

有人问孔子："您怎么不参与政治？"孔子说："《尚书》上说只要孝顺父母，友爱兄弟，把这种风气影响到政治上去，这也就是参与政治了，为什么一定要做官才算参与政治呢？"作为儒家"四书"之一的《中庸》记载了鲁国的国君哀公问孔子"为政"的问题，孔子说："为政重要的在于得到人才。得到人才在于自身端正，修正自身要靠道德，修养道德要靠仁爱。"孔子认为，君子不能不修身，要修身不可以不侍奉双亲，想侍奉双亲不可以不了解"人"，想了解人不可以不知道"天"。所谓"天"，即后世儒家所说的"天理"。人要"反求诸己"，即"反省自身"，加强自身修养，从而才能孝于双亲，顺应天理自然。

说到底，修身就是如何仁爱的问题。那么如何修身，如何仁爱？孔子说："好学近乎知，力行近乎仁，知耻近乎勇。知斯三者，则知所以修身；知所以修身，则知所以治人；知所以治人，则知所以治天下国家矣。"喜欢学习接近于智慧，努力实行接近于仁爱，知道廉耻接近于勇敢。知道这三个方面就知道怎样修身，知道怎样修身就知道怎样治理人，知道怎样治理人就知道怎样治理天下国家了。

（原载于《"儒学与实学及其现代价值"国际学术讨论会论文集》2006年版）

孔子"梦周公"的历史解读

在中国几千年的文明发展历程中，孔子是具有最深影响、最大贡献的人，用钱穆先生的话说，是他指示了中国历史的进程，建立了中国文化的理想。如果追问谁是对孔子学说影响最深、贡献最大的人，当然就是周公。孔子曾经说："甚矣吾衰也！久矣吾不复梦见周公！"（《论语·述而》）他说自己衰老得太厉害了，好久没有梦见周公了！孔子对周公可谓魂牵梦绕，以至后人尊孔子为"至圣"，而以周公为"元圣"，周公对孔子的影响至切至深！

一、孔子"梦周公"与梦文化

关于传统，西方有学者分出所谓的"大传统"和"小传统"（美国人类学家罗伯特·雷德菲尔德《农民社会与文化》），认为大传统是指知识分子及精英创造的、占据社会主流位置的文化，小传统是指民间创造及在民间传递的文化。在中国，孔子儒家的思想学说属于大传统，例如"礼"的规范之类，而民间社会的"俗"则属于小传统的范畴。"礼"与"俗"是相对的概念，都是民族文化的组成部分，二者相互转化、相互影响，经过千百年的流变、融合，形成很多有趣的文化现象。

与孔子"梦周公"相联系的是，中国历史上形成了影响不小的梦文化。梦，作为人在睡眠中某阶段意识状态下自发性的心理活动，它属于人的正常心理现象。在典型的夜睡中，梦境在睡眠的各个阶段循环出现。也许是孔子"梦周公"的缘故，也许是因为殷末周初时已经有不少关于文王、武王、周公梦境的记录，后世竟然出现了"周公解梦"之说。

据记载，文王、武王就曾经谈论"梦"的问题。例如，《礼记·文王世子》记载说："文王谓武王曰：'女何梦矣？'武王对曰：'梦帝与我九龄。'

文王曰：'女以为何也？'武王曰：'西方有九国焉，君王其终抚诸？'文王曰：'非也。古者谓年龄，齿亦龄也。我百，尔九十，吾与尔三焉。'文王九十七乃终，武王九十三而终。"文王说自己转移给武王三岁寿命，自不可信。但它记载在儒家的典籍之中，其影响之大自不待言。

据《周礼》记载，周代春官宗伯有"占梦中士二人，史二人，徒四人"，其中还有六梦说，将梦分成六类：正梦、噩梦、思梦、寤梦、喜梦、惧梦。后人也有不少研究人的梦境，如明代有人集历代诸家梦说，将梦分成九种。诸如此类，不一而足。

殷商末年，政治动荡，文王、武王都曾经谈论"梦"的问题，《逸周书》就有不少这样的篇章。如《程寤解》篇，记载文王在程地时，太姒梦商庭生棘，惊以告文王，文王以为是吉兆，于是召太子发拜吉梦；《文儆解》篇中，文王疾，告梦，惧后嗣无保，告太子发民之多变，命其敬之；《寤儆解》篇则记载武王梦见灭商的计划泄露，自己被梦境警醒，深以为忧。周公劝导武王说："天不虞周，惊以寤王，王其敬命！"他鼓励武王，说这是上天为了让他居安思危。《武儆解》篇则记载武王告梦，遂命召周公旦立后嗣，属太子诵文及《宝典解》。

上述梦境在《逸周书》的记载名称多以"寤""儆"为名，所谓"寤"，就是觉时道之；所谓"儆"，则是使人警醒，不犯过错。这些记载很有价值，因为从这些事实中不难看出，文王、武王、周公正处在由夏商"尊命""尊神"向西周"尊礼"文化的过渡时期，已经不同程度地开启了人文思潮和理性主义的大门。尤其周公，他的论述，已经十分注重社会现实中人的主观能动作用。

就整个商周时期而言，占梦作为一种预卜吉凶的方术也曾经十分流行，它属于宗教的领域。《周礼·春官宗伯》中的"占梦"之官负责占梦，而周公应该是周初宗教的首脑。在周公身上，我们可以看到两种形象，一种是善于占卜的"大巫师"，一种是制礼作乐的政治家、思想家。这两种身份和形象，在那个时代集合于周公一人是十分正常的。

事实上，真正推动历史发展的，恰恰是作为政治家、思想家的周公。作为"大巫师"形象的周公只不过是历史的"孑遗"。不过，这种占卜、解梦的形象最终作为方术渗入民间，成为小传统的一部分。而作为政治家、思想家的周公，则影响了后来的孔子和儒学，奠立了中国文化的大传统的基础。

历史上，所谓的"著名梦境"还有很多，比如文王梦熊、庄生梦蝶、黄粱一梦、梦笔生花、江郎才尽、南柯一梦等。而所谓《周公解梦》，不过是流传在民间的解梦之书，乃是后人借周公姬旦之名而著。书中列举种种梦境，并对梦预测吉凶，它与其说是解梦书，不如说是解梦词典。孔子生于乱世，凝念注神，日思周公之德，夜即梦之，这属于后人所谓"意精之梦"。周公成为后世占梦文化的形象代言人，不能不说是梦文化与孔子结缘的结果，的确是"大传统"和"小传统"交互影响的结果。

二、周公及其历史功绩

1934年，历史学家夏曾佑先生在所著《中国历史教科书》中曾说："孔子之前，黄帝之后，于中国有大关系者，周公一人而已。"黄帝是中华民族的人文初祖，孔子是东方圣哲。周公处在黄帝与孔子之间，是中华礼乐文明的奠基人。

作为周朝江山社稷的奠基人，周公辅国安邦，创立典制，制礼作乐，其稳定和巩固周王朝统治之功彪炳史册。然而，文献阙如，后人又理解不一，使周公事迹显得模糊不清，再加之20世纪儒学地位的沉降，对许多现代人来说，周公这位伟大的圣贤居然还是一位比较陌生的人物。但披沙拣金，透过材料记载，还可以看到历史的真实，探寻出周公事迹的真相。

周公，姓姬，名旦。他是周文王的儿子、周武王的弟弟、周成王的叔父。周公在谈到自己的这些身份时，曾说"我于天下亦不贱矣"。周公的身份岂止"不贱"，事实上，他是当时地位最为尊贵的人。

周公姬旦之所以被称为"周公"，是因为周朝以周原这块周人龙兴之地为其采邑。采邑与封地相近，受封者可以享受采邑的租税。在周族发展历史上，周原具有特殊重要的意义，直到后世，他们的子孙依然眷恋着这块土地。这支姬姓部族的人居住在周原，从此，他们就被人称为"周人"。后来以这里为周公采邑，也可以看出周公在周朝的特殊地位。

在周文王的儿子中，周公与武王为同母兄弟，他们都是太姒所生。太姒的儿子共有十人：《左传》中说"武王之母弟八人"，加上武王兄伯邑考及武王本人，恰为十人。文王诸子中，最有资格继承周文王位置的当然是伯邑考，但文王时他作为人质在殷纣王那里，竟然被残暴的殷纣王活活烹杀。伯邑考早死，文王次子姬发便取得了嫡长地位，继承了王位。在同母兄弟中，周公排行第三。除了即位为王的武王姬发，周公的地位最为尊隆。据记载，在同母兄弟之中，武王发和周公旦最贤，他们是文王的左膀右臂，共同辅助文王。

周公的恭顺与谨慎是有名的，他独处时都非常严谨，后人形容他连夜里走路都注意自己的影子要正、直。周公年轻时便渴求上进，十分谨慎地结交朋友，注意学习别人的优点。他想要兼学历代圣王，实践他们的勋业。他常常反复思考，甚至夜以继日，想通了便付诸实施。周公的切实努力，使他具有了出众的天赋和秉性。周公自称"巧能"，说自己"多材多艺"（《尚书·金縢》）；周武王说他"大有知（智）"（《逸周书·度邑解》），称赞他富于智慧；后来孔子也对"周公之才之美"（《论语·泰伯》）倍加赞赏。

周公德才兼备，一生辅国安邦。在翦灭商朝的过程中，周公是武王的得力助手。在文王去世以后的七八年中，周公尽心竭力，在武王需要的时候，他常常利用自己渊博的知识及对历史与现实的敏锐洞察力，为武王出谋划策，献智出力，辅助武王顺利完成了灭商大业。

克殷之后第四年，武王过早地离开了人世，这使得周朝的局势变得复杂和危急起来，周公也面临更加严峻的考验。武王去世后成王即位，但成王年幼不能主政，周公作为辅相，以冢宰的身份摄政，辅助成王，全面应对和处理方方面面的事务。他殚精竭虑，日理万机，但换来的竟是恶语中伤，他的弟弟管叔、蔡叔等人制造谣言，连召公奭也怀疑起来。成王年龄小，对辅助他的叔父也信不过。殷商旧势力趁机联合管、蔡发动叛乱。为此周公不得不做大量工作，以争取信任。他毅然调动大军，亲自率军平叛，消除了武庚以及管、蔡等"三监"的祸患；又率军大举东征。经过艰苦卓绝的战争，终于彻底稳定了东方。

为进一步巩固周王朝的统治，周公进行了大分封，将宗室懿亲分封到各战略要地，以王室重臣、近亲把守要塞，作为王室屏藩，周公前后封建的诸侯国家有71个。周公又营建洛邑（今河南洛阳东），修建王城（今洛阳市内），还将殷遗民迁到洛邑，驻军加以监守。洛邑和王城作为周的东都，用以统治东方，被称为"成周"。周公还着手建立了周王朝的一整套典章制度，使周王朝的政治统治彻底走上正轨。他辅助成王，摄政七年，周王朝的统治彻底巩固下来。成王即位七年之后，已经可以独立处理政务，周公于是把政权正式交还给成王。

周公在成王初继位时暂摄国政，经略天下，对稳固周朝统治起了至关重要的作用。《尚书大传》说："周公摄政，一年救乱，二年克殷，三年践奄，四年建侯卫，五年营成周，六年制礼作乐，七年致政成王。"这段话基本概括了周公的主要历史功绩。周公归政之年的岁末，成王对周公辛勤于王室念念于怀，于是在洛邑举行了封命"周公后"（《尚书·洛诰》）的仪式，将周公之子伯禽分封到泰山之南，建立了鲁国，周公也就成了鲁国的始祖。

归政成王之后，周公依然极受尊敬。成王十一年，周公在丰地去世。周公病危时，他希望自己死后葬在成周，以表示不敢离开成王。周公去世后，成王心存谦恭，把周公埋葬在毕（今陕西咸阳北），随周文王墓葬，以表示自己不敢以周公为臣。为了褒扬周公之德，成王还特许鲁国在祭祀周公时用周天子的礼乐。

三、周公与鲁国文化

在陕西岐山、河南洛阳、山东曲阜，都有历史上遗留下来的周公庙，自西向东的这三处周公庙，自然都是为了奉祀周公。周公食采于周，故有岐山周公庙的建立；洛邑为周朝统治天下的中心，周公辅佐成王"定鼎洛阳"，周公庙大殿即被称作"定鼎堂"，象征着周人取得天下。

相比之下，曲阜周公庙却从两方面使之具有更重要的意义。第一，周公被后世尊为"元圣"，追封为"文宪王"。周公庙为"文宪王庙"，其大殿为"元圣殿"。周公庙棂星门内两侧石坊分别是"经天纬地""制礼作乐"，都是赞颂周公的丰功伟绩的。第二，周公是鲁国的始祖，鲁国是周公的封国。曲阜的周公庙因此又被称为"鲁太庙"，还以鲁国历代国君从祀周公。

在西周初年的分封中，鲁国是众多邦国中的一个诸侯国，但它却是非同寻常的一个封国。鲁国是诸侯中的"望国",乃是姬姓"宗邦"。之所以如此,当然是因为鲁国是周公的封国。周朝灭商以后,周武王曾经分封功臣亲戚。从某种意义上讲,这时期的分封还带有明显的"褒封"性质。武王分封时,周公被分封在鲁,初封时的鲁国可能在今河南鲁山。不过,周朝初年形势复杂,辅国大事更为重要,《史记》所说"伯禽代周公就封之鲁",其地可能乃指河南鲁山。但无论如何,鲁至少名义上为周公封邑。

周公东征以后,原来的政治格局被打乱,周公摄政时期,开始了真正意义上的分封。《今本竹书纪年》记载说:"成王……八年春正月,王初莅阼亲政。命鲁侯伯禽、齐侯伋。迁庶殷于鲁。"这与《尚书·洛诰》所说的正相印证,《洛诰》中说:"公,予小子其退,即辟于周,命公后。"《纪年》中的"命"字多是"分封"的代称,这是鲁国分封具有确切时间的重要材料。

根据清代学者的解释,《尚书·洛诰》下文中的"惟告周公其后""王命周公后"皆是指封命伯禽。"四方迪乱,未定于宗礼,亦未克敉公功",则是"言四方虽进于治,犹未定尊礼功臣之事,亦未能抚循公之功绩"。以此观之,封建鲁国事迹就是尊礼周公、抚循周公的功绩。

鲁国此次分封之地在"少昊之虚"曲阜,真正意义上鲁国的第一代国君自然是伯禽。伯禽以"周公后"受封于曲阜。伯禽受封在"少昊之虚",一个重要目的是大启周公之"宇"。《诗经·鲁颂·閟宫》曰:"泰山岩岩,鲁邦所詹。"《史记·货殖列传》称:"泰山之阳则鲁。"有人曾对鲁穆公说:"周公卜居曲阜,其命龟曰:作邑乎山之阳。贤则茂昌,不贤则速亡。"(《说苑·至公》)这里的"山"乃指泰山,"山之阳"即泰山之南。如果《说苑》的说法可信,那么始就封于曲阜者虽然是伯禽,但城邑的选择还是周公卜定的。

周公对伯禽要求十分严格,这在周公教育弟弟康叔、侄子成王时也能够看得出来。周公教育成王,也往往借机教育伯禽,有时又借教育伯禽以戒成王。武王临终前,托付周公辅佐成王,希望"克中无苗,以保小子于位","维中是以,以长小子于位"(《逸周书·五权解》)。所谓"克中无苗",就是做到适中无邪;而所谓"维中是以",则是唯中是用。周公以"世子之道"教育成王、伯禽。《礼记·文王世子》记曰:"成王幼,不能莅阼，周公相，践阼而治，抗世子法于伯禽，欲令成王之知父子君臣长幼之道也。成王有过则挞伯禽，所以示成王世子之道也。"关于周公教子，《孔子家语·曲礼子夏问》《荀子·尧问》《论衡·遣告》都有记载，周公对伯禽进行了有针对性的训导和教育。

周公首先教育伯禽要注意礼贤下士，具备谦德。据《史记·鲁周公世家》，周公曾经戒伯禽曰："我文王之子，武王之弟，成王之叔父，我于天下亦不贱矣。然我一沐三捉发，一饭三吐哺，起以待士，犹恐失天下之贤人。子之鲁，慎无以国骄人。"周公自己身份高贵，但为了接待来访的贤人，甚至洗头时多次束起头发，吃饭时数次放下饭碗，吐出口中的食物。《尚书大传》还记载了周公以自身经历与体会训诫伯禽。正因为他能够敬重来求见的人，所以隐居山林的贤者都出来了。周公所言，无非是为了让伯禽能够任贤使能，治理好鲁国。

伯禽到鲁国后，勤奋努力，利用自己年富力强、精力充沛的优势，对当地"商奄之民"的风尚进行了变革。《史记·鲁周公世家》记曰："鲁公伯禽之初受封之鲁，三年而后报政周公。周公曰：'何迟也？'伯禽曰：'变其俗，革其礼，丧三年然后除之，故迟。'"伯禽对当地固有习俗进行了改革。伯禽受封时，周室为鲁国制定了"启以商政，疆以周索"的治国方针，鲁国居于殷商故地，于是他们便因其风俗，开用其政，而疆理土地时用周朝的制度。周室还分给鲁国"殷民六族"，使之"职事于鲁"。这样，伯禽一支所带来的周文化与殷遗民及当地土著固有的文化相互交汇、影响，共同形成鲁国的文化。

鲁为周公的封国，鲁国初封时因此受赐丰厚，相对于他国来说还得到了不少特权，鲁国可以"世世祀周公以天子之礼乐"，《礼记·明堂位》也说："凡四代之器、服、官，鲁兼用之。是故，鲁、王礼也，天下传之久矣。"从文献记载以及考古材料综合考察，这种记载是可信的。周王室的职官"宗伯""太宰""大司徒"等，鲁即有之。如"宗伯"，在周王室中，他是掌握礼仪之官，这也是周王朝的重要官职。其他国家只称"宗"或"宗人"，有"宗伯"之称的只有周王室和鲁国。鲁国初封时，特许鲁国享有天子礼乐，因而像祭祀之中的禘、郊、大雩等"重祭"礼仪，本为周天子独用，而鲁国也得以拥有这些"殊典"。之所以如此，正如司马迁所说：

"鲁有天子礼乐者,以褒周公之德也。"周室对鲁国的祭祀十分重视,作为姬姓宗邦,鲁国掌祭祀者称为"宗伯"便容易理解了。

鲁国受封的同时或稍后,周王室在东方又分封了一些小国。这些小国有的就是鲁国的附庸,有的则以鲁国为"宗国"。春秋时期,王室衰微,礼坏乐崩,但许多小国依然纷纷朝鲁,还至鲁观礼。鲁国较完整地保存着周礼,并且周代的礼乐传统深深影响了鲁国社会的方方面面。《左传·襄公十年》说:"诸侯宋、鲁,于是观礼。"宋国保留的自是殷礼,鲁国保存的则是典型的周礼,即所谓"周礼尽在鲁矣"(《左传·昭公二年》)。时人视礼为国家的根本,周礼似乎是周王朝统治的象征,因此,鲁国作为宗周东方代表的形象更加突出。

春秋时期,"政由方伯",但在诸侯国会盟等的班次上,鲁国却位居前列。《左传·隐公十一年》说:"周之宗盟,异姓为后。"鲁既为姬姓,又为周公之裔,故在诸侯位次序列中有"班长"(《国语·鲁语上》)之称,在会盟中为班次之长,被列为首席。例如,春秋初年齐遭北戎侵犯,齐向各国求助。战后答谢诸侯,在馈送粮饩给各国大夫时,齐国人请鲁国按班次代为分派;晋文公主持"践土之盟"时,在各会盟国进行的歃血仪式次序上,除主盟的晋国外,鲁也被排在各国的最前面。既然周室对鲁国寄予厚望,把鲁国分封在商奄旧地,那么,在推行周代礼乐制度时,有"望国"地位的鲁国也就不能不以表率自居了。

鲁国为东方的宗周模式,担负着传播宗周礼乐文明的使命,如在周王朝治国政策的贯彻上,鲁国即堪为典范,周公的保民思想、明德慎罚、勤政任贤等都似乎在鲁国当政者身上有明显体现。当然,说鲁国为"宗周模式",绝不是说鲁国完全排除其他的文化因素,使鲁国全盘周化,而是在政治统治上为周王朝的东方代理人,在鲁国上层贵族中完整地保存着周代礼制。

四、孔子"取法"周公

孔子时代,许多周代典籍记载尚在,孔子比今天的我们能够看到更多的周初历史。当年,鲁哀公向孔子问政时,孔子说:"文武之政,布在方策。"(《礼记·中庸》)所谓"文武之政",自然包括周公之法。何为"方策"？方，版也。策，简也。这里是说文王、武王的政治主张与措施，都在木板或竹简上记载着。周初的历史记载，春秋时人还可以见到。《中庸》说孔子"祖述尧舜，宪章文武"。朱熹在《四书章句集注》中解释说："祖述者，远宗其道。宪章者，近守其法。"法，即法则、做法。不难察见，孔子一定十分重视周初文献，这使得他有更多的条件可以"法则周公"。

孔子年轻时"入太庙，每事问"，对此，《论语》中《八佾》《乡党》都有记载。古代开国之君称太祖，太祖之庙称太庙。这里的"太庙"指鲁国周公之庙。孔子自称"学而知之"，对于自己不懂的礼制、礼仪、文物，以实事求是、虚心求教的态度待之。这种虚怀若谷的态度最终成就了博学知礼的孔子。

孔子还实地学习考察，曾经到当时的文化中心东周洛邑参观访问。《孔子家语·观周》篇专门记述了相关情况。这一次，孔子在洛邑参观游历了国家的重要政治文化设施，流露出对周朝政治制度的无限向往，极大地增强了他对周公的倾心仰慕。他除了"问礼于老聃，访乐于苌弘"，还"历郊社之所，考明堂之则，察庙朝之度"。他喟然叹息说："吾乃今知周公之圣与周之所以王也。"

在参观周的明堂之时，孔子看到四个门口的墙上分别画有尧舜和桀纣的肖像，各有善恶不同的形状，以及有关王朝兴盛与灭亡的诫语。孔子还看到周公辅佐成王，抱着年幼的成王背对屏风，面向南接受诸侯朝拜的图像。孔子对"周公之圣"感慨良多，他徘徊观望，对跟从的人说："此周之所以盛也。夫明镜所以察形，往古者所以知今。"

《论语》中还直接记载了周公的言论，这些应该是孔子经常引用的周公的名言。如《微子》篇记载周公谓鲁公曰："君子不施其亲，不使大臣怨乎不以。故旧无大故，则不弃也。无求备于一人。"这是用周公之言说明执政者应该如何选拔人才。意思是君子不应该离弃自己的亲人，不让大臣怨恨得不到任用；老朋友、旧相识如果没有大的错误，就不要放弃他们；不要要求一个人具有所有的才能。这些在孔子思想学说中都有体现。

孔子十分重视为政治国之人的德行与榜样作用，他推尊圣王"化成天下"的力量。如《孔子家语·致思》篇中，孔子说，能称王的人就好像万物生长的季节一样正确。他认为，文王有王季历做父亲，有太任做母亲，有太姒做夫人，有武王、周公做儿子，有太颠、闳夭做大臣，所以他的根基很好。周武王首先使自身有了很高的修养，然后使自己的国家得到好的治理，天下得到好的整治，由此讨伐暴虐无道的国家，惩罚有罪的人，所以自身一动功业就能建立。因此，孔子说："春秋致其时而万物皆及，王者致其道而万民皆治，周公载己行化而天下顺之，其诚至矣。"他对周公的赞美溢于言表！

孔子有一句名言，那便是《论语·学而》所说："君子不重则不威，学则不固。主忠信，无友不如己者。过，则勿惮改。"所谓"无友不如己者"，就是不结交没有品行的"不仁"之人。其实，这句话也来自周公。《吕氏春秋》引《大戴礼记·曾子制言中》曰："吾不仁其人，虽独也，吾弗亲也。故周公曰：'不如吾者，吾不与处，损我者也。与吾等者，吾不与处，无益我者也。吾所与处者，必贤于我。'"按照刘宝楠《论语正义》的说法，"不如己者"即不仁之人。周公、孔子的本意都是远离缺乏仁德的人。

孔子对周公事迹以及"周公之制"非常熟悉。例如，《孔子家语·冠颂》记孔子谈论天子、诸侯的冠礼，其中说："天子冠者，武王崩，成王年十有三而嗣立。周公居冢宰，摄政以治天下。明年夏六月，既葬，冠成王而朝于祖，以见诸侯，亦（当为'示'）有君也。周公命祝雍作颂……此周公之制也。"

据《孔子家语·正论解》，鲁国的季康子想以井为单位征收赋税，派人征求孔子的意见，孔子说自己不懂这些。孔子弟子冉求被派去问了好几次。孔子对季康子违礼的做法很不满意，他没有正面回答，私下对冉求说道：先王确定土地制度，后人应当自觉遵奉。君子的行动必须合乎礼的要求，施与要力求丰厚，做事要适中把握分寸，征收赋税要尽量地轻。如果这样，以丘为单位征收赋税也足够了。如果不按照礼的原则做事，贪得无厌，就算以田为单位征收赋税也不会得到满足。所以孔子特别说："子孙若以行之而取法，则有周公之典在。""周公之典"是周公后世子孙行事的法度，孔子认为，如果想违背法度行事，那么随意而行就是了，何必要来询问呢？

还有一个比较典型的例子，那就是孔子对待"女子"的态度。《论语·阳货》记孔子曰："唯女子与小人为难养也，近之则不孙，远之则怨。"传统上，人们认为此章是孔子告诫世人要修身就必须去谗远色；而今，人们对该章的理解仍有颇多争议，不少人以之为孔子"轻视妇女"的铁证。其实，孔子斯语包含了"女子难养"和"小人难养"，而在《尚书》《逸周书》中都有"小人难保"一语。所谓"保"，《说文解字》明确说："保，养也。""小人难保"即"小人难养"。这里的"小人难保"对正确理解孔子的话很有价值。

《尚书·周书·康诰》记周公告诫康叔之语曰："呜呼！小子封，恫瘝乃身，敬哉！天畏棐忱，民情大可见，小人难保。往尽乃心，无康好逸豫，乃其乂民。"当时，周公刚刚平定管叔、蔡叔与殷人勾结的叛乱，《康诰》就是这种背景下对被封于卫地的康叔的嘱告之辞。这里，"小人"指百姓、小民。孙星衍疏引《释诂》云："保，康，安也。……小民不易安也。"小民不易安，应当在治理时保持一颗敬畏之心，因为"天威之明，惟诚是辅"，在民情中可以得到应验。欲安其民，就应当尽心竭诚，而不能苟安逸乐。总之，因为"小人难保"，就应当重视"小人"的力量。《逸周书·和寤解》记周武王的话说："呜呼，敬之哉！无竞惟人，人允忠。惟事惟敬，小人难保。"与周公一样，武王也要求重视百姓。这里说因为"小人难保"，故应"惟事惟敬"。这正是周人传统的"敬德保民"思想的体现。不难理解，孔子强调"小人难养"，也一定是秉承周人的"牧民"思想，是针对各层各级"养民"者（所谓统治或管理者）而说的。孔子思想与文王、武王、周公等一脉相承，由周初文献可知，孔子说"小人难养"不仅不含轻视"小人"的意义，反而反映出他对这一群体的重视。

五、周公奠基儒家学说

作为伟大的政治家、思想家，周公不仅奠定了周王朝八百年基业，把我国的古代文明推向新的巅峰，他还是中国儒学的先驱，被后世尊为儒家"元圣"。他的"敬德保民"的政治伦理思想是儒家学说的基础。《淮南子·要略》说："孔子修成、康之道，述周公之训，以教七十子，使服其衣冠，修其篇籍，故儒者之学生焉。"汉儒扬雄在《法言义疏·学行》中也说："孔子，习周公者也。"这清楚地指出了以孔子为代表的儒家学说与周公思想的直接联系。正因如此，后世称孔子所创立的儒学为"周孔之学"或者"周孔之教""姬孔之教"。

在社会关系激烈变动的春秋末年，孔子"崇周"，向往"郁郁乎文哉"

的"周公之治",他孜孜以求的便是周公的事业。在孔子心目中,周公是最令人敬服的古代圣人,他甚至常常"梦见周公"。孔子后学也都推崇周公,如孟子常提到周公,把周公与大禹、孔子相提并论;荀子认为周公乃"大儒之效",他的作为"非圣人莫之能为"。儒家"祖述尧舜,宪章文武,宗师仲尼",尧、舜、禹、汤以及文、武、周公思想是儒学体系的主要来源。唐朝韩愈以后的儒者在排列"道统"时,总是自尧、舜到周、孔相续相连。不过,尧、舜、禹、汤时代久远,文王、武王集成于周公,所以对孔子和早期儒学影响最大、最直接者还是周公。

周公去世后,鲁国建太庙奉祀周公。鲁人自不忘祖述"先王之训",追忆"周公之礼"。唯其如此,后人才赞叹周礼尽在鲁国。鲁地本来就有极其深厚的文化积淀,鲁国建立后,周人又以此为经略的重点。鲁国因是周公长子伯禽的封国而成为周代的"文物之邦",儒家孔子之学则由于鲁为"文物之邦"而兴、而盛。明人陈凤梧《元圣文宪王像赞》曰:"天生元圣,道隆德备。制礼作乐,经天纬地。上承文武,下启孔颜。功在万世,位参两间。"清朝乾隆帝手书曲阜周公庙周公像对联则曰:"官礼功成,宗国馨香传永世;图书象演,尼山统绪本先型。"孔子之学导源于周公,难怪汉代以后的人常常"周、孔"并称,"周孔之学"几乎成为儒学的代名词。

周公的顺天应时思想对儒学影响很大。《逸周书》集中体现了周公的天命观以及政治主张。周人"受命",他们认为自己已经接受了天命,即天命已经转移到了周人这里。周公看清楚了历史大势的发展变化,多次说到"天命""天道",他希望"顺天""敬命"。《逸周书·小明武解》篇说:"凡攻之道,必得地势,以顺天时。"文王就十分注意循时而动,武王与周公论及文王之政时还谈到"务在审时"。周公也常常说到"时""势"等概念,这其实也是周公天命观的体现。周公讲"顺天得时",又讲"时候天视,可监时",是说应当顺势发展,遵从上天的昭示。他反对不顺应时势的做法,认为应当"明势",应当"应时作谋",反对逆"时"而动。包括孔子在内的原始儒家,恰恰十分主张"时变""时中",与时偕行,反对"生乎今之世,反古之道"。儒家主张在变化了的时势中找到最合适的切入点,这是其思想的重要特色之一。

儒家"仁"的思想也与周公密不可分。作为儒学的创始人,孔子不仅从方方面面论述"仁",主张为仁行仁,而且希望整个社会都相互仁爱,上下协调。在研究孔子时,学者们都能看到孔子思想的这一特征,但由于种种原因,却忽略了孔子这一思想的源头。据《逸周书·序》,《宝典解》为武王告周公以仁德为宝而作,此篇应该属于武王之政的重要典籍。它通过武王与周公的对话,讲述了所谓"四位""九德",讲述了所谓"十奸(干)""十散",还讲述了所谓"三信"。武王与周公在往返对话中多次说到了"仁"。这些内容涉及王者修身、择人、敬谋、慎言的原则,重点讲信、义、仁,而其落脚点在于"仁"。从文王到武王,由武王而周公,再由周公到成王,他们谈论"仁",重视仁德,可谓一以贯之,《宝典解》篇被称为"宝典",可谓名副其实。当然,孔子仁的思想内容或与《逸周书》的论述有所不同。但毕竟《宝典解》篇最根本的思想还是谈论"仁",不难想象,孔子的仁的思想与之会有重要联系。

说到周公与孔子思想的关联,人们谈论最多的是关于"德"的思想。殷商时期,帝王盘庚就提出"施实德于民",把"德"作为一种伦理政治理念凸现和系统起来。周公提出了"以德配天"和"敬德保民"思想,在中国政治生活中正式实施"德治"主张。周公认为,皇天辅佐那些谨慎地奉行道德以保有其民的人,"德"是凝固天命、使其不再转移的根本原则,要保持统治的永固,必须"敬德",因为"天视自我民视,天听自我民听"。因此他提出了"以德配天"与"敬德保民"思想。他要求为政者要做好楷模,要勤政无逸,反复强调"君子所,其无逸",必须"先知稼穑之艰难",必须深入生活,体察民情。他的"尚贤"思想以及"慎罚"主张都是其具体体现。

周公的"明德""保民""勤政""尚贤""慎罚"等德治思想,无疑是孔子"德治"思想的资源,孔子剔除了周公政治思想中的宗教成分而使之更加人文世俗化。孔子说:"为政以德,譬如北辰,居其所而众星共之。"(《论语·为政》)在孔子那里,"德"是政治的根本保障。孔子反复强调"仁","德"则是实践"仁"的过程,因此,"德"的内涵侧重强调个人道德修养,是君子所应遵守的各种伦理道德准则。孔子的政治思想与周公德治思想一脉相承。

德治思想只是周公为社会政治生活描绘的精美图画,要保障它的实施,必须有一系列制度和措施,这就是"礼"。周公制礼作乐,使礼制更加完善和具体化。这使周人的政治体现为道德与制度的合一，礼成为治国治民的大法，规范着全体社会成员的言行。

可是，到春秋时期，却出现了"礼坏乐崩""天下无道"的局面。孔子向往文、武、周公之治，向往"郁郁乎文哉"的礼乐政治。于是，他主张人人"克己"以"复礼"。对于礼，孔子把握住了其中的内核与实质。作为"道德之器械"，周公所制订的"礼"，贯穿到了孔子的礼治思想之中。孔子要求为政者对社会民众"道之以德，齐之以礼"（《论语·为政》），不难看出，孔子的"德政"思想实际上就是他"礼治"思想的有机组成部分。孔子认为自己"志在《春秋》"，其中孔子"礼"的思想与周公一脉贯通，所以有人说："周公制礼乐，名垂而不灭；孔子作《春秋》，闻传而不绝。"（《论衡·书解》）

孔子学习古代文化，尤其钟情于周公开创的"礼乐文明"，把"为东周"（《论语·阳货》）作为人生追求。为了"得君行道"，他不惜颠沛流离，周游列国。所谓"日有所思，夜有所梦"，何况孔子对周公倾心诚服，他夙夜思考恢复周代礼乐文明之伟业，因此才会经常梦见周公。孔子晚年，理想几近破灭，遂退于洙泗之滨，教授生徒，整理六经。此时，他的心志不同于以往，但也表明自己确然衰老，是以浩叹："甚矣吾衰也！久矣吾不复梦见周公！"朱熹《论语集注》说："孔子盛时志欲行周公之道，故梦寐之间如或见之。至其老而不能行也，则无复是心而亦无复是梦矣，故因此而自叹其衰之甚也。"孔子发此慨叹，一则可能确是实情的描述，但更可能的是，这是孔子对"道"之不行的隐喻性表白。

（原载于《济宁日报》2011 年 5 月 31 日）

孔子"女子难养"说新论

《论语·阳货》记孔子之言曰:"唯女子与小人为难养也,近之则不孙,远之则怨。"孔子斯语,可谓人人皆知,影响极大。在这里"女子"与"小人"并言,而且皆被视为"难养",于是长期以来,人们视之为孔子轻视妇女的证据且深信不疑。近代以来,受平等主义、女性解放思潮的影响,不少人对孔子此语耿耿于怀;迄于当代,从《百家讲坛》到人人解经,由此语所引发的争议更是纷繁复杂。这句话已然成为孔子是否轻视妇女乃至如何看待孔子的关键问题,由此也不难理解,弄清孔子斯言的本意十分重要。

一、对"女子难养"说的种种理解

孔子轻视妇女?孔子竟然将占人口半数的女性给一口否定了?有人会说这可以理解,因为孔子处在父权家长制时代的春秋之末,女性的地位已经很低了,被歧视也很正常,毕竟孔子无法超越历史的局限。

然而,早期儒家特别是孔子的思想具有浓重的人本主义色彩,孔子说"仁者爱人",难道不包括女性在内?现实中,还真的有人认为事实正是如此。蔡尚思曾写过一篇有名的文章,题目叫作《我爱孔子,我尤爱真理》,其中有言:"孔子大谈忠恕之道,但却不能付诸实践,将心比心,推己及人,诸如推父及母,推夫及妻,推男及女等。周公、孔子制礼的片面性,早经晋谢(谢安)太傅夫人和王文禄指出,男子制礼专为己谋。"又说:"男女性别是优劣品质的大问题。孔子站在男子的立场歧视女子的表现有多种。"① 蔡先生的基本论据不过就是孔子斯语。

孔子的一句"唯女子与小人为难养也"引发了人们这么多的思考,恐

---

① 蔡尚思:《我爱孔子,我尤爱真理》,《文汇报》1990年3月13日。

怕是孔子始料不及的。更为重要的是，此语不仅被视为孔子歧视妇女的有力证据，还直接影响到对孔子思想的整体认知。尤其是到了近代以来的激进时期，它更被视为历来妇女地位低下的开端，是"男尊女卑"观念的始作俑者，因此成为孔子难以推卸的"历史罪状"。

20世纪后期以来，随着儒学与传统文化的复兴，诸多学者试图从新的角度进行解释，仅仅对《论语》中孔子"难养"说的19个字，就有许多"正解""新解""辩证""我读"之类的文字出现。如有的学者着意对"与"字进行重新解释，认为女子支持、帮助小人并与小人结党营私；有的认为是说"将女儿嫁给道德败坏的小人"；有的训"孙（逊）"为（小孩子）"听话"，训"怨"为（小孩子）"哭号"等，以"难养"专指"小人"，这可谓在一定程度上"解放"了"女子"。还有的倾力于对"女子"进行解释，认为"女子"为复合词，应训释为"女、子"或"女"加"子"；有的则释"女子"为"汝子"，译为"你这个人""你那里的年轻人""你的儿子"或"您这位先生""你们几个学生"等，进而认定孔子其实"同情女性、尊重妇女"。这类解释看起来新颖别致，但不免过于牵强，有"美圣"或"为圣人讳"之嫌。

除了《论语》中的这句话，其他可以判定孔子歧视女性的证据实在不好找到。如以孤证立论，"片言折狱"，显然不是科学的态度。那么，孔子到底要表达什么？孔子的本意到底如何？我们认为，要理解孔子此语的真实含义，最为核心的应当是对其中关键词语的内涵做出准确的把握。

毫无疑问，在经典诠释中，应坚持经典溯源的方式，以经典解释经典。具体到孔子这句话来说，只有回到孔子所传承的文化和生活的那个时代，方能探得孔子"女子难养"说的真实含义。

必须注意的是，在文化观上，孔子自称"述而不作"（《论语·述而》）。孔子所"述"者何？典籍中说得十分清楚。《礼记·中庸》说："仲尼祖述尧舜，宪章文武。"孔子时代，齐国就有人说："孔子生于衰周，先王典籍，错乱无纪，而乃论百家之遗记，考正其义，祖述尧舜，宪章文武。"（《孔子家语·本姓解》）孔子遵循尧、舜之道，效法文、武之制，显然，尧、舜、文、武等古代先王对孔子影响很大。尧、舜时代较远，周代制度就是"损益"前代而来，按照朱子的解释："祖述者，远宗其道；宪章者，近守其法。"（《四书集注·论语集注》）因此，孔子应当更加推崇文、武、周公之制。由此我们想到，孔子崇尚"文武之政"，熟知周代文献，那么有关孔子的一些为今人所"拿捏不准"的言论与争议，可以结合周代典籍中的言说进行理解，这或许是一个比较切实、合理的途径。

二、 周初"小人难保"观念的启示

孔子晚年曾说："甚矣吾衰也！久矣吾不复梦见周公！"（《论语·述而》）孔子对被后人视为"儒家元圣"的周公可谓魂牵梦绕，由此我们想到，孔子的言论应该与西周初年的周文王、武王以及周公的言论属于相同的"话语系统"，那么将人们理解歧异的孔子"语录"与周初思想家结合起来比照研究，应该是一条可取的途径。

事实上，孔子时代，周初的历史文献大量存在，《礼记·中庸》记孔子语："文武之政，布在方策。"这使孔子得以了解与效法"周政"。在阅读周代相关历史文献时，我们欣喜地发现，周初存在的一个观念对于理解孔子"女子难养"说颇具启发意义，那就是"小人难保"。我们相信这是解决这一聚讼不已的学术公案、打开孔子此语之谜的钥匙。

《尚书·周书·康诰》记周公告诫康叔之语曰："呜呼！小子封，恫瘝乃身，敬哉！天畏棐忱，民情大可见，小人难保。往尽乃心，无康好逸豫，乃其乂民。"当时周公刚刚平定管叔、蔡叔与殷人勾结的叛乱，《康诰》就是在这种背景下对被封于卫地的康叔的嘱告之辞。这里，"小人"指百姓、小民。孙星衍疏引《释诂》云："保，康，安也。……小民不易安也。"小民不易安，应当在治理时保持一颗敬畏之心，因为"天威之明，惟诚是辅"，在民情中可以得到应验。欲安其民，就应当重视他们，就要尽心竭诚，而不能苟安逸乐。总之，因为"小人难保"，就应当重视"小人"。

在《逸周书·和寤解》中同样有"小人难保"之语。该篇记周武王的话说："呜呼，敬之哉！无竞惟人，人允忠。惟事惟敬，小人难保。"这里的"小人"同样指小民、百姓。据该书序文可知，本篇是周武王将灭商时，在商郊"明德于众"之作。武王要求众人重视小民，不能与小民争利。尤其重要的是，这里说因为"小人难保"，故应"惟事惟敬"。小民很难护养，就要事事施之以敬，这正是周人传统的"敬德保民"思想的体现。

在先秦文献中,"小人"一词比比皆是,大都与"君子"对举。例如《诗经·小雅·角弓》中说:"君子有徽猷,小人与属";《尚书·周书·无逸》中有"相小人,厥父母勤劳稼穑,厥子乃不知稼穑之艰难"之语。君主重视"小人",说明小人阶层并非毫无地位。与《论语》同时代的《左传》《国语》等典籍中"小人"也大都做地位低下之人解,如《左传·襄公九年》有言:"君子劳心,小人劳力,先王之制也。"《国语·鲁语上》曰:"君子务治而小人务力。"新公布的清华简《保训》篇中有"昔舜久作小人,亲耕于历丘"之语,舜当初所做的"小人"也是此义。郭店楚墓竹简有"刑不隶(逮)于君子,礼不隶(逮)于小人",这就是《孔子家语·五刑解》和《礼记·曲礼上》篇中的"礼不下庶人,刑不上大夫"。"小人"是商、周社会中从事农业等体力劳作、地位较低的平民,包括一般庶民、鄙夫、野人,是王、侯、卿、大夫、士之外的普通百姓,是相对于为政者、大人、君子的身份地位的统称。

查《说文解字》,其中明言:"保,养也。"可证"小人难保"就是"小人难养"。不难理解,孔子强调"小人难养",也一定是秉承周人的"牧民"思想,针对各层各级"养民"者(所谓统治或管理者)而说的。这里的"小人"并不是指我们惯常意识中的那些"道德低下的人"!在《论语》文本中,"小人"当然有与"道德高尚的君子"相对的意义,但其中有很多却是指的平民、普通百姓。如《论语·子路》记孔子说"小人哉,樊须也",就不是对弟子的道德谴责。

孔子思想与文王、武王、周公等一脉相承。由周初文献我们知道,孔子说"小人难养"不仅不含有轻视"小人"的意义,反而反映出他对这一群体的重视。既然如此,那么孔子说"女子难养",应该也不是轻视女子。

三、"女子难养"说不是轻视女子

在孔子的表述中,无论"女子"还是"小人",其所谓"难养",具体在于"近之则不孙,远之则怨"。也就是说,"女子""小人"具有自身的特点,对他们既不可"近",也不可"远",因为把握不当,容易造成"不孙(逊)"或者"怨"这样的消极结果。

所谓不可"近"、不可"远",是一个需要具体掌握好的分寸、尺度。

"不孙（逊）"就是不驯顺，"怨"则是埋怨、怨愤。《左传·襄公二十六年》曰："小人之事君子也，恶之不敢远，好之不敢近。"这是说作为普通民众的小民，一般不容易领会"君子"的意图，在与君子相处时往往会产生茫然、不知所措的心理和行为反应。作为另一方的君子，对待民众就应当注意不"近"、不"远"。《孔子家语·好生》记载："孔子谓子路曰：'君子以心导耳目，立义以为勇；小人以耳目导心，不逊以为勇。故曰退之而不怨，先之斯可从已。'"孔子认为，君子用心指使耳目，把道义作为勇敢的基础；小人用耳目指使心，把不驯顺当作勇敢。所以说君子被屏退也不抱怨，让他带头也能做好表率，使别人能跟着他做。在《论语·阳货》"唯女子与小人为难养也，近之则不孙，远之则怨"这一章之前，就有子贡所说的"恶勇而无礼者"的话。所谓"勇而无礼"，就是"不逊以为勇"。君子可以"退之而不怨"，而对待小人，如果"退之"，就难免出现"怨"，这其实就是"远之则怨"。

在《孔子家语·好生》篇中，还有曾子的类似表述。曾子说："狎甚则相简，庄甚则不亲，是故君子之狎足以交欢，其庄足以成礼。"小人既然确实有这种不知"远""近"的茫然与狭隘，君子应如何措手处理？曾子认为，既不能过分亲近，也不能过分庄重而显得疏远，过分亲近就会简慢，过分庄重就不能亲近。孔子非常赞赏曾子的言论，认为君子在处理人与人的关系时，就要不"狎甚"、不"庄甚"，以"礼"约之，以保持好的关系。这其实正是孔子言说"小人难养"的本意所在。

对"小人"如此，对待"女子"自然也是一样。在《论语》该章中，"女子"与"小人"是被绑定的并列主语。梁漱溟先生说得好，孔子的那些话，包含了他"对于人类心理的认识"，"孔子学说原是从他对人类心理的一种认识而来"。[①] 孔子熟知历史知识，了解民性。他一定认识到，商周时期女子社会地位较低，受教育程度远远不及男子。在经过他整理的《尚书》中，就有商纣王妃子妲己"牝鸡司晨，惟家之索"的说法。春秋时期的家庭结构更是男主外、女主内，女性很少参与社会公共活动。作为一个相对独立的社会群体，她们受到历史条件的种种局限，因而大多数女性缺少文化教育，极少有社会交往，难有志向抱负，视野不能开阔。历史上对《论

---

① 梁漱溟：《孔子学说之重光》，《梁漱溟先生论儒佛道》，桂林：广西师范大学出版社，2004年。

语》的注解，也多从女子性别特征着眼，遂有所谓女子"其意浅促""无正性""志不在义""惟酒食之议"之类的理解。其实孔子说女子"近之则不孙，远之则怨"，是他对女性在心理、情感上有依赖倾向的认知，究其原因，既有文化教育问题，又有心理素质和性格问题。

不难理解，孔子"难养"之语是从政治管理的角度，对"养"者即君子所说的，这是春秋社会历史实际的反映。孔子特别强调要了解"民性""民情"，《孔子家语·入官》记孔子说："君子莅民，不可以不知民之性而达诸民之情，既知其性，又习其情，然后民乃从其命矣。故世举则民亲之，政均则民无怨。故君子莅民，不临以高，不道以远，不责民之所不为，不强民之所不能。"这其实就是一个"度"的问题。对于"女子"与"小人"，都要注意"政均"，不能"近"，也不可"远"，以更好地让他们恭敬、不怨。

就政治管理而言，孔子此言是说对待"女子"与"小人"都应当心存一份敬畏和戒惧。周初武王、周公说"小人难保"，丝毫没有轻蔑"小人"之意，由此，我们也可以断定，尊崇和效法"周政"的孔子言"女子难养"，也同样不会带有任何轻蔑、歧视的意味。孔子的意思是，不论是为人处世还是为政治国，都必须处理好与"女子""小人"的关系。这对于为政者而言，是必须慎思的问题。对"女子"和"小人"，需要注意如何与他们相处或役使他们，要取得他们的拥护、理解与支持，不是轻而易举的事情——对他们过于亲近，他们就难免简慢而不驯顺；如果过于疏远，他们则往往会产生怨愤之情。孔子此语，或许包含对"女子"和"小人"的重视、关注与深切体察。

（原载于《理论学刊》2010年第2期；合作者：吴信英）

孔子"知天命"与荀子"制天命"

早期儒家怎样理解国家的存亡祸福？怎样解释人生的起落吉凶？在天命自然面前人又采取怎样的态度？学界的看法还不尽相同。由于人的存在并非孤立，既然存于天地之间，就要受到天地自然的制约，人如何对待"天命"，就成为儒家人道学说的重要组成部分。其中，孔子"知天命"和荀子"制天命"尤为引人注目，但二者有何关系，或者说二者是否相通，学界还存在很大分歧。究其原因，应与当时天命观念的复杂性密切相关。在很长一段时间里，人们对荀子学说存在诸多误解，仅凭"制天命而用之"一语，便认定他是要"与自然做斗争"或者"人定胜天"，这既妨碍了对其思想的理解，也为厘清荀子与孔子天命观的关系设置了障碍。从天命观的角度看，无论是孔子还是荀子，他们都未曾否定"天"的力量，更未强调与"天"争雄抗衡，只是由"顺天""知天"而"用天"，并强调发挥人的主观能动性，遵从客观规律。孔子"灾妖不胜善政，寤梦不胜善行"（《孔子家语·五仪解》）一语，说的正是此意。

一

"天命"是中国哲学史上非常重要的概念。它与"天道"既有联系又有区别，如果说"天道"具有本体论意义，那么"天命"就属于天人关系的范畴。从孔子到荀子，早期儒家注重天人关系，他们在思考社会管理与人生问题时，都以天道观与人性论为基础。由"天道"到"人性"，"天命"是重要的环节，"天道"由"天命"降而在人，赋予人以"人性"。以此为开端，儒家进一步思考"人道"，使其主体意识反映自身的本质属性，进而沟通"人道"与"天道"。

既然"天命"关乎天人，存于天人之际，那么人思索并认真对待"天命",就是自然且必须重视的问题。作为西周以来天命神学的一个总体性范畴,"天"或"天命"存在自然之天、意志之天、义理之天等含义。无论如何,人们对"天"的认识总是立足于"人间"。若"天"不与"人"发生联系,"天"不"命"于"人",就无所谓"天命"。所以人们认识"天道"、思索"天命",都是基于"人"或者"人道"。早期儒家的性命学说正是如此,而"天命之谓性"即是说人的性情乃先天具有,由天化生,是一种自然禀赋的东西。

孔子"天命"的含义较为复杂,他论"天"之处很多,也具有不同含义,但大要归结,都有主宰之意。它对人的生死寿夭、吉凶祸福、尊卑贵贱、贫富穷通,乃至国家的盛衰存亡,具有某种决定性作用。当然,孔子对"天"和"天命"的看法,与殷周以来的认识是一致的。如《尚书·商书·盘庚上》中说:"先王有服,恪谨天命,兹犹不常宁;不常厥邑,于今五邦。今不承于古,罔知天之断命,矧曰其克从先王之烈?"这里之所以强调人们应遵从天命,是因为天命对人事、对王朝兴衰都具有某种决定性作用。

周人也同样认识到天主宰人间的祸福,人们应恪遵天命,敬畏天命。如周公说:"我不敢知曰,有夏服天命,惟有历年;我不敢知曰,不其延。惟不敬厥德,乃早坠厥命。我不敢知曰,有殷受天命……今王嗣受厥命,我亦惟兹二国命,嗣若功。"(《尚书·周书·召诰》)由于人们认为"天"具有神性,能主宰人间的一切事务,"天"亦被称为"上帝",这自然就成为那时主流的天命观。因此,周人很自然地认识到应"格知天命"(《尚书·周书·大诰》)、"助王宅天命"(《尚书·周书·康诰》),并希望"受天永命""祈天永命"(《尚书·周书·召诰》)。

至孔子时代,"天"仍然具有重要的地位,孔子对"天""天命"的论述很多,如"获罪于天,无所祷也"(《论语·八佾》)、"天厌之"(《论语·雍也》)以及"天生德于予"(《论语·述而》)。可见,孔子之"天"与殷周时期之"天"基本相同,即"天"似乎很抽象,又似乎很具体,它使人们感到有时捉摸不定,变幻难测,常常性情乖戾,恣意肆虐,但有时又好像懂得人世间的是非善恶、真假美丑。

当然,孔子对"天"和"天命"的认识,与春秋以来人们对"天"与"天道""天命"的认识相应。郑国子产的"天道远,人道迩"(《左传·昭公十八年》），代表着当时"天道"认识的时代潮流。对"天"的认识，也决定人们对"天命"的态度。在孔子心目中，"天"与"天命"具有不可捉摸的特征，促使他思考应当如何"尽人事而知天命"。孔子说"五十而知天命"，这应是其人生境界提升中的一个里程碑。何谓"知天命"？历来注解纷纭，有的从宗教的角度，认为是知天的意志或者命令，人们应当谨慎地对待天命；有的从道德的角度，认为是孔子认识到天命在我，大有"如欲平治天下，当今之世，舍我其谁也"（《孟子·公孙丑下》）的气势。当然，这些理解也未必都完全准确。

要正确理解"知天命"，还应结合孔子的生平，综合相关材料进行分析。《论语》中的许多言语都是他的切身体验，如《论语》首篇首章说明，孔子一生立志弘道，虽不为天下人所"知"，但亦表现得"不愠"不怒，真可谓是"知命"君子。① 其实，《论语》末篇末章也同样重要，但历来注解《论语》者并未认识到这一点。该章记孔子说："不知命，无以为君子也。不知礼，无以立也。不知言，无以知人也。"（《论语·尧曰》）它与《论语》首篇首章应有呼应的关系。

在孔子看来，知命、知礼、知言，都是认知人与事物的具体过程，但要求或难度似有不同。如他说："不学礼，无以立。"（《论语·季氏》）又称"三十而立"。可见，知礼以立、知言而知人应当与"知命"为君子的境界有所区别。博学的夫子竟称其五十才"知天命"，这也难怪他不太常说到天道、性命。以至子贡发出"夫子之言性与天道，不可得而闻也"（《论语·公冶长》）的感慨。孔子对自身的解析应是理解"知天命"的钥匙。他说："吾十有五而志于学，三十而立，四十而不惑。"（《论语·为政》）这应是指人生的三种境界，十五岁所志之"学"，并非通常意义的学习，而是"道术之总称"，即《论语》中的"志于道"；"立"与"位"相通，"三十而立"，应是指已找到自己的位置，引申为言行独立，可以立足于社会；"四十而不惑"，是说他对人生境遇已能看得很透彻，如他说："道不行，乘桴浮于海。"（《论语·公冶长》）与普通人感到困惑相比，他已认识到个人的力量难以左右时势，就不再为此而困惑。

---

① 杨朝明：《新出竹书与〈论语〉成书问题再认识》，《中国哲学史》2003年第3期。

孔子言"五十而知天命",显示出更高的人生境界,此时的他已认识到天道运行规律,了解了社会、人生的基本规则;"六十而耳顺",更是人生境界的进一步提升,他已经能"声入心通,无所违逆,知之之至,不思而得"①。诚如他所言:"人之过也,各于其党。观过,斯知仁矣。"(《论语·里仁》)在此境界中,他由结果可以推知原因,进而判断事情的发展趋向。既然如此,不论什么样的言语,他都不会大惊小怪。

总之,在孔子那里,天之"命"于人者,人力难以对抗,人应当了解天命,从而顺应天命。人应当对天命心存敬畏,否则就算不上真正的"知天命"。在此前提下,孔子将"知天命"与"畏天命"连接起来,君子"知天命",故有所"畏",小人则相反,小人不知道天命之可畏,表现得无所敬畏,常常因胆大妄为而失败。

二

荀子的"制天命"也与此相关,但对其天命观,人们的认识还存在很大偏颇。荀子并非单纯地去适应自然,而是积极、主动地改造自然。他说:"从天而颂之,孰与制天命而用之!"(《荀子·天论》)"制天命而用之"一语应是他对天命自然态度的反映。而此语对后世的影响很大,无论是赞誉者还是批评者,都往往与此相关。但人们对它的理解却未必完全正确。

正确理解"制天命而用之",关键是对"制"字的把握。许慎《说文解字》中说:"制,裁也。从刀从未。未,物成有滋味可裁断。"后世学者多将"制""裁"连用,以理解荀子的"制天命"。如杨倞说:"颂者,美盛德也,从天而美其盛德,岂若制裁天之所命而我用之。"②王先谦《荀子集解》也遵循这一说法。先秦时期"制"字只有"利用""顺应",并无"与之对抗""斗争""征服"之意。是后人衍生出"控制""征服""制服",并有了"人定胜天"的意思。如有学者说:"顺从天,而歌颂它,哪如控制天命而利用它呢?"③将"制"字解为"制裁""控制",逐渐成为学界的主流看法。荀子也成为中国古代主张"人定胜天"的"唯物主义的

---

① [宋] 朱熹:《四书章句集注》,北京:中华书局,1983年,第54页。
② [战国] 荀况:《荀子》,[唐] 杨倞注,耿芸标校,上海:上海古籍出版社,1987年,第174页。
③ 杨柳桥:《荀子诂译》,济南:齐鲁书社,1985年,第462页。

代表人物"。

然而，人何以能够"胜天"呢？历史已无数次地证明，人在自然灾害面前总显得十分渺小，违背自然规律，常常招致失败乃至灾祸。仔细研读《荀子》文本，看不出荀子有"人定胜天"之意，这一认识可能存在问题。因此，要把握"制天命而用之"的真正内涵，有必要将其放在上下文去理解。

荀子明确主张"明于天人之分"，将天、人两分。这一点十分重要，它应是理解荀子天命思想本真的基础，更是把握荀子"制天命而用之"思想的前提。作为中国哲学的核心范畴，天与人是思想家思索的中心问题，中国古代哲学就是围绕"天人之辨"发生并展开的。以前理解的"天人关系"是：孔、孟等人多言"天人合一"，荀子则言"天人之分"。但新材料，尤其是郭店楚简的出土，让学界逐渐认识到，孔、孟、荀之间并没有明显的差异。通过研读材料，不难发现"天人相分"并非荀子思想的全部，荀子思想还有"天人合一"的内容。如郭店楚墓竹简《穷达以时》开篇说："有天有人，天人有分。察天人之分，而知所行矣。有其人，无其世，虽贤弗行矣。苟有其世，何难之有哉？"由于该简入葬的时间推测下限是战国中期偏晚，其成篇年代至少应早于荀子，即"天人之分"的概念在当时的南方已传播开来。可见，"天人相分"应当与"天人合一"同样历史悠久，只是人们忽视了"天人之分"，才产生了错误的认识，而这也是"《穷达以时》的发现给我们的重要启示"[①]。

在《荀子·天论》中，荀子系统地阐发了其自然观。针对当时天有意志、治乱在天、天命可畏等观点，荀子进行了深刻的论述。他看到天道运行、斗转星移等都是客观的存在，提出了"天行有常""不为而成，不求而得""列星随旋，日月递照，四时代御"等概念，即他看到的是一个无意志、无目的的自然界。从另一个角度说，"天"与"人"是有分别的，天无善恶、福祸之意，人并不能因自己修德或者作恶而得到赏罚。

荀子"制天命"与孔子"知天命"是相通的，他提出"明于天人之分"的目的，并非要人们迷信自然之"天"，而是认识"天命"，并按照其

---

① 杨朝明：《出土文献与儒家学术研究》，台北：台湾古籍出版有限公司，2007年，第144页。

内在规律性利用它。如《荀子·天论》篇中说:"大天而思之,孰与物畜而制之!从天而颂之,孰与制天命而用之!望时而待之,孰与应时而使之!"多年来,学界将此作为他主张征服自然、人定胜天的证据,荀子变为"否定天命""战胜天命"的英雄。这既为他带来"无上荣耀",也为理解其思想设置了巨大障碍。究其原因,应是对《荀子》文本的望文生义。

在"制天命而用之"前,荀子何以提出"大天而思之,孰与物畜而制之"?主流看法是"使物畜积而我裁制之"。杨倞从版本流传的角度,说:"使物畜积而我裁制之,此释正文'物畜而裁之'也。正文作'裁之',而注言裁制之者,加一'制'字以申明其义耳。今正文作'制之',即因注内'制之'而误。"王念孙从古字音韵的角度释"制"为"裁",他说:"思、裁为韵,颂、用为韵,待、使为韵,多、化为韵。思、裁二字于古音并属之部。制字于古音属于祭部,不得与思为韵也。"① 二人虽角度不同,但结论却相似:"制"本为"裁"字。而高亨先生认为应是倒误,他说:"物畜疑当作畜物,转写误倒。裁无由误为制,疑本作财或材。财制楷字相似。材制篆文相似,故误。"② 还有学者说:"'物畜而制之',当作'畜物而材之','材'的对象是物而非天。"即"材"为"因物之宜而用之"的意思③,这种理解应有一定道理。如此,"制天命而用之"的"制"字应是掌握、了解之意,与传统上的"制裁""控制"有明显不同。这有可能更接近荀子的本意。

荀子认为,人之外还存在一个"不为尧存,不为桀亡"的自然之天,他所思考的问题是自然如何为人所用。此外,他还提出"天情""天官""天君""天养""天政"等概念。此类概念使人的感情、器官、行为被赋予天之属性,这也将先秦时期天人关系理论向前推进了一大步。如有学者赞誉说:"荀子所讲的天人之分,有两个层次,一是人与天之分,二是人之形神的天与人之分。这两者是不同的,就后者而言,要顺天,就是要顺喜怒哀乐之情、耳目口舌之形及其功能、心之地位与功能,这些都是无法改

---

① [清]王先谦:《荀子集解》,上海:上海书店1988年,第211页。
② 高亨:《荀子新笺》,董治安编《高亨著作集林》(第六卷),北京:清华大学出版社,2004年,第163页。
③ 李中生:《〈荀子〉校诂丛稿》,广州:广东高等教育出版社,2001年,第82页。

变的。"① 而"人之形神的天"正是荀子赋予人以天性的途径。他由此种关联，在"天人之分"之中又实现了某种程度的"天人合一"。

当然，在荀子看来，天、地、人之间是有区别的，他说："天有其时，地有其财，人有其治。"又说："天不为人之恶寒也辍冬，地不为人之恶辽远也辍广，君子不为小人之訩訩也辍行。天有常道矣，地有常数矣，君子有常体矣。"从另一个侧面说明，在荀子心目中，天、地、人三者都有其内在的发展规律，即《易传》中的"三才之道"。这启发人们在处理人与自然的关系时，既要探索自然规律性，遵从天道、地道，又要揭示人道，遵从人道。

三

从孔子"知天命"到荀子"制天命"，都并非单纯地谈论"天命"，他们论述的终点都是现实社会的种种问题，尤其是现实社会的政治问题。孔子积极关注现实政治，提倡仁、礼结合，主张修身与为政的内在统一。《孔子家语·五仪解》篇中所记孔子之语，应具有典型意义。他说："存亡祸福，皆己而已，天灾地妖，不能加也。……故天灾地妖，所以儆人主者也；寤梦征怪，所以儆人臣者也。灾妖不胜善政，寤梦不胜善行，能知此者，至治之极也，唯明王达此。"即国家的存亡祸福，说到底都源于统治者自身，那些反时反常现象并不能改变国家的命运，为政者应当谨慎戒惧。使人振聋发聩的则是"存亡祸福，皆己而已""灾妖不胜善政，寤梦不胜善行"等语。

其实，孔子天命观在周初已经滥觞，如周文王曾说："兵强胜人，人强胜天，能制其有者，则能制人之有。"（《逸周书·文传解》）这里强调的应是人的主观能动性，未必包含"与天斗"之意。荀子的思想同样如此，《荀子·天论》对客观世界存在的论述，说明他关注的重心，仍是人如何把握客观世界的规律，实现对社会的治理。他认为，社会是否得到治理，与天、地、时的关系不大，如禹与桀面对的"日月星辰瑞历""繁启蕃长于春夏，畜积收藏于秋冬"以及"得地则生，失地则死"等基本相同，却出现截然

---

① 陆玉林：《中国学术通史：先秦卷》，北京：人民出版社，2004年，第158页。

相反的局面，其原因只能是为政者本身。所以他认为，只有"至人"才能"明于天人之分"。这与此前儒家的"为政在人"（《礼记·中庸》）、"为政在于得人"（《孔子家语·哀公问政》）等观念是一致的。

因为"天有其时，地有其财，人有其治"，三者都有各自的内在规律，如何实现三者间的结合，成为摆在荀子面前最重要的问题。他的"天"与"天行有常"之"天"相同，不同的是人的喜怒哀乐之情、耳目鼻口形之五官以及心的"居中虚以治五官"之能均为自然生成的，人的身体就具备了自然之天的属性。荀子分别将它们称为"天情""天官""天君"。此外，人与自然间还形成了"天养"及"天政"的关系。只因常人不能掌握其内在的规律性而导致"暗其天君，乱其天官，弃其天养，逆其天政，背其天情，以丧天功"的现象，进而出现"大凶"的局面；圣人则不同，他们能"清其天君，正其天官，备其天养，顺其天政，养其天情，以全其天功"，这就是"知天"。可见，荀子认为，圣人由"不求知天"到"知天"的过程是自然而然的。

在此基础上，荀子提出"制天命而用之"。他重视人的主观能动性及人们对天命自然规律的把握，认为人不能在天命自然面前无所作为。《荀子·天论》中，他阐发的自然观，是为了说明人不可"倍道而妄行"；阐述的"天职""天功"等自然法则，是在说明"唯圣人为不求知天"。他将人事赋予天性，最终是为了鼓励人们积极认识和利用，以造福人类。在他看来，社会的治乱、国家的存亡、人的吉凶祸福，都是由人的行为决定的，与天的意志没有必然联系。他希望人们能明白"天"与"人"的职分不同，以免混淆。这是荀子提出"制天命"的基础，是在鼓励人们顺应自然，做到"应时而使之""骋能而化之"以及"理物而勿失之"。

至此，荀子"制天命"与孔子"知天命"不仅没有矛盾，而且完全一致，与孔子的"灾妖不胜善政"枝叶相连。但长期以来学界却认为荀子的天命观与孔子不同，认为荀子强调"上得天时，下得地利，中得人和"，由此把握"天命"、主宰自然，并认定这是中国古代"人定胜天"思想的滥觞。荀子是否具有"人定胜天"思想？是否有人可以征服自然的思想？答案是否定的，诸如"人定胜天"观念应与荀子没有直接关系。

过去的主流观点认为，荀子思想是以儒学为主体，同时又兼具法家思想。然而，由于其"法后王"、选贤能、明赏罚、兼用"礼""法""术"等思想为法家所汲取，再加上其弟子韩非和李斯均为法家的代表。至此，人们贴标签式地将荀子思想认定为法家倾向。既然如此，具有法家思想倾向的荀子自然与孔子不同。实际上，荀子学派属性的混乱，应与长期以来人们拘泥地看待诸子学说有关。如《礼记·礼运》篇，学界对其学派属性有种种不同看法，有的说其思想属于子游氏之儒；有的说出自荀子学派；有的说包含邹衍学派；还有人认为融合先秦诸子等。而这些说法都经不起推敲。[①]

儒学源自上古三代，继承与总结历史文化遗产，深刻反思现实，思兼天人，牢笼百家。先秦士人并没有清晰的学派意识，直至西汉时期，司马谈《论六家之要指》才将阴阳、儒、墨、名、法、道德等各家分开。他认为，各家思考的都是社会治乱问题，只是角度不同而已。《庄子·天下》篇的评述足可借鉴，庄子认为，天下学术有"道术"与"方术"之别，治理天下的根本是"道术"，它具有"配神明，醇天地，育万物，和天下，泽及百姓，明于本数，系于末度，六通四辟，小大精粗，其运无乎不在"的特征。所谓"道术"，具备"天地之美""万物之理"，就在"旧法世传之史"，存于"《诗》《书》《礼》《乐》"之中，就是"邹鲁之士、缙绅先生多能明之"的"内圣外王之道"。

庄子的"邹鲁之士、缙绅先生"应是儒者的专称。如《淮南子·要略》中说："孔子修成、康之道，述周公之训，以教七十子，使服其衣冠，修其篇籍，故儒者之学生焉。"孔子倡言王道，重视并整理"六经"，而"道术"，就应已包含于其论述之中。战国时期，儒家修习"孔子之术"，他所提倡的王道得以传承。孔子以后，传习孔子学说的儒者出现分化，《韩非子·显学》篇的"儒分为八"就是明证，各派主观上都力求遵从孔子思想，以"真孔"自命。但因个性的差异、立足点的不同，难免出现"各得一察以自好"的情形，甚至互相攻讦。在各家各派中，战国时期的孟、荀思想还是与孔子较为符合的。如孔安国说："六国之世，儒道分散，游说之士各

[①] 杨朝明：《〈礼运〉成篇与学派属性等问题》，《中国文化研究》2005年第1期；杨朝明：《〈孔子家语〉综合研究》，济南：齐鲁书社，2017年。

以巧意而为枝叶,唯孟轲、荀卿守其所习。"(《孔子家语·后序》)司马迁也说:"孟子、荀卿之列,咸遵夫子之业而润色之,以学显于当世。"(《史记·儒林列传》)汉代学者将孟、荀并列,对理解、认识和修正传统的"孟荀对立"情结应该具有重要的启发意义。

  从师承上讲,荀子师法孔子,孔子以后则推尊仲弓,与孟子之学来源于曾子和子思不同。荀子曾经"非"孟,在后人心目中,似乎孟荀之间差异极大,故荀子被视为"儒家别宗"。其实,荀子传习《孔子家语》以及儒家经籍,对孔子之道有独特的体认。在天命观上,荀子与孔子的认识并没有太大的差异。

  (原载于贾磊磊、杨朝明主编《第三届世界儒学大会学术论文集》,文化艺术出版社 2011 年版;原标题为《灾妖不胜善政——孔子"知天命"与荀子"制天命"》;合作者:魏衍华)

第三编

儒家经典新读

经典新读与孔子思想再认识

近些年来，随着学术的进步以及新材料的发现与研究，人们对孔子儒学的认识取得了长足进步，许多偏颇乃至错误的认识陆续得到纠正，然而许多关键问题的理解与认识还有待继续探索。孔子儒学作为一种治世学说，人们习惯上说其博大精深、内涵丰富，但要真正认识到孔子儒学的高度和深度不是轻而易举的事情，这需要对中国上古文明的发展程度有一个合理的估计，需要对中国古代文化有一个综合的把握。在这样的基础上，还要认真解读儒家经典，综合相关材料，从而做出符合实际的理解。事实上，现在人们在研究孔子儒学时出现了一些误解，有些是重大的误解，这不仅遮掩了孔子思想的智慧之光，也使人们对继承中国传统文化心存疑虑，更有甚者，将当下存在的种种问题推诿于孔子儒学。这些误解恰恰是对儒家经典似是而非的理解造成的。本文综合学术界的研究成果，结合自身的探索试举数例，希望由此引起大家对相关经典解读的重视，也对大家正确认识孔子儒学有所帮助！

一、"学而时习之"与孔子的人生追求

说到儒家经典，几乎人人都会想到《论语》，都知道孔子所说的"学而时习之"。这是《论语》的首篇首章，可以说几乎无人不知。然而，就是这样一句千古名言，经过审慎的研究，我们认为传统上的理解可能存在问题。

《论语》开篇第一章为：

> 子曰："学而时习之，不亦说（悦）乎？有朋自远方来，不亦乐乎？人不知而不愠，不亦君子乎？"

按照传统的理解，本章分别讲学习、交友、人不知的问题。我们研究后认为，这样的看法可能并不符合孔子的本义。我们认为，本章中的三节应该概括了学者的思想主张与社会实际关系可能遇到的三种不同情况，勉

励学者端正态度，树立坚持真理的君子精神，① 表现的其实是孔子本人的人生态度。

全章的意思应该是：

孔子说："如果我的学说被时代（或社会）所采用，那不就太值得高兴了吗？（退一步说，如果时代没采用），可是有很多赞同我的学说的人从远方而来（和我一同讨论问题），不也很快乐吗？（再退一步说，不但社会没采用，而且人们也不理解我的学说），我也不恼怒，我不也是一位具有道德修养的君子吗？"

我们这样理解《论语》首章，不仅与孔子一生的出处进退完全符合，也与其他文献记载相印证。孔子的弟子门人当然了解孔子的苦闷，孔子与弟子门人常常谈论世道人生，也一定较多地谈论其学说能否用世的问题，因此流传下来的材料定然不少。孔子的孙子子思更为了解孔子，他编排《论语》材料②，综合孔子的人生态度与政治命运，自然会将能够贯穿和概括孔子政治生命的重要言论放在突出位置。

第一，这样的解释在文辞、训诂上通晓畅达。

"学"有时做动词用为"学习"，有时做名词用为"学说"等解释，这里应为后者，指思想主张，指对社会、人生的总体认识。朱熹以前者作解，认为"学"即学习。清人毛奇龄提出异议，他在《四书改错》中说："学者，道术之总名。"程树德在《论语集释·学而上》中表示赞同，他指出："'学'字系名辞，《集注》解作动辞，毛氏讥之是也。"我们认为，这里的"学"与"道"意义相同，《论语·为政》中的"志于学"与《论语·里仁》中的"志于道"同义。此处的"学"亦即《庄子·天下》中"百家之学"的"学"。

"时"有时机、经常、时代等意思，这里应该是指时代、社会。如《易·象辞》中的"时止则止，时行则行"，《孟子·公孙丑上》中的"当今之时"，《墨子·兼爱下》中的"吾非与之并世同时，亲闻其声，见其色也"。

---

① 刘家齐先生最早明确提出这种解释，其文《"学而时习之"章新解》原载于《齐鲁学刊》1986年第6期；后来，李启谦先生系统论述了自己的看法，其文《关于"学而时习之"章的解释及其所反映的孔子精神》原载于《孔子研究》1996年第4期。

② 我们认为，《论语》出自子思的编撰，详见杨朝明：《新出竹书与〈论语〉成书问题再认识》，《中国哲学史》2003年第3期。

习：应用、实践。如《左传》中隐公元年"习威仪也"，《礼记·射义》中的"以习礼乐""习射于泽"，《孟子·尽心上》中的"行之而不著焉，习矣而不察焉"。其实这里的"习"也有"通晓、熟悉"的意思，及"让人们都了解"，如《战国策·秦策》中的"不习于诵"，等等。

"有朋自远方来"的"有朋"，相当于"朋友"。这里所谓的"朋友"不是一般意义上的朋友，其所指应当是志同道合的人。《易·象辞》有"君子以朋友讲习"的说法，可为旁证。

第二，与《孔子世家》的记载正相呼应。

鲁哀公十六年，孔子溘然长逝。这位七十多岁的老人走完自己的人生历程时，他会如何认识和评价自己的一生？对此，在《史记·孔子世家》中，司马迁叙述了孔子逝世前，子贡前来相见的一个场景，可谓意味深长。对于当时"无道"的天下，孔子有一整套的平治主张，但是，其系统的政治学说却得不到施展，他一生栖栖惶惶，到处奔波，"干七十余君无所遇"（《史记·儒林列传》）。孔子思考自己的人生，将自己比作崩坏的泰山、摧折的梁柱、凋谢的哲人，不免慨叹世人"莫能宗予"，对于自己的这种命运，他不禁潸然泪下。

孔子少而好学，很早便以知礼、明礼闻名诸侯。他有卓越的治世才能，曾经担任中都宰，政绩卓著，后来由中都宰为司空，由司空为大司寇。他为政于鲁，齐国甚至担心"孔子为政必霸"（《史记·孔子世家》）。孔子声名远播，各国诸侯十分敬重他，有的甚至打算重用他；人们遇有重大问题时，也往往向他请教。可是，现实的政治却使得孔子终不被用。在春秋时期的乱世中，天子衰微，政局动荡，在孔子看来，这是一个礼崩乐坏的乱世，所以他始终没有找到适合推行自己主张的国度，最终落得"无所遇"的结局。

纵观孔子的一生，他始终在为能够施展自己的政治抱负而努力，他希望自己的学说用世，也就是希望自己的"学"（或"道"）为"时"所"习"，甚至不惜"屈节以求伸"（《孔子家语·屈节》）。但事实上，直到最终离开人世，孔子都没有被当政者所用，最终还是"人不知"，也就是世人"莫能宗"。

第三，与《孔子家语》的诠释完全吻合。

在周游列国途中，孔子及其弟子被围困于陈蔡。当时，他们断粮七日，

"从者皆病",孔子却不畏艰难,仍保持乐观态度,继续讲诵弦歌不废,表现了孔子为追求政治理想矢志不渝的精神。《孔子家语·在厄》记述了当时的情况,描述了他们的困苦境遇,详细记述了子路、子贡、颜回三位弟子对此的态度和见解,以及孔子对他们态度的评说和自己坚贞不屈的心志,这里有三点值得注意。

其一,本篇所体现的孔子的"时"的思想。孔子指出:"夫遇不遇者,时也;贤不肖者,才也。"他认为"君子博学深谋而不遇时者众矣",这里的"时"与"学而时习之"中的"时"意思应当一致。孔子的弟子们认识到"夫子之道至大",尤其是颜回所言,孔子学说不为所用乃是"有国者之丑",孔子也对此表示赞同,体现了孔子对自己思想学说的认识,对自己人生际遇的思考,这对于我们认识《论语》的首篇首章极有价值。

其二,孔子对遇到理解自己的人的态度。一方面,孔子希望用时、用世,但世不我用,生不逢时,他却仍然坚定自己的信念;另一方面,孔子迫切希望有人了解自己,故当颜回真正理解了自己时,孔子表现得格外欣喜,这与《论语》首篇首章所表现出来的意思完全一致。

其三,孔子认为,人们不了解自己也不恼怒,这是对君子品格的要求,此即《论语》所谓"人不知而不愠,不亦君子乎"。在本篇中,颜回说:"夫子之道至大,天下莫能容,虽然,夫子推而行之,世不我用,有国者之丑也。夫子何病焉?不容,然后见君子。"两相比较,本篇简直就是《论语》的注脚。

《论语》中的每一篇有没有主旨?《论语》的资料是无序的随意排列,还是有序的精心比次?这当然是一个问题的不同方面,但对这些问题,后人的理解却大相径庭。认定《论语》各篇有无主旨,与对该书首篇的理解密切相关。因此,对《论语》首章首篇的正确解读尤为重要。

《论语》首章历来备受关注,现在学者们也有许多专门的探讨[①],各家

[①] 详见潜苗金:《〈学而〉发微》,《绍兴师专学报》1994年第4期;叶秀山:《"学而时习之"及其他》,《开放时代》1996年第1期。陈科华:《〈学而〉何以第一——〈论语〉的文本结构与孔子的思想关联》,《船山学刊》1997年第1期。梁伟民:《〈论语·学而〉首章异解新说》,《绍兴师专学报》(哲学社会科学版)1995年第4期。田应福:《〈论语·学而第一〉的一种阐释》,《哈尔滨师专学报》1999年第4期。张祥龙:《境域中的"无限"——〈论语〉"学而时习之"章析读》,《江苏社会科学》1999年第6期。唐文明:《〈论语〉学而篇首章易解》,《孔子研究》2000年第6期。张富祥:《先秦私学的纲领——〈论语·学而〉篇首章释义及其他》,《孔子研究》2001年第1期。

的解说可谓仁者见仁，智者见智。毫无疑问，孔子后学，尤其作为孔子裔孙的子思更了解孔子，对孔子的政治命运有更为真切的感触，因而，在《论语》的编辑过程中，他要按照"正实而切事"①的标准比次材料，展现孔子学说概貌，《论语》开篇等重要位置的材料便值得特别重视。正如有学者所言："对《论语》文本形式、结构意义的忽略，是当今孔子研究中的一个缺陷。其实，《论语》作为一个文本并不能被简单地看成杂录了事……代表了儒家后学对孔子的一种理解。"②由于对《论语》成书问题的不同认识，人们对它所代表的"儒家后学"的对象有不同看法。按照笔者的理解，《论语》是子思精心编辑而成，代表了他对孔子的认识。正因如此，这样的认识才具有更高的准确性。

总之，我们认为，《论语》首篇体现了《论语》编者对孔子境遇及人生态度的深刻理解。本章以孔子的言语精到诠释了孔子的人生追求，孔子对所处的时代有清醒的认识，希望伸展自己的治世情怀。他虽然始终没有得到真正的理解与重用，却仍然怀抱理想，关注社会，体现了他高洁的君子品格。

二、"君君，臣臣，父父，子子"与所谓"主张等级制度"

孔子非常重视"礼"，在他的思想中，"礼"居于十分重要的地位。认真研究孔子"礼"的思想，不难发现其内涵非常丰富，其实质在于社会的和谐与秩序。但后人似乎对于孔子"礼"的思想缺乏全面准确的把握，尤其"五四"以来，很多人往往将孔子"礼"的思想等同于"封建的礼教"，认为孔子维护封建宗法等级制度，从而对其持坚决的否定态度。在谈到孔子这一思想时，人们首先批判的，常常是孔子所说的"君君，臣臣，父父，子子"。这样的情况十分普遍，而且至今依然如此。③

《论语·颜渊》载：

---

① 孔安国：《孔子家语后序》，见《文献通考·经籍考·经部》。
② 陈科华：《〈学而〉何以第———〈论语〉的文本结构与孔子的思想关联》，《船山学刊》1997年第1期。
③ 例如，有学者提出在北京奥运会上应当"抬"出孔子，不少人加以反对。有网友便发表评论说："孔子所提倡的'君君，臣臣，父父，子子'的等级差异，是不可僭越。如果我们要用孔子来宣传和谐文化，那也只是有条件的和谐。"

> 齐景公问政于孔子。孔子对曰："君君，臣臣，父父，子子。"公曰："善哉！信如君不君，臣不臣，父不父，子不子，虽有粟，吾得而食诸？"

传统上，都理解此句是强调君、臣、父、子各行其道，有的译作"君要像君，臣要像臣，父亲要像父亲，儿子要像儿子"①。一般来说，这样的今译并无错误，但这种理解容易产生歧义：既可以理解为孔子强调尊君卑臣、尊父卑子，强调等级差异，也可以理解为孔子强调修身、修己，强调君、臣、父、子都要恪尽其责，按照自己身份所应当承担的义务做好该做的事情。

事实上，长期以来，孔子所说的"君君，臣臣，父父，子子"被当作"统治阶级的符咒，王道三纲的理窟"，人们以为这是在强调上下、尊卑等级关系。如《论语注疏》说："言政者正也，若君不失君道，乃至子不失子道，尊卑有序，上下不失，而后国家正也。当此之时，陈桓为齐大夫以制齐国，君不君，臣不臣，父不父，子不子，故孔子以此对之。"今有学者说："汉代有所谓'三纲五常'和'三纲六纪'，'三纲'的头两条，就是出自于此，缺的只是'夫妇'之纲。"②

我们认为，在孔子那里，他突出强调的是"正己"。孔子认为，人在不同的位置上有着不同的社会责任，人们身份不同，社会责任和义务也不同，故君、臣、父、子都应当"做好本职工作"③，使个人行为符合自己的身份。

我们之所以这样认为，乃出于以下理解：

第一，孔子之前，已经有"君君臣臣"的说法，这种说法强调"君""臣"本身应当如何做好，而不是后来"三纲五常"或"三纲六纪"中的一方"从属"或者"服从"于另一方。

"君君臣臣"的说法首见于《国语·晋语四》。其中说：

> 事君不贰是谓臣，好恶不易是谓君。君君臣臣，是谓明训。明训能终，民之主也。

---

① 杨伯峻：《论语译注》，北京：中华书局，2007年，第177页。
② 李零：《丧家狗：我读〈论语〉》，太原：山西出版集团·山西人民出版社，2007年，第228页。
③ 有学者译为"君尽君责，臣尽臣责，父尽父责，子尽子责"（金池：《〈论语〉新译》，北京：人民日报出版社，2005年，第211页），义近。

这里所说的是晋文公当初向外出奔时，大臣勃鞮曾经斩断他的衣袖，差点杀死他，后来还追踪过他。当晋文公回国为君后，勃鞮来见，他不愿意相见，于是勃鞮向晋文公说了这些话。在勃鞮看来，晋文公应当是知道君臣准则的人。勃鞮认为，事君主不怀二心者方称为臣子，好恶观念不被颠倒者方称为君主。只有通晓为君必遵君则、为臣必守臣规的道理，方称得上明悉前人的遗训。明悉前人的遗训方能够使事业成功，这才是臣民的君主。这里谈的是君怎样为君，如何做好一位"君"，臣怎样为臣，如何恪尽臣道的问题，显然不是怎样尊君抑臣的问题。

第二，从语言环境的角度观察，"君君，臣臣，父父，子子"也不是在强化君权、父权。

《论语》是语录体，孔子的话缺少具体的语言环境。司马迁在《史记·孔子世家》中的记载相对详细。其曰：

　　景公问政孔子，孔子曰："君君，臣臣，父父，子子。"景公曰："善哉！信如君不君，臣不臣，父不父，子不子，虽有粟，吾岂得而食诸！"他日，又复问政于孔子，孔子曰："政在节财。"景公说，将欲以尼溪田封孔子。……后景公敬见孔子，不问其礼。

此时孔子避乱到齐国，乃是因为"季平子与郈昭伯斗鸡"。在各位大臣之间的矛盾冲突中，昭公与郈氏站在一起。昭公攻打季氏，虽然有人劝他"众怒不可蓄"，他却不顾劝止，仍然一意孤行，欲必置之于死地，引起鲁国内乱，后来被三桓击败，奔齐，最终卒于乾侯。

同样，齐国也政治腐败。大夫陈僖子乞用"大斗出，小斗入"，收买人心，阴谋篡权；而齐景公好色，内宠甚多，而且欲立少子舍而废太子阳生，君臣父子均失其道。所以当景公向孔子询问如何治国时，孔子针对齐国现状答，以正人伦之常，是治国的根本。可惜，齐景公终究未能重用孔子。齐国没有整顿好人伦关系，陈氏果然伐齐。

鲁昭公与齐景公都有点"君不像君的样子"。孔子遂借助鲁昭公劝谏和教育齐景公，开导他应当注意修其君德，不然，就会落得像鲁昭公那样，虽然是一国之君，但也逃亡国外。"虽有粟，吾得而食诸？"虽然粮食很多，但我还能吃得到吗？这里，孔子显然不是在主张"强化君权"。

第三，孔子儒家强调修身、修己，强调为政以德，强调"君子敦于反己"①，这是其一贯的思想主张，"君君，臣臣，父父，子子"也应与之相应。

孔子时代，"天下无道"，他希望恢复西周初年的礼治秩序。为此，他强调人人遵守礼的规范，希望人们有仁德。孔子强调"仁"显然是为了"礼"，所以他说："人而不仁，如礼何？人而不仁，如乐何？"（《论语·八佾》）人具有了仁德，才能真正使社会归于有礼和有序。于是，孔子要求当政者做到"为政以德"，他说："政者，正也。子帅以正，孰敢不正？"（《论语·颜渊》）又说："其身正，不令而行；其身不正，虽令不从。"（《论语·子路》）他所说的都是上位者应发挥表率作用。

孔子的"仁"具有普遍的适用性，但最为重要的是对于君上而言。就"仁"的本义而言，我们不妨从文字上进行观察。孔子曾说"仁者爱人"，所以，"仁"应该指人与人之间的亲爱，但这可能并不是它的最初意义。《说文解字》在解释"仁"的时候说："忎，古文仁从千心。"《说文解字》的这一说法告诉我们，汉代以前"仁"字的写法与今天的有所不同。但是，以前我们无从见到作为"古文"的"仁"字，所以我们也就无从对相关问题细细考究。令人感到高兴的是，1993年，在湖北省的荆门市郭店村，在属于战国中期的楚国贵族墓葬中，发现了一大批古文典籍。在这批竹简中，"仁"字出现了多次，从这些字体中可以看出，从千心的"仁"字应该就是从身从心的"仁"字的简写或者变形，他们本来是同一个字。

古文"仁"字从身从心所昭示的意义非常值得重视！人们一看到上为"身"下为"心"的上下结构的这个字，马上会想到，这是否表明该字与思考或情感有关？是否表明此种思考活动的对象是人本身？在古代汉语中，"身"是指己身，"人"是指他人。这样，"仁"字从身从心和从人从二的两种构形，表达了儒家仁爱思想的两种意义，前者是其本来意义，表示"修己"；后者是其引申意义，表达的是"爱人"。

有学者误认为从身从心的"仁"表达的是对己身的爱，其实不然。"身"当然是指己身，如《尔雅·释诂下》说："身，我也。"又，"朕、

————————
① 《郭店楚墓竹简·穷达以时》。

余、躬，身也"。郭璞注："今人亦自呼为身。"在《论语》中就有不少这样的表述，如曾子曾说"吾日三省吾身"（《论语·学而》），等等。翻开早期儒家典籍，不难发现他们对于"身"和"己"十分关注。所以，有学者指出，"仁"字"从身从心"，表示心中思考自己，用当时的话说，就是"克己""修己""成己"，用今天的话说，就是要成就自己、修养自己、完善自己。

"仁"字古文给我们的明确信息是：孔子的仁爱，首先强调的是修己，首先考虑的是自身的修为。所以《中庸》说："成己，仁也。"很显然，只有自己内心端正，有一颗仁爱的心，才可以"爱人"。孔子和儒家强调爱人，强调心中有百姓、心中有他人，这当然是其魅力和精华所在，但相比之下，孔子的"仁"所内含的修己思想恐怕应当更加魅力永恒。

孔子所强调的主要是以礼作为君臣之间，以及父子、兄弟、朋友之间的社会政治关系的准则。如君臣之间要以礼相待，"君使臣以礼，臣事君以忠"（《论语·八佾》）。君臣如此，父子、夫妇同样如此。郭店楚简中有《六德》篇，谈的正是夫妇、父子、君臣的关系以及各自应有的德行，不同于后人所附会的"君为臣纲，父为子纲，夫为妻纲"的不对等关系。《六德》篇中对三大关系的六个方面都提出了对等的要求，不仅要求妇德，而且要求夫德；不仅要求子德，而且要求父德；不仅要求臣德，而且要求君德。这才是儒家的传统，孔子所谓的"君君，臣臣，父父，子子"，正是在道德面前人人平等的意思。每个人都能以道德自律，各安其位，各司其职，方可实现国之大治。

儒家对不同的社会政治伦理关系提出不同的道德要求和规范，如《大学》《中庸》所标举为"天下之达道也"的五种关系，其对于君、臣、父、子的要求，几乎可以作为孔子所言"君君，臣臣，父父，子子"的注解了。孔子说："克己复礼为仁。一日克己复礼，天下归仁焉。为仁由己，而由人乎哉？"（《论语·颜渊》）要使"天下归仁"，首要的是君上具有仁德。君上具有仁德，就必须约束自身，修养君道，因为"为仁由己"，而不是"为仁由人"。显然，"君君，臣臣，父父，子子"与所谓强化君权、父权根本扯不上边儿。

三、"民可使由之，不可使知之"与所谓"愚民"主张

与误解"君君，臣臣，父父，子子"相联系的，还有对《论语·泰伯》所载孔子之言"民可使由之，不可使知之"的误解。以往，人们认为这是孔子主张采取愚民政策的证据，以为这里所说是"只要民去做，而不要让他们知道为什么"之类的问题。有人翻译这句话为："老百姓，可以使他们照着我们的道路去走，不可以使他们知道那是为什么。"①

早在宋朝，对于这句话的理解就有人提出疑问。如程颐认为："圣人设教，非不欲人家喻户晓也，然不能使知之，但能使由之尔？若曰圣人不使民知之，则是后世朝四暮三之术也，岂圣人之心乎？"② 但是，由于材料的限制，传统的理解仍然占据主导地位。

郭店楚简中有《尊德义》一篇，为我们正确理解这句话提供了证据。其原文说：

> 尊仁、亲忠、敬庄、归礼，行矣而无违，养心于子谅，忠信日益而不自知也。民可使道之，而不可使知之，民可道也，而不可强也。

这段话的意思是要求为君者培养爱人之心，处事恭谨，尊重贤人，亲近忠信之人，按照礼的要求行事，行动不能违背人们的本性。这都是教君向善的举措，培养其忠信的品质。在此之后，孔子说"民可使道之，而不可使知之"，"道"与"由"相对应。前面讲要忠信，接着所讲当然不会是如何愚民。《尊德义》使我们理解到孔子、儒家的本意，这句话不仅没有愚民思想，反而反映了孔子、儒家教民、爱民、以民为本的思想，以及修己以安人、治国、平天下的思想。

如何正确理解"民可使道之，而不可使知之"，已有不少学者进行了探讨。庞朴先生认为不应该纠缠在"可"与"不可"上，关键在于如何"道"民。《尊德义》所表现的思想是要求执政者注意充分发挥自己的表率作用，即重身教而非言传。作为君主，如果不能正身，又何以正人？《尊德义》也认为：

---

① 杨伯峻：《论语译注》，北京：中华书局，2007年，第115页。
② [宋] 朱熹：《四书章句集注·论语集注》卷四，北京：中华书局，1983年。

下之事上也，不从其所命，而从其所行。上好是物也，下必有甚焉者也。

因此，我们说为人上者导民是通过身体力行，而不是用花言巧语去劝说民众服从命令。如果自己不能做到，而要求民众去做，这就是强迫民众、强奸民意。这种以身作则的思想自然很有价值，值得肯定。

从如何导民去理解"民可使道之"，庞朴先生的看法是有价值的。但是，对于"而不可使知之"，庞先生的论述还不够清晰，尤其是不可用言教民而使民知之，这似乎也不符合儒家的思想。如果教民，言传和身教是必不可少的两个方面。《孔子家语·入官》有一节内容与此句的意思大体相同，其先论述为政者是民之仪表，民从其行，而不从其言。这种思想可见于许多文献之中，与庞朴先生所说的身教思想是相同的，而下文所说尤其值得注意："君子立民，不可以不知民之性而达诸民之情，即知其性，又习其情，然后民乃从其命矣。"

在这里，孔子把"知其性，习其情"作为"民可使"的前提，由此可见，如果要"民可使"或者"从其命"，为君者必须既了解他们的习性，又熟悉他们的实情。因为为君者的表率作用也是建立在"知其性，习其情"的基础之上的。民众想的是什么你都不知道，这表率的作用又从何说起呢？当谈完知性、习情之后，《孔子家语》本文进一步强调了为政者"不临以高，不道以远，不责民之所不为，不强民之所不能"，因为责民所不能，就是不因其性，则民会躲避而不服从命令；强民所不从，就是不因其情，则民引而不从。这正好和《尊德义》中的"民可道也，不可强也"相合。

可以想见，"民可使道之"，应该尊其性而导，否则，就会出现民众引而不从的现象。如果民不可使，为政者要尽力去知其性、习其情，绝不要去做不符合民之性情的事情。我们认为，这才是对该句话的正确理解，这里正好体现了儒家所高扬的修己的主张。

以往，人们对这句话的理解产生错误，一方面是由于疏通文义时对整个儒家思想把握得不准，另一方面，该句的断句本身也有错误。所以，我们认为该句可断为："民可使，由之；不可使，道之。"意思是按照民众的恒常之性去教导，民众就服从命令；如果民众不服从命令，就要尽力去弄清其原因。当然，原因应该从自身去找，也就是先求诸己，然后再求诸人。

四、结语：正确认识孔子思想须重视经典解读

对经典的误读导致对孔子儒家思想的误解，这样典型的例证还可以举出不少。例如，《论语·乡党》有"食不厌精，脍不厌细"一句。今人多将"厌"理解为"嫌恶"之意，如杨伯峻《论语译注》将此句译为"粮食不嫌舂得精，鱼和肉不嫌切得细"。而就文献的记载来看，孔子向来不重视口腹之欲，这在《论语》中体现得非常明显，孔子认为人应该致力于道义的追求，而非衣食的享乐。其实，出现问题的原因在于今人对"厌"字的理解出现了偏差，从而导致差之毫厘，谬以千里。在古代典籍中，"厌"与"餍""猒"常常通用。有研究者指出："'厌'字在先秦时代基本上有两个意义，一是表示憎恶、抛弃、厌倦，二是'饱、满足'的意义。《论语》中的这句话所使用的意义是'饱、满足'。"① 孔子在这里讲"吃饭不过多地追求精，食肉不过多地追求细"，意思是不要仅仅着眼于生活细节，贪求食物的精细。

还有，《礼记·曲礼上》有"礼不下庶人，刑不上大夫"一句。以前，人们认为这说明儒家主张应当使统治者享有特权，下层百姓理应遭受压迫。这同样属于一个重要的误解。这句话还见于郭店楚简的《尊德义》中，与《礼记·曲礼上》中的意思相同。《左传》记载了许多大夫被杀的事件，这也充分说明对大夫是用刑的。为了自圆其说，儒者们从各个方面进行解释，但这些解说都显得勉强。关于这一个话题，许多前人早有论述，人们都认为"刑不上大夫，礼不下庶人"的说法是不正确的，事实上是"刑上大夫，礼下庶人"。

从很早的时候起，人们就对这两句话的意思有所疑虑。《孔子家语·五刑解》就记载冉有对此迷惑不解，从而向孔子提问。孔子认为，所谓"刑不上大夫"，是指大夫犯罪之后，对待他们不像对待普通的犯人一样粗暴，用绳索捆绑他们，而是让他们跪而自裁，正所谓"大夫亦不失其罪"；所谓的"礼不下庶人"，即"以庶人遽其事而不能充礼，故不责之以备礼也"，也就是说，由于庶人整天忙于劳作而不能充分的行礼，所以不要求他们礼

---

① 王功龙：《"食不厌精，脍不厌细"正诂》，《孔子研究》2000 年第 1 期。

仪完备。先秦时候，礼已经涉及人们生活的各个方面，正所谓"经礼三百，曲礼三千"。在如此众多的礼仪之中，有些礼是不能用于庶人的，但有些是自天子以至庶人无所不用的礼，如丧礼、婚礼等，只是这些礼因地位的不同会有一些细微的差别，决不是礼不用于庶人。儒家一直推崇以礼治国，如果礼不用于庶人，以礼治国又从何谈起呢？

  长期以来，疑古思潮的极大偏失造成了中国上古文化的空白，中国古典文献研究是受灾最为严重的领域。许多重要的典籍被视为伪书，很多典籍如《孔子家语》等得不到很好的研究与利用，使传统文化的探讨丧失了很多宝贵的材料。很显然，不重视经典的综合认识与理解，造成了严重的后果，孔子儒家思想被错误理解，有的理解甚至完全相反，历史的教训可谓发人深思。今天，在学术研究上，我们应当纠正以往的偏失，重视出土文献，重视典籍文献的综合理解，从而将孔子思想融会贯通。只有这样，在对待孔子、儒家思想与传统文化的态度上，才能够真正做到冷静与理性！

（原载于《大众讲坛》第二辑，山东教育出版社2009年版）

今天怎样读《论语》

《论语》全文不到一万六千字,然而这样短短一部书却是我们中华民族传统文化的卓越代表。两千多年来的泱泱中华,从乡野农夫到莘莘学子,无数人在童蒙之初便开始记诵"子曰"之章。《论语》作为孔子言论的选编,是孔子儒学最早也最为重要的典籍。无论是从文明的体系结构还是客观的历史实践来看,我们在当今要弘扬中华优秀传统文化,理解中国智慧,进一步走进"思想的中国""学术的中国",最重要的基础便是读懂《论语》。

一、《论语》所代表的是一个文化体系、价值体系

当我们手捧《论语》,涵泳其中的篇章字句,首先要知道它并非仅仅是一套古老的知识,其所彰显与代表的,是一种鲜活的文化的风貌、一种文明的样态。历经千百年的考验,举世公认孔子是与苏格拉底、柏拉图、释迦牟尼等齐名的人类最伟大的思想家。孔子所创立的儒家文明,是与基督教文明、伊斯兰文明等相呼应、并峙的基本人类文明样态。

《论语》智慧的形成,不似一些地域性文明或者思想家的天才创造那样带有历史的偶然或个人化的色彩;它的孕育与诞生根植于广阔深厚的文化土壤,有其历史的必然性。考古材料的发现证实,孔子以前中国古文明的发展历程与发达程度远远超出了很多人的设想。孔子能够并且确实做到"祖述尧舜,宪章文武","述而不作,信而好古",正在于在孔子以前的上古中华文明已经有着漫长的积淀与传承。以《论语》为代表的儒家思想,并非孔子个人的向壁虚构或是一时之想。孔子不是"拉历史倒车",而是充分尊重与重视先王圣贤的宝贵实践经验与文化创造。他回顾历史,审视来路,是为了更好地看清未来的进路。

因此,《论语》之中蕴藏的并非一套老旧的、远离现实生活的、可有可

无的荒僻知识。千载上下，心同理同。

《论语》来自并且反映了中华先民对于宇宙人类、社会人伦、群己之间等根本问题的诚挚思考。这样一个文化体系、价值体系，即便"百姓日用而不知"，千百年来也始终影响着又映照着中华大地上每一个人的一生行藏。

二、《论语》是一部著作而非一般的"对话录"

依照惯常的说法，《论语》是孔子的言行记录，是一部"语录体"著作。关于《论语》的成书，《汉书·艺文志》称其为孔子逝世后"门人相与辑而论纂"而成，"论纂"或"论语"之"论"何意？我们往往对此认识得不够深入、确切。

在《汉书·艺文志》之前，孔子后裔孔安国在谈到《孔子家语》的编辑时曾提及："弟子取其正实而切事者，别出为《论语》，其余则都集录之，名之曰《孔子家语》。"说《论语》具有"正实而切事"的特点，这是因为弟子"取"自有关孔子的"咨访交相对问言语"。可见"论"与"取"的含义近似，有"选择""别择"之意。在当时，这一用法较为普遍，如《国语·齐语》："权节其用，论比协材。"

《论语》之"语"字，《说文解字》则曰"论也"，《广雅》曰"言也"。原来，"论语"的意思是选择言论，"论语"即指拣选出来的论述。

孔子去世以后，"儒分为八"。弟子后学传习师说，亟须汇集选编孔子遗说的宝贵内容，《论语》正是在这样的背景下编辑而成。《论语》中的字句与思想属于孔子，而我们也要认识到《论语》文本同样反映了《论语》编者对于孔子的理解。无论是以常理推断还是学术研究的证实，《论语》材料的选辑、整理、编纂都有着一个精心细致的过程，篇与篇之间、章与章之间绝非材料的随意堆砌、罗列。譬如《论语》的首篇首章，在此关键位置是否仅仅讲述了三个毫无关联的话题？相信很多人已经不能满意于旧说。故而读《论语》要整体读，不能支离破碎，不可断章取义，因为它本身即是一个有机的整体，有其前后贯通的内在联系与逻辑。

三、"半部《论语》治天下"之说不是前人的梦呓

古有"半部《论语》治天下"之说，还有人称"天不生仲尼，万古如

长夜",这是对孔子与《论语》思想价值与意义的高度肯定。

中国作为一种文明的客观呈现,就像"中国"最初的出现就是一个文化概念那样,在漫长的历史发展中,中华民族历代不断调整充实、因革损益,逐渐铸就了自己的文明特征。中华先民思考人性和人的价值这一根本性问题:作为自然人,人皆在父母的养育和家庭成员的关护下长大;作为社会人,人都首先属于自身的家庭、家族。人总是要由家庭走向社会,儒家便将家庭伦理与社会政治伦理打通,把人的自然情感进行社会化的推展、应用与诠释,形成了中国人的家国一体观念。《论语》正是这种思维成果的最佳呈现。

既然家国是统一与同构的,那么"老者安之,朋友信之,少者怀之"就应成为每个社会成员的共同理想。《论语》重视这种信念及其养成,注重"志于学""志于道",强调遵道而行、循礼而动,立身处世以孝悌为本,以忠恕之道推己及人。为了更好地做到这些,儒家注重父兄对于子弟、君上对于臣下的榜样引领。为政以德,政者正也。孔子一生求道,希望天下有道。他追慕圣贤,希望培养更多明是非、知荣辱、敢担当的君子,成就更多有格局、有境界、能引领的大人。

以上思想完整细致地展现于《论语》之中。就像前面我们已经强调的那样,《论语》与儒家思想绝不仅仅是一套知识、一件博物馆里陈列的故物,它还是活生生的行动的纲领与信仰的启迪。它向我们展示了儒家士人如何培养个人进而培育更好社会的完整逻辑、方向与具体步骤,因此古人称"半部《论语》治天下"确实不为过。

四、读《论语》必须超越疑古、正本清源

读《论语》,会遇到许多耳熟能详却在理解上分歧很大的句子。这些句子因为简单而更易被歧解与望文生义。很多解释也确实背离了《论语》本来的语境与时代精神,沾染了解释者个人的取向与趣味,严重影响了对《论语》、对孔子、对儒学的整体认识。

令人欣慰的是,最近几十年出土的大批早期文献,"激活"了不少传世文献,帮助我们更新了对于早期文明的认识。把《论语》与孔子整理的先王政典、诗书礼乐以及相关古代文献相对读,能够更好地走进《论语》原

初的思想世界。

先秦时期是儒学的创立与形成期，儒学主张"修已安人"和"仁政""德治"，强调权利与责任的对等，具有显著的"道德性"。然而在秦汉以后的帝制时代中，儒学与社会政治结合，适应了专制统治的需要，不断强调强化君权、父权和夫权的一端，这一阶段的儒学已经发生蜕变，带有显著的"不平等"色彩，因而"缺乏平等意识和自由理念"，与现代社会格格不入。

近代以来，中国开始了对于儒学与"民族性"的反思。如新文化运动将矛头直指孔子，借以抨击儒学和传统文化。"全盘性反传统主义"，客观上主要针对的正是被扭曲了的帝制时代中的儒学主张。可以说，近代以来乃至于当今人们对于孔子儒学的理解，尚带有明显的过渡性特征。今天读《论语》、学儒学，需要明辨儒学在帝制时代出现的偏颇和扭曲的部分，回归先秦本初的语境，正本清源，把握精神实质。如此方能发挥孔子思想经世化民的作用，儒学的天地才会更加澄净。

五、 要结合自身与社会实际品读《论语》

怎样读《论语》，宋代的大儒程朱都强调落到"修身"的实处。朱熹推崇二程的说法，提醒人们不能浮于文字表面，指出"若以语言解着，意便不足"。因此，要"熟读玩味"，将个人的感受、疑惑、反响置入其中，认真体会孔子本人以及《论语》编者"之意"，"句句而求之，昼诵而味之，中夜而思之。平其心，易其气，阙其疑"，把"《论语》中诸弟子问处便作自己问，圣人答处便作今日耳闻"，真正做到与圣贤为友、与圣贤同行。

读《论语》绝不能止于文辞。所以朱子强调，读《论语》既要晓其文意，熟读深求；更须自我对照，量度事物。学以致用就是要"知道"，理解其中之"道"。正所谓"读《论语》，未读时是此等人，读了后又只是此等人，便是不曾读"。梁启超也指出，人们读《论语》当分修养受用、学术研究两种目的，为修养受用，应当视《论语》如饭，最宜滋养人。

如果将《论语》的学术研究比作"登峰"，修身实践就可以视为"落地"。不言而喻，落地需要登峰，登峰为了落地，二者应该统一起来。不少人觉得自己已然对《论语》有深刻认识，可谓登峰，然而只有当具体落地之时，方可以检视自己是否真正登了峰。《论语》研究是真正高深的学术，也是实践性很强的学问，就是因为它需要而且可以走入人心。

　　读书有精、有泛，而《论语》最宜精读。它言简义丰，真挚诚恳而意涵饱满；它指示人生之路，助人明道修德。读《论语》不可浅尝辄止，浮在表面就感知不到温度。下学方可上达，用心读经典，与个体生命经验相互映照、鼓荡。唯其如此，才能找到感觉，使传统鲜活起来；才能"品味"出关于人生的"品位"，活出生命的精彩。

（原载于《中国政协》2020 年第 17 期）

感悟《论语》开篇第一章

一、《论语》的密码

千百年来,无数的人在不断地解读《论语》,可它还是有着许许多多待解的谜团。要正确理解《论语》,必须开启《论语》的"密码",揭开《论语》的"秘密"。那么,《论语》的"密码"是什么?在哪里?我们认为,《论语》的密码恰恰就在于开篇的那句话:

> 学而时习之,不亦说乎?有朋自远方来,不亦乐乎?人不知而不愠,不亦君子乎?

在传统的理解中,人们认为本章是讲对待学习、交友和他人能否理解自己的态度,从字面上看好像也的确是如此。

"学而时习之"之"习",无论是理解为"复习"还是"习用",都是在讲对于"学"所应该持有的基本态度。"有朋自远方来"句,更是千古流传,《诗经》云"呦呦鹿鸣,食野之苹。我有嘉宾,鼓瑟吹笙",浓郁的、诚挚的、热烈的欢迎之情尽在其中。"人不知而不愠"句,则是在讲对待他人对于自己认知的态度。

但是,编写者为何要将这似乎是三个不同的内容放在《论语》的首篇首章?它们之间有怎样的内在联系?背后有何深意?要知道,《论语》出于孔子后学的选编,无论如何,他们都不会将相关的材料随意加以安排。

既然《论语》是表达孔子思想的经要,那么《论语》的首篇首章一定与孔子的人生主题相应。孔子一生多奔波于道路之上,颠沛流离,奔走呐喊,践行他心中的"道"。他心系天下苍生,希望百姓安泰,有着实现天下大同的政治抱负,热切地期盼实现自己的主张。一生的理想与信念尽在其中。

二、 面对希望：学而时习之，不亦说乎？

事实上，在孔子的一生中，的确有过这样的一段"好时光"。《孔子家语》的首篇——《相鲁》，详细记载了孔子出任中都宰、大司空、大司寇等"学而时习之"的情况。

孔子初仕，为中都宰。中都是现在山东汶上县西的一个小镇。中都宰这个官职，对应到今天，相当于一个小乡镇上的乡镇长。当然，他所治理的人数恐怕还不及今天的一个小乡镇。

就是在这么一个小邑，孔子实践着他的理想，主线就是制定了"养生送死之节"。看一看孔子的政绩，并没有什么大动作，无非是生有所养、壮有所用、老有所葬这些最基本的事，但仔细想想，或许这才是孔子为政的可贵之处。

是啊，老百姓也许更关心衣食住行，关心生有所养，关心壮有所用，还关心老有所终。所以，民生才是最重要的事，民生永远都是最重要的事。

这样的做法实行一年之后，孔子所治理的小镇"路不拾遗，夜不闭户"，各国诸侯纷沓而至，前来学习。

这之后的第二年，孔子出任鲁国司空，这是个负责土地管理和工程建设的岗位，相当于现自然资源部的职责。出任此职，孔子的做法是：别五土之性，而物各得其所生之宜。也就是不同的土质，种植不同的庄稼。在丘陵之上种茶叶；在平湿的土地上种植水稻；一望无际的平原是粮食作物的最佳产地，小麦、谷子长在这里都欢喜得不得了。这一切对应到今天，其实就是科学发展观，是生态文明观。

孔子治政，做到生有所养、壮有所用、老有所葬——他一定有自己的做法，有教人的方式，有修身的路数。

这个"套路"是怎样的？《论语·学而》篇说的应该就是了：

君子务本，本立而道生。孝弟也者，其为仁之本与？

道千乘之国，敬事而信，节用而爱人，使民以时。

弟子入则孝，出则弟，谨而信，泛爱众而亲仁，行有余力，则以学文。

礼之用，和为贵。先王之道，斯为美，小大由之。有所不行，知和而和，不以礼节之，亦不可行也。

　　信近于义，言可复也；恭近于礼，远耻辱也。因不失其亲，亦可宗也。

　　君子食无求饱，居无求安，敏于事而慎于言，就有道而正焉……

孔子教人修身、做人、治国，一言以蔽之，不过"提升素养"而已。

这个阶段，孔子可谓平步青云，接着由司空被任命为鲁国的大司寇，也就是鲁国的"司法部部长"，相当于今天省级人民法院的院长，一名大法官。作为一名大法官，他的职责理应是公平公正地判案，但是孔子不这样认为。在孔子看来，如果有人来找他打官司，实在是没有什么好办法，只不过是问问东、问问西，问问你、问问他，然后做出一个判断。孔子的理想是"必也使无讼乎"，他希望天下没有官司打才好。

为什么没有官司打才好？因为如果老百姓没有官司可打，就说明老百姓认为所处的生活状态是公正的，是可以接受的、无有怨结的，这其实是政治治理的最高境界。反之，如果一个国家、一个地方，老百姓打官司排不上队，监狱里住满了人，甚至住不开还要扩建，实在是政治最大的悲哀。

三、面对失望：有朋自远方来，不亦乐乎？

能够实现自己的理想，自然是最大的喜悦，且这种喜悦自心底洋溢。但是，若故事就这般一马平川地发展下去，在我国的历史上恐怕就只是多了一个富有才干的政治家，会不会有"大成至圣先师""万世师表""历代帝王师"，若是"天不生仲尼"就会"万古长如夜"的孔夫子呢，恐怕要打一个很大的问号。所以，每一个伟大的人物总是要历经一些不平凡，这些不平凡在很多情况下意味着曲折。

正当孔子希望进一步施展抱负时，由于触动了当时一些鲁国贵族的利益，孔子的政治生涯基本上画上了句号。

既然鲁国不能实现自己的政治理想，那么面对理想、面对追求，又该何如？孔子的选择是不放弃。

他说："有朋自远方来，不亦乐乎？"所谓"有朋"，就是"友朋"，也就是"朋友"。同门为朋，同志为友。

天下如此之大，可有志同道合之人？请问天下哪个国君肯用我，我帮他一起回到唐尧虞舜那样的治世。若是天下果然有这样的贤君，我可以和他一起去实现天下大同的梦想；若是天下果然有这样的明君，无论是他前来相邀，还是我自己主动前往，无有分别，同样欢喜！

于是，孔子开始周游列国，风尘仆仆，本质上他是在寻找志同道合之人。

四、面对绝望：人不知而不愠，不亦君子乎？

然而，十四年的周游列国带给孔子的是更深的失望，甚至绝望。他发现了一个问题：乌鸦的毛不是染了颜色才变黑的。无道，岂止是一国之无道、一君之无道！孔子生活的年代，周天子已经失去了号令天下的权威，诸侯混战，大国欺凌小国，小国人人自危，谁还能听得进仁爱、忠信的思想？面对现实，已经一退再退，由希望到失望，再到绝望，这时对于自己的理想、信念、学说，对自己所奉行的"道"应该何如？孔子有他的坚守，有他的选择。

孔子周游列国的过程中发生了很多事，其中"陈蔡绝粮"是非常典型的一个。孔子师徒在前往楚国的路途中，经过陈、蔡两国之间时，被围困在雪山之上。电影《孔子》中关于这段的场景是：大雪封山，北风狂吹，断粮已经多日，外无所通，连野菜汤也吃不上。随从的人病的病、伤的伤，无精打采，心神不定，焦躁不安。

身处困境中，人都要活不下去了，孔子在做什么？他愈加慷慨讲诵，弦歌不衰。按照常理来讲，为何孔子不去想想走出困境的办法？都这种情况了，还讲什么课、弹什么琴啊！好像他一点儿也不着急。其实，这就是孔子的心智了。他慷慨讲诵、弦歌不衰，源于内心的宁静。

愈是在困境中，愈需要内心的宁静，这是面对困难的最佳状态。宁静源于对信念的坚定，如如不动，自然宁静。《大学》云："知止而后有定，定而后能静。"相反，心神不宁，坐立不安，慌乱与焦躁非但不能解决问题，还极有可能困中添乱、乱上加错，由一个困境走向更大的困境。如同在一个尘土飞扬的房间中，若是希望尘埃落定，唯一的方法就是静定，就是等。若是挥舞着双臂，企图战胜尘埃，必将适得其反。

在困境中，孔子静心地弹奏一首曲子，他还要好好给学生们上一堂课——一堂具有意义的课。这堂课的内容不是源于他常常讲起的《诗》《书》《礼》《乐》《易》《春秋》，却实实在在是这"六经"的精华，是关于实践的理论，是关于生命的学问，是关于如何看待困境和面对困境。

大家在想，我们不是犀牛，也不是老虎，为何这样困顿地游落在荒郊野岭？我们的学问、我们所信奉的道，难道有不对的地方吗？为何我们会沦落到这个地步？

这个问题，孔子先问子路。

一听这话，子路就来气：您问我，我还想问您呢！子路生气是有道理的：老师天天说带着我们行道，要救天下的百姓于水深火热之中，事实上是连自己都救不了。他面带愠色地回答了孔子的问题。

他认为，按理说，君子应该无所困顿，好人应该有好报。难道是老师您还不够仁、智，人们因此还不相信我们、不理解我们？再说，我以前可是听您讲过："为善者，天报之以福；为不善者，天报之以祸。"我们积德怀义，一直以来都是这样做的，可为什么还会沦落到这种穷困的境地呢？

子路的话的确很有道理。既然是"善有善报，恶有恶报"，那么没有得到善报，是自己做得还不够好？但是孔子不这样认为，他说："夫遇不遇者，时也；贤不肖者，材也。君子博学深谋，不遇时者众矣！由是观之，不遇世者众矣，何独丘哉！"能不能遇到明达的君王、赶上好机遇，是由时势所决定的；是否怀有才干，则在于个人的品质。君子学识渊博、谋略深远却没有碰上好时机的有很多，哪里单单就我孔丘一人呢！

孔子举了比干的例子，他说："你以为有才智的人就必定被任用吗？如果是这样，王叔比干就不用把心剖出来给纣王看了。"

比干，商纣王的皇叔。正因为是皇叔，他与一般臣子相比，对商纣王的感情才更深一些。他当然不希望他家祖上的基业毁于一旦，毁在商纣王的手中。所以，比干可以把自己的心挖出来给人看。但是，比干把心挖出来给商纣王看，有没有阻止商纣王的昏庸？有没有阻止商朝的灭亡？事实是没有啊。

那么，我们要进一步追问：既然很多问题不是通过自己的努力就可以改变的，那还要不要继续努力呢？当然需要。但更需要我们正确地面对努力，理性地面对努力之后的结果。无论是成功还是不成功，都要坦然面对，安然地接受现实，这样才有力量继续走下去，而不是因为受挫就满腹牢骚，好像全世界都欠了自己，更不是要我们就此止息。若是如此，那就真的是白白地受了苦、遭了困，说明还没有真正明白困厄的意义和价值。

想一想，对于我们的生命来讲，没有困难，怎会有真正的成熟与成长？没有委屈，又怎能有所担当？真正的成长，就是面对困境和苦难；而真正的担当，恰恰是对于委屈的担当。孔子说："芝兰生于深林，不以无人而不芳；君子修道立德，不谓穷困而改节。"开花就是兰花的本分，有人欣赏，她绽放；无人欣赏，她同样芬芳。做人、做事都有本分。对于君子而言，修道立德就是本分，自然也不会因为遇到困难而改变气节，更不会改变自己的信念与执守。所以，"芝兰生于深林，不以无人而不芳，君子修道立德，不谓穷困而改节"，与"人不知而不愠，不亦君子乎"，可以互为注脚。《论语》的开篇带给我们的启发，即当生命邂逅生活，我们该怎么办？

无论是自我价值的最高实现——得到全社会的普遍接受，还是退一步，得到志同道合者的认同，或是再退一步的坚守与执着，人生可以无处不自在。

也只有做到理性地面对绝望，安然地面对失望，才可悠然地面对希望，不至于绝望时颓废，得意时忘形。

整部《论语》也就由本章开始。如朱熹所言，这是入道之门、智慧之门。

五、《论语》在呼吸

面对生活的状态，每个生命都应该有理性的认知。就在《论语》末篇的末章，孔子说："不知命，无以为君子也。不知礼，无以立也。不知言，无以知人也。"天地生君子，君子治天地。这是一份使命，一份担当。

孔子在周游列国的过程中，遇到了很多困难。在匡地，被匡人所困，孔子说："文王既没，文不在兹乎？天之将丧斯文也，后死者不得与于斯文也；天之未丧斯文也，匡人其如予何？"周文王已经不在了，这观乎人文、化民成俗的职责难道不是在"我"的肩上？既然这是一份天命，那么就算再难，即使是"颠沛必于是，流离必于是"，也要力求"学而时习之"。

知命，不是失意人生的最后慰藉，而是对于客观真理的清晰洞达。客观真理就是存在，就是自然万物，还是人事百态，是一个完整的关于生命与生活的世界。在这个世界中，动容周旋皆自在的唯一法则就是要知礼。

礼，是天地之序。各安其位，各尽其职。在安的前提下，生发长养，做人做事，成人成事。懂得这个道理，礼就不是约束，而是一份更加宽广的从容。

知礼是对于自我的要求，"我"能否在环境中实现从容？需要知人，通过知言而知人。于是，命、自己、他人，浑然一个整体，互为影响，彼此生发。

读到此，《论语》整部书首尾贯通，一个完整的生命体在呼吸吐纳间静静雌守。孔子坚信人生要有追求，执守不改变，追求的就是王道行天下。他还希望每个人都做自己生命的王者，由"知命，知礼，知言"，进而"做君子，有担当"。

当人生有了这般追求，生命便开始与众不同，便被赋予了意义与境界。

（原载于《名作欣赏》2016年第1期；合作者：李文文）

《论语·乡党》末章的意蕴

《论语·乡党》末章云:"色斯举矣,翔而后集。曰:'山梁雌雉,时哉!时哉!'子路共之,三嗅而作。"此章理解起来有一定的困难,历来学者们有不同的猜测,分歧很大。综观各种解释,终感于文意未安。正如杨伯峻先生所说:"这段文字很费解,自古以来就没有满意的解释。"①

"色斯举矣,翔而后集",朱熹的解释是:"言鸟见人之颜色不善,则飞去,回翔审视而后下止。人之见几而作,审择所处,亦当如此。然此上下,必有阙文矣。"②后世理解此语时觉得费解,朱熹的"阙文"之说便得到了后来不少人的认可。争议较大的是"子路共之,三嗅而作"。有学者认为是言子路向野鸡拱拱手,野鸡张开翅膀飞去了。近人杨伯峻先生主此说;另一种观点认为是子路杀野鸡为肴奉献孔子,孔子闻了三闻,站起来走了。三国时魏人何晏说:"子路以其时物,故供具之。非其本意,不苟食,故三嗅而起也。"③宋人邢昺也说:"子路不达,以为时物而共具之,孔子不食,三嗅其气而起。"④

其他的说法还有不少,如朱子《论孟精义》引程子伊川先生曰:"山梁雌雉,得其时,遂其性,而人逢乱世,反不得其所。子路不达,故共立之。孔子俾子路复审言详意,故三嗅而起,庶子路知之也。"引张载横渠先生曰:"鲁俗一时贵山雉之雌者。仲尼伤薄俗易流所美非美,仲由不达,乃具羞以馈,终食三嗅,示众好而必察也。不食者,知所以美之非美也,不言其不足贵者,举国好之,重违众而不言也。口之于味,且尔又伤,知德之鲜也。"可见,人们在理解上差别很大!

---

① 杨伯峻:《论语译注》,北京:中华书局,1980 年,第 108 页。
② [宋] 朱熹:《四书章句集注·论语集注》卷五,北京:中华书局,1983 年,第 122 页。
③ [梁] 皇侃:《论语集解义疏》卷五。
④ [宋] 朱熹:《四书章句集注·论语集注》卷五,北京:中华书局,1983 年,第 122 页。

在这句话中，共、嗅两个字是理解问题的关键。《论语集注》卷五说："晁氏曰：《石经》'嗅'作戛，谓雉鸣也。刘聘君曰：'嗅'，当作狊，古阒反，张两翅也。见《尔雅》。愚案：如后两说，则共字当为拱执之义。然此必有阙文，不可强为之说。姑记所闻，以俟知者。"从语法上讲，认为是子路杀野鸡为肴奉献孔子的说法难以讲通。前言"子路共之"，主语为子路。后言"三嗅而作"，此语不应及于孔子。若言野鸡，则蒙上"之"字而省，可以讲通。

如果"三嗅而作"说的是野鸡，那么，应依《尔雅》以"嗅"当作"狊"之说更为合理。《石经》言"嗅"作"戛"，谓雉鸣，虽然也能说通，但《石经》后出，而且野鸡三戛也不如振翅意长。关于《石经》文字，程树德先生的《论语集释》卷二十一《乡党下》引前人《考异》已有辨析。"共"有拱执之义的说法出现很早，如《吕氏春秋·季秋纪》有云："子路掩雉，得而复释之。"但此仅备一说而已，并没有什么根据。如此，"共"应与"拱"相通，"嗅"应当作"狊"，为张两翅之貌。

近有网络文章重新解释此章，略谓《乡党》只是反映了孔子的生活起居、衣食住行，以及上朝入庙的行动准则与孔子的高尚品德。此篇是与孔子最贴近的学生子路，积聚了几十年的时间，从点点滴滴的细节中翔集而得。于是认为"色斯举矣，翔而后集"意思是"以上列举了这些孔子在生活起居方面形形色色的诸多情况，是积聚了几十年的时间，像飘舞在空间而终于被收集来的"。

该文认为《论语》中的"曰"，简单地可理解为"子路曰"，具体一点则可以理解为"子路的体会，或者是子路的认识"。"山梁雌雉，时哉！时哉！"意思是说："孔子的行为、品德，也就是子路从'空中'所翔集得来的这些情况，在子路看来好比高山脊梁上一只雌性的锦鸡，美丽而无可伦比。也因为其高，在山顶脊梁之上而鲜为人知。"这一看法具有一定的代表性。

至于"子路共之，三嗅而作"，作者认为上面说过这些写入《乡党》的内容，都是由子路一个人提供的。"子路共之"，也就是子路在文章末尾的谦虚落款。许多文章的落款不是都有写成某某共识、共勉的吗？"共之"也就是这个意思。"三嗅而作"，谓其慎重也，表明这是子路经过再三斟酌而做出的决定，为的是使孔子的高尚品德、高尚行为，能够列入《论语》而传之于世。最后作者议论道："历经千古而不朽，盖子路之功也，而偏偏有人有眼不识。悲乎！"

这样的解释乍看有些道理，但稍微了解《论语》的成书问题，就能够发现该文的不妥。且不说子路早于孔子去世，与孔子后学集录孔子言语在时间上对不上号，就连子路汇集孔子生活起居、衣食住行等方面的根据也难以寻找出来。更何况子路"提供"材料，子路具名之说难以成立，与《论语》体例自然也没有任何契合之处！

还有，孔子文中赞美雌雉，恐怕也不一定是因为它"美丽而无可伦比"，而是因为成群的野鸡在一起时，领头的往往是雌雉。《孔子家语·六本》记载了这样的故事："孔子见罗雀者所得皆黄口小雀。夫子问之曰：'大雀独不得，何也？'罗者曰：'大雀善惊而难得，黄口贪食而易得。黄口从大雀则不得，大雀从黄口亦不得。'孔子顾谓弟子曰：'善惊以远害，利食而忘患，自其心矣，而以所从为祸福。故君子慎其所从，以长者之虑，则有全身之阶，随小者之戆，而有危亡之败也。'"孔子对"大雀善惊"的道理记忆很深，他还曾经告诫弟子，使他们明白警觉可以远离祸害，贪食就忘记了隐患。所以孔子赞美雌雉"得时"完全在情理之中。

毫无疑问，《论语》的这段记载理解起来很有难度。我们认为，要正确理解它需要几个前提：第一，必须了解孔子的思想；第二，必须了解子路的性格；第三，必须了解《论语》一书的特征。另外还应当对相关的生活有一定的观察。

我们认为，《乡党》此章所记是一幅很美的图画：孔子与弟子子路一起走在山间，不远处有几只野鸡停留在那里。那几只野鸡看到来人，便很机警地飞起来。这就是文中所说的"色斯举矣"。《论语集释》引王伯申曰："汉人多以'色斯'三字连读。'色斯'者，状鸟举之疾也。"《论衡·定贤》篇曰："大贤之涉世也，翔而有集，色斯而举。"恐与此意相同。《孟子》以孔子为"圣之时者"（《万章下》），两次说到孔子"可以仕则仕，可以止则止，可以久则久，可以速则速"（《公孙丑上》）。对照孔子后来的议论，这种理解应当符合本意。

那几只野鸡警觉地飞起来后，它们盘旋飞翔一阵，便在远处飞落到了前面的树上。孔子看到这一情景，感叹地说道："山梁上的这些雌雉，得其时啊！得其时啊！"孔子认为，这些野鸡能够远害避险，能够看到自己所处的情势。这时，子路悟出孔子所要表达的意思，也非常感慨，遂不无俏皮地向它们拱拱手。这几只野鸡见状，便振振翅膀飞走了。

孔子这里所言，深层的意思应该是人应当"知时"，知道自己所处的时空环境，应当正确把握人生。《大学》引《诗》云："邦畿千里，维民所止。"又引《诗》云："缗蛮黄鸟，止于丘隅。"子曰："于止，知其所止，可以人而不如鸟乎？"鸟儿都知道把握自己，知其所止，人就更应该知其所止。此即《大学》所谓"为人君，止于仁；为人臣，止于敬；为人子，止于孝；为人父，止于慈；与国人交，止于信"。人知道了自己的努力方向，就可以走好自己的人生路。

子路是一个性格鲜明的人。《史记·仲尼弟子列传》记载子路进入孔门前后的情形说："子路性鄙，好勇力，志伉直，冠雄鸡，佩豭豚，陵暴孔子。孔子设礼稍诱子路，子路后儒服委质，因门人请为弟子。"在孔门弟子中，他以擅长"政事"著称，性格鲁莽侠义，果敢勇武。孔子曾赞扬"由也果"（《论语·雍也》），孔子甚至自称"由之勇，贤于丘"（《孔子家语·六本》）。子路以其勇武处处随从孔子，并誓死护卫，孔子叹曰："自吾得由，恶言不闻于耳。"（《史记·仲尼弟子列传》）。子路显然不属于那种文静一类的性格，所以他向孔子请教，常常涉及"勇""强"一类的问题。孔子"因材施教"，针对子路的个性，及时施以教导。后人议论说："山梁雌雉，子路拱之。孔子叹之也，时哉时哉。三嗅而作，以有好斗而死，自取之也，而岂其时哉。然子路不悟也。"① 这种解释虽未必完全符合《论语》本意，但其言孔子针对子路的性情及时加以引导还是有道理的。

孔子所发的感慨当然不会仅仅是诱导子路。孔子时代，"天下无道"，"礼崩乐坏"，孔子感叹生不逢时。他曾总结自己的一生，称"五十而知天命，六十而耳顺，七十而从心所欲，不逾矩"（《论语·为政》）。但他的人生境界有一个提高的过程，他多次谈到自己所处非时，如《孔丛子·记问》两次说到"时"。当"楚王使使奉金币聘夫子"时，他的弟子向他表示祝

---

① 程树德：《论语集释》卷二十一引《古史孔子弟子传》。

贺，认为老师的主张终于可以有伸展的机会了，但孔子感叹地唱歌道："大道隐兮，礼为基。贤人窜兮，将待时。天下如一兮，欲何之。"有人"樵于野而获兽"时，孔子看到是麒麟，他也认为自己时运不济，又歌曰："唐虞世兮，麟凤游，今非其时来何求？麟兮麟兮我心忧。"有人说，孔子晚年所作《易传》最能够体现孔子"时"的思想，体现了孔子"时"的哲学。郭店楚墓竹简中发现的《穷达以时》，又印证了这一观点。

《论语》出自子思等人的编辑，《论语》是最基本的研究孔子的材料。我们认为，《论语》首章中"学而时习之"的"时"也是此意。① 很明显，在孔子那里，"时"是一个重要的概念。孔子谈到"时"的思想，并以之教导子路，非常合乎情理。孔子是"学而不厌"的学者，更是"诲人不倦"的导师。孔子本人闲居时，虽然和乐舒展，但总是严整而不轻率，所以《论语·述而》篇说："子之燕居，申申如也，夭夭如也。"孔子与弟子在一起，他也能够做到"能近取譬"（《论语·雍也》），即使是孔子与子路一起在山间行走时，也不忘随时教导弟子。《庄子·养生主》曰："泽雉十步一啄，百步一饮，不蕲畜乎樊中。"人遭遇乱世，往往流离失所，是未得时，尚不如山梁之雉，孔子有感于此，故有所叹。孔子有感而发，子路亦若有所动。

《论语》一书形式上是"语录体"著作，但其中有内在的逻辑。它是按照孔子一生的出处进退和思想学说精心编辑的孔子言语集。因此，《乡党》篇中的记载不会是出于某一孔子弟子之手，更不可能是子路一人的集录，而应是从众多的孔子材料中，取其"正实而切事者"② 认真编排而成。

（原载于《燕山大学学报》2014年第1期）

---

① 详见杨朝明：《新出竹书与〈论语〉成书问题再认识》，《中国哲学史》2003年第3期；杨朝明：《从〈穷达以时〉看孔子的"时遇"思想——兼谈〈论语〉"学而时习之"章的理解问题》，刘大钧主编《儒学释蕴》，上海：上海古籍出版社，2007年。

② 孔安国：《孔子家语后序》，见《文献通考·经籍考·经部》。

今天应当怎样研究"孔子遗说"

任何学术问题的探讨都应首先解决资料问题,孔子儒学的研究也不例外,资料问题尤为重要。由于孔子在中国传统文化中的地位,对孔子思想的认识直接关系到对中国儒学与传统文化的评价与态度。而从根本上说,人们对孔子褒贬不一,是源于对"孔子遗说"的不同认识与理解。

一、"孔子遗说"需要认真研究

现存孔子言论的直接材料,可以用"孔子遗说"加以概括。所谓"孔子遗说",即孔子生前所留存下来的言论。例如,《论语》和《孔子家语》都是孔子及其弟子以及时人的言论集。孔子"述而不作",但其长期从事教育工作,培养了大批弟子。孔子言论以"子曰""孔子云""子言之"之类的形式,赖孔门弟子整理得以流传下来。

"孔子遗说"是中国儒学研究的基础,是中国传统文化研究的关键,但历来研究者多,分歧也极大,其间还存在许多不正确的认识。长期以来盛行的疑古思潮,从怀疑古史到怀疑古书,很多古籍被打入"伪书"行列,多数典籍的成书年代被严重后置,不少珍贵材料被"武断地加以剔除"。经过疑古学者的剥离,与孔子有关或可信的资料"似乎只有《论语》一书了",更为极端者,甚至《论语》也受到了怀疑。

经历历史跌宕之后,多数学者的认识趋向理性、平实。但在具体研究中,相关资料缺乏、单一,难以把握。有感于此,有学者多方收集孔子言行事迹资料,例如,清人孙星衍辑有《孔子集语》,今人郭沂有《孔子集语校补》;复旦大学姜义华、张荣华、吴根梁编有《孔子——周秦汉晋文献集》;曲阜师范大学李启谦、骆承烈、王式伦合编《孔子资料汇编》。

近年来,大批战国、秦汉时代的地下文献问世,带来大量关于孔子、孔门弟子及早期儒学的新资料，也"激活"了许多久已被忽视的传世文献。因此，以出土文献与传世典籍相结合，从探讨孔子与六经之关系入手，系统阐发蕴含其中的教化学说，并深入探讨"孔子遗说"的形成及其历史价值很有必要。

二、"孔子遗说"的形成与整理

"孔子遗说"由孔门弟子记录，于孔子去世后纂辑而成。据《礼记·文王世子》，周代有"乞言"传统，特别重视长老耆宿们的善言嘉语。孔子"祖述尧舜，宪章文武"，是三代文化的集大成者。当时君臣、大夫名士尤其孔门弟子格外重视孔子的言论。孔子一生都与弟子们相伴，孔门弟子崇敬孔子，也最了解孔子，他们习闻、珍视进而记录了孔子的许多日常言论。

其最典型的材料见于《论语·卫灵公》。子张闻孔子讲做人要"言忠信，行笃敬"之言，马上将老师之言书写、记录在衣带上，可见其珍重之意态。相关材料还大量见于《孔子家语》，如《入官》篇子张"退而记之"，《论礼》篇子夏"敢不记之"，《五刑解》冉有"退而记之"等，以及孔子多次提示弟子"识之""志之"等。据《孔子家语》，孔子晚年讲论时，就有弟子轮流加以笔录。

当然，"孔子遗说"形成系统，进而流传下来，有一个集中纂辑的过程。这一过程，可能肇端于孔子殁后孔门弟子间的"分化"。弟子们禀性不同，对孔子所讲内容的接受、体会自然各异；孔子施教也往往因材而异，不拘一格，以至弟子们或"皆有圣人之一体"，或"具体而微"。孔子去世后，弟子们游走四方，设帐授徒，必然称扬和发挥孔子学说，无形中又强化了这一趋向。

孔子弟子众多，又各有所记，孔子遗说必是丰富乃至庞杂的，这便亟须能力、地位、影响足以服众者出面主持、领纂。符合这般条件的大概可举出子贡、有若、曾子等人，他们都是孔子身后很有影响的弟子。但其中地位更特殊、对孔子学说理解更深的当属曾子。孔子去世后，曾子为群伦推重，孔子嫡孙子思也从而问学，曾子应是纂辑"孔子遗说"的前期召集人和主持者。

纂辑"孔子遗说"，绝非短期完成的。曾子以后，主持其事者必为子思。《孔丛子·公仪》记子思之言说："臣所记臣祖之言，或亲闻之者，有闻之于人者，虽非其正辞，然犹不失其意焉。"他整理"孔子遗说"，坚信所记实得孔子本意。

近年来，新出简帛中多有关于"孔子遗说"的相关资料。其中，上博竹书《从政》篇与郭店竹书《成之闻之》屡次出现"闻之曰"。我们认为，所谓"闻之曰"，即是闻之于孔子如何如何，相当于"子曰"。而"闻之"的主体应是子思，这一特殊的语式质朴地反映出所记遗说的来源以及子思与孔子的特殊关系，从而也反证这些言语资料的真实性与可靠性。

当然，随着文献的传流、播衍，孔子言论更多地以"子曰""孔子曰""夫子曰"等形式呈现。所有这些遗说，除少量为后世诸子假托外，绝大多数系由孔子弟子记录，曾子、子思纂辑而成、传流而来。

三、如何对待"孔子遗说"

第一，充分估量、正确理解和认识"孔子遗说"的整体性。现存"孔子遗说"，都是孔子思想某种维度和方面的反映，我们应尽可能地将"孔子遗说"合观参验。《论语》绝非研究孔子的唯一可靠资料，其仅为"孔子遗说"材料中"正实而切事者"材料的选辑，远非全体。《论语》类于"语录"，缺乏孔子论说的相关背景与情形的记述，令人难得要领，甚至产生误解。这就需要参考其他文献资料，除《礼记》《大戴礼记》等外，更有《孔子家语》《孔丛子》等重要典籍。其中，《孔子家语》类于孔子弟子笔记的汇编，《孔丛子》则可谓孔氏家学的学案。尤其《孔子家语》，内容丰富、材料真实、价值极高，完全称得上"孔子研究第一书"。

第二，辩证认识弟子"润色"与保存"本旨"的关系。孔门弟子记录孔子言论，旨在保存孔子的思想学说，原本记录孔子思想宗旨，其记录工作的最重要原则应该就是"存真"。然而，耳"闻"与笔"记"之间，毕竟有时间差；口头语与书面语之间，也会有距离；禀性与学养的不同，会导致理解上出现偏差；汇纂和编辑时，也必有主持者的润色之功。从绝对的意义上讲，现存"孔子遗说"不可能完全是孔子言论的实录。但无论是一般弟子还是主持汇集的曾子、子思，其主观愿望一定是保存孔子思想学说的"本旨"。由此，我们应理性、客观、辩证地进行理解和把握。

第三，动态考察与客观看待篇卷分合与文字讹变等情况。随着简帛古籍的出土与研究，人们认识到古书的形成要经过复杂的过程，其间往往有多种传本，且经过若干学者之手，一般都要经过较大的改动变化才能定型。因此，应以一种动态的眼光看待文献传流，各种"孔子遗说"的传流也是如此。对《孔子家语》传流中的各种问题进行梳理、分析，就能发现在特定条件下，其文本所出现的文辞歧异、篇卷分合、文字变更等各种情况及其成因。

第四，遇有时忌或不合时势时往往会改动或调整字词语句。这种情况在汉代较为普遍，其中尤以《礼记》《大戴礼记》的纂辑最为典型。如果将《孔子家语·哀公问政》与《礼记·中庸》相应部分进行比较，就能看出前者中的"尊贤""笃亲亲""敬大臣""子百姓""来百工"，分别变成后者中的"劝贤""劝亲亲""劝大臣""劝百姓""劝百工"，动词"尊""敬"等皆改写为"劝"，透露出尊君卑臣的意涵。如果将《孔子家语》与二戴《礼记》进行比较，类似的例子俯拾即是。发现了这一规律，仅仅从"孔子遗说"文献中，也能将儒学由先秦"德性儒学"到汉代"威权儒学"的这种演变看得一清二楚。

（原载于《光明日报》2014年5月19日）

重新认识《礼运》的"大同"思想

孔子生前长期从事教学与社会活动，留下了大量的珍贵言论。综观相关材料，特别是孔子遗说，谁都不会怀疑孔子对夏、商、周三代礼制的稔熟，也不会怀疑孔子对三代"明王"的崇敬。保存在《孔子家语》和《礼记》中的《礼运》篇正是孔子社会理想的集中体现，系统地展示了孔子的礼学思想，因此《礼运》才是儒学乃至中国思想文化史的一篇重要文献。长期以来，学术界对《礼运》及其"大同"思想学说进行了很多研究，只是由于《孔子家语》"伪书"说的影响，人们还很少注意到《孔子家语》中的《礼运》篇，很少注意到该篇与《礼记·礼运》的差别及其文献学意义。但是，尽管人们主要以《礼记》中的《礼运》为研究文本，依然有学者看到了《礼运》与孔子的密切关系，认识到该篇思想的先秦时代特征，认为《礼记》虽然成书时代较晚，但其中关于"大同"之道的思想却是先秦的。[1]

一、《礼运》中的"大同"思想属于孔子

长期以来，由于疑古思潮的深刻影响，人们怀疑《孔子家语》，对《礼记》成书问题异说纷呈，严重影响了对《礼运》价值的认识。时至今日，依然有学者怀疑《礼运》的真实性，对该篇的认识与理解存在一些偏差。例如，金春峰先生虽然认为《礼运》是儒学和中国文化思想史的一篇重要文献，但以为《礼运》为汉儒所采辑、编撰，其中的一些内容为汉人所撰写，反映汉人天人同类的大礼乐观。[2] 这个问题到底怎样，很有必要认真研究，不然就真的会出现"思想史的错置和混乱"。

---

[1] 周继旨：《"大同"之道与"大学"之道——论先秦儒家对人生的"终极关怀"与"具体设定"》，《孔子研究》1992年第2期。
[2] 金春峰：《〈礼运〉成篇的时代及思想特点分析》，《衡水学院学报》2015年第6期。

如果在文献成书问题上出现偏差，如果像金先生所说把汉代的思想当作孔子与弟子论礼之言，就会"把孔子思想汉人化、董仲舒化"。反过来，如果其中的思想本属于孔子及其弟子，今人却以之属于汉人，则这样的错乱就会把孔子思想人为地拉到汉代。不难看出，把《礼运》之中明确记载"孔子曰"的文献说成是"汉人撰写"，这等于说"汉代学者假冒孔子之名"，这与疑古思潮盛行时期"汉人伪造说"的观念完全相同。但是，这里的错误与混乱还是不难看清的。

十几年前，笔者曾经关注《礼运》，对该篇的成篇与学派属性等问题进行思考，发现人们对于该篇的有关问题存在很大的混乱，很有认真研究的必要。连许多基本的问题，如《礼运》成于何时、其中的思想是否属于儒家、其学派性质如何，都存在严重分歧。这关涉对早期思想史面貌的描述，[①] 不能不辨。通过研究它的成书问题，研究《孔子家语》与《礼记》中《礼运》篇的异同，我们看到，汉代编辑《礼记》，其中不少篇章确实经过了重新连缀和编辑，但汉儒不是像今人所认为的那样对孔子缺乏敬畏，他们很可能没有动辄就假借"孔子"来表述自己的主张。通过对《礼运》相关关键问题的分析，可以说我们应该能解开《礼运》成篇的谜团，可以消除人们的疑虑。

《礼运》最大的问题是该篇的作者。这个问题与许多问题相连，比如《孔子家语》和《礼记》都有《礼运》篇，但如果以传统的观点，舍弃《孔子家语》而用《礼记》的文本，得出的结论可能会有偏差。实际上，比较两个文本，就会发现《礼记》文本不如《孔子家语》。我们综合审视《孔子家语》与《礼记》的差异，会比较强烈地感觉到《礼记》的不少改编的特征。此前，我们在文章中已经谈到了这一点。[②]

例如，《礼运》的篇首部分，《孔子家语》的《礼运》篇作："孔子为鲁司寇，与于蜡。既宾事毕，乃出游于观之上，喟然而叹。言偃侍，曰：'夫子何叹也？'孔子曰：'昔大道之行，与三代之英，吾未之逮也，而有记

[①] 详见杨朝明：《〈礼运〉成篇与学派属性等问题》，《中国文化研究》2005年第1期；杨朝明：《〈孔子家语〉综合研究》，济南：齐鲁书社，2017年。

[②] 详见杨朝明：《〈孔子家语·弟子行〉研究》，《孔子学刊》第四辑，上海：上海古籍出版社，2013年；杨朝明、张磊：《〈孔子家语·致思〉篇研究》，《东岳论丛》2009年第4期；杨朝明、魏玮：《〈孔子家语〉"层累"形成说考辨》，《古籍整理研究学刊》2009年第1期。

焉。'"《礼记》中的该篇则作:"昔者仲尼与于蜡宾,事毕,出游于观之上,喟然而叹。仲尼之叹,盖叹鲁也。言偃在侧,曰:'君子何叹?'孔子曰:'大道之行也,与三代之英,丘未之逮也,而有志焉。'"不难看出,与《礼记》相比,《孔子家语》更像时人所记,给人以明显的现场感。《孔子家语》中的"夫子何叹",《礼记》中作"君子何叹"。很显然,《孔子家语》所记是对的,因为孔子的弟子乃至当时的公卿大夫大多习惯上称孔子为"夫子"。我们综合以往的比较研究,很容易能够判断出,相比于《孔子家语》,《礼记》对材料的改动很大,而《孔子家语》更注重维持简书原貌。

孔子回答言偃进行这番论说的具体时间,《孔子家语》的记载比较明确,就是在孔子为鲁国司寇,参与蜡祭之后。蜡祭是每年十二月举行的祭祀礼仪活动,孔子忧国忧时,他由此进行了很多的思考。言偃记录下孔子的论说,遂有这一儒学名篇。据记载,孔子为司寇时间不长,因此,我们可以判定孔子的这次谈论,时间应在鲁定公十年到十二年这三年之内的某年十二月,当时孔子五十三岁左右。从孔子的谈论中,可以看出孔子当时的心情比较沉重。也就在此后不久的鲁定公十三年,孔子离开了鲁国,开始了漫长的"周游列国"的生涯。

相比之下,《礼记》仅仅用了一个"昔"字表示时间,令人对孔子论说的时代背景不好把握。戴圣编订《礼记》,着眼于西汉时的历史实际,他没有明确的保存"夫子本旨"的意图,因而其中的改编便不像《孔子家语》那样忠实于原文。他必须立足于汉朝,更不应有违犯时忌的言语。例如,《孔子家语》的《礼运》中所记言偃的问话中有"今之在位,莫知由礼",《礼记》的《礼运》篇中便找不到。孔子"喟然而叹",《礼记》还画蛇添足般地加上一句解释性质的话,说"仲尼之叹,盖叹鲁也",因为在戴圣他们看来,汉家王朝大一统的"清明"政治,哪里能有令人叹息的"莫知由礼"。对照《礼记》与《孔子家语》的其他不少相同的篇章,类似的例子很容易找到。例如,《礼记·中庸》对《孔子家语·哀公问政》的改编、《大戴礼记·主言》对《孔子家语·王言解》篇的字词改动,其实都与西汉中央集权政治的加强有关。

将《孔子家语》和《礼记》两书中的《礼运》篇进行比较,我们发现《孔子家语·礼运》篇缺少了自"我欲观夏道"至"此礼之大成也"一节,而这一节却出现在今本《孔子家语》的卷一《问礼》篇中。细致观察前后文的联系，可看出《礼记》以之在《礼运》篇是更合理的。今本《孔子家语》类似的错乱还有不少。例如，将《礼记》的《仲尼燕居》和《孔子闲居》分别与《孔子家语》的《论礼》《问玉》进行比较，也可以发现这一点。孔安国在《后序》中说，他得到这些简册后，"乃以事类相次，撰集为四十四篇"。可见，《孔子家语》的这些篇章都由他编次而成。可以想见，他在遇有简册散乱时，只能依据内容进行新的编排。《问礼》篇可能就是如此。该篇除了言偃问礼的内容，还有鲁哀公问礼的一部分。可能当时他觉得这两部分归属不明，遂以"问礼"名篇，将这两部分归入。这一点反而证明《孔子家语》的古朴、可靠，证明孔安国《后序》所言不虚。[①]

这样，《礼运》的成篇年代已经十分明确了。虽然《礼记》编成在汉代，《孔子家语》也由汉代的孔安国写定，但《礼运》的成篇时间却很早。既然《孔子家语》如孔安国在《后序》中所说的那样"由七十二子各共叙述首尾"，那么，《礼运》也应该成于孔子弟子之手。

任铭善《礼记目录后按》说："按《论语》文例，凡弟子门人所记者称子，曾子、有子是也；弟子互记或门人记他弟子之语者称字，子贡、子夏、原思、宰我是也；弟子自记者称名，宪、宰予、冉求是也；其称孔子，或曰夫子，或曰仲尼，子贡曰：'仲尼，不可毁也。'是也。于长者乃称名：'子路对长沮曰：为孔丘。'是也。此篇称仲尼而名言偃，疑子游所自记也。"[②] 言偃字子游，若是其弟子门人所记，其中不应直称其名。我们认为，《礼运》篇记言偃与孔子的问对，称孔子为"仲尼"，应该出于言偃自记。

人们怀疑该篇出于子游，还有一个很大的障碍，那就是子游的年龄问题。作为儒学名篇，《礼运》应当是孔子与其弟子子游对话的记录。但是，如果按《史记》所言，子游"少孔子四十五岁"，则当时子游不到十岁，由此，人们不能不质疑该篇记载的可靠性，对该篇的种种说解也进而随之产生。其实，《孔子家语》明确记述子游"少孔子三十五岁"，只是由于人们

[①] 参见杨朝明：《读〈孔子家语〉札记》，《文史哲》2006年第4期；杨朝明：《〈孔子家语〉的成书与可靠性研究》，《〈孔子家语〉综合研究》，济南：齐鲁书社，2017年。又见杨朝明、宋立林：《孔子家语通解》，济南：齐鲁书社，2009年；《孔子家语》（杨朝明注说），开封：河南大学出版社，2008年。

[②] 任铭善：《礼记目录后案》，济南：齐鲁书社，1982年，第23页。

对《孔子家语》的价值认识不清，而且《孔子家语》本身版本不一，所以这一问题长期没有得到解决。事实上，当时的子游应当早已年过十五而学于孔子，符合孔门教学的历史实际。关于这一点，我们已经专文讨论①，此不赘述。

确定了本篇材料的来源，该篇的真实性问题也就清除了最大的障碍。那么，《礼运》中的"大同"思想属于孔子也就没有了大的问题。

二、"大同"思想的实质是"道承三王"

孔子一生追求"道"，孔子的一生就是求道的一生，因此，实现他心目中理想社会状态的"大同"之世，可以说是他的毕生追求。孔子心目中的"有道"之世，是他十分尊崇的"三王"时期。所谓"三王"即"三代之明王"，即"夏商周三代之明王"，具体说来即尧舜禹、商汤、文武周公，也就是《礼运》篇中所说的"三代之英"。

金春峰先生认为，《礼运》赞扬"天下为公"，当以五帝为背景。金先生的观点很有代表性，学界很多人认为《礼运》的成篇时间有问题，大多是在这里出现了问题，而这个问题十分关键。

《礼运》"昔大道之行，与三代之英"中的"与"字何解，的确还有一些争议。其实，这里的"与"不是连词，应该当动词讲，意思是"谓""说的是"的意思。该字之训，清人王引之《经传释词》有说。前人也已经指出《礼运》此字应该从释为"谓"。② 这句话应当译为："大道实行的时代，说的是三代之英"。只有理解了这一点，才不至于在《礼运》成篇的时间问题上出现迷乱。

在孔子心目中，"三代之英"即三代时期的英杰人物，当然是指禹、汤、文、武、周公等人。孔子推崇三代圣王（文献所说的"三王"），后世所谓的"孔子之道"实际就是孔子推崇的三代圣王之道，所以，孔子作《春秋》的意义就在于《史记·太史公自序》所说"夫《春秋》，上明三王之道"。孔子虽然也崇尚"五帝"，但正如司马迁在《五帝本纪》中所言：

---

① 杨朝明、卢梅：《子游生年与〈礼运〉的可信性问题》，《史学月刊》2010 年第 7 期。
② 据说，四川师范大学教授徐仁甫先生早年发表文章曾指出这一点。参见永良：《〈礼记·礼运〉首段错简应当纠正》，《西南民族学院学报》（哲学社会科学版）1996 年第 S6 期。

"学者多称五帝，尚矣。"关于黄帝等上古帝王的事迹，"荐绅先生难言之"，孔子也曾经回答弟子宰我问五帝之德，但"儒者或不传"。相比之下，孔子更加推崇三代圣王。这样的材料很多，如《礼记·表记》载，子言之："昔三代明王，皆事天地之神明。"《礼记·哀公问》载，孔子遂言曰："昔三代明王之政，必敬其妻子也，有道。"上博竹书《从政》篇有孔子曰："昔三代之明王之有天下者，莫之余（予）也，而□（终）取之，民皆以为义。……其乱王，余（予）人邦家土地，而民或弗义。"① 孔子时代，三代圣王之治为社会所普遍认可。推崇三王者不止儒家，如《墨子·鲁问》云："昔者三代之圣王禹汤文武，百里之诸侯也，说忠行义，取天下。三代之暴王桀、纣、幽、厉，仇怨行暴，失天下。"

实际上，由孔子创立的儒家学派有一个重要的共同特征，那就是他们都崇尚先王之道，尤其称颂尧舜及西周以来的传统文化，正如战国时期的儒学大师荀况所说："儒者法先王。"（《荀子·儒效》）"先王"指的就是尧、舜、禹、汤、周文王及武王，尧、舜是传说中的古代帝王，禹、汤、文王和武王分别是夏、商、周三代的开国之君。

儒家称颂尧舜、宗法文武，始自孔子，《中庸》说："仲尼祖述尧舜，宪章文武。"尧舜文武是孔子心目中的圣王明君。据《论语·泰伯》，子曰："大哉尧之为君也！巍巍乎！唯天为大，唯尧则之。""巍巍乎！舜、禹之有天下也，而不与焉！"这是说，尧的伟大在于他能够像天养育万物那样去治理天下，而舜、禹贵为天子富有四海能为百姓忧劳却一点不为自己。古代圣王治理天下达到了很高的境界，如舜能够选贤任能以至无为而治。此即《论语》所谓"舜有天下，选于众"，"舜有臣五人而天下治"。"子曰：无为而治者，其舜也与？夫何为哉，恭己正南面而已矣。"这是孔子心目中理想的治国之道，"无为而治"在孔子那里也就是"德治"，子曰："为政以德，譬如北辰，居其所而众星共之。"孔子对古圣先王的礼乐文明制度倍加赞赏。如赞尧"巍巍乎！其有成功也。焕乎！其有文章！"南宋大儒朱熹注曰："成功，事业也。焕，光明之貌。文章，礼乐法度也。"

---

① 杨朝明：《上博竹书〈从政〉篇与〈子思子〉》，《孔子研究》2005年第2期、人大报刊复印数据《中国哲学》2005年第5期。

金春峰先生还说："《礼运》第二部分的核心内容是表述天地阴阳、天人同类之大礼乐观。这不可能是孔子思想。"这里涉及的问题就更复杂了，比如如何认识中国古代文明的发展水平？怎样理解孔子思想的高度与宽度？怎样把握孔子礼乐思想体系？孔子遗说是怎样形成的？关于这一点，问题复杂，我们也已经进行过一些论述①，此处不再论说。

其实，金春峰先生可能没有认真研究《孔子家语》的《礼运》篇。比如，他提到"《礼运》第三部分抄自先秦文献"，金先生所说的三段如下：（1）自"夫礼之初，始诸饮食"至"生者南乡，皆从其初"；（2）自"昔者先王未有宫室"至"以事鬼神上帝，皆从其朔"；（3）自"故玄酒在室，醴醆在户"至"此礼之大成也"。他还说："这三段话《孔子家语》既收入其《礼运》中，又收入其《问礼》中，这种重复收录，可见其编辑成书的粗忽。"实际上，这不是《孔子家语》编者的疏忽，而是金先生自己疏忽了，《孔子家语》的《礼运》篇根本就没有这三段，《孔子家语》并没有重复收录。实际上，当初编辑《孔子家语》时，很可能是将既有材料进行编辑，没能将孔子与言偃论礼的材料集合到一起，《礼记·礼运》将二者编在同一篇中可能符合实际。显然，这不仅不是《孔子家语》编者的疏忽，反而更显示了《孔子家语》材料的古朴。金先生可能并没有认真看一遍《孔子家语·礼运》篇的原文，对《孔子家语》的成书问题也没有认真思考。

周礼经由对夏商二代之礼的损益以至礼文大备，孔子对周代的礼乐制度推崇备至。据孔门弟子子贡所言，孔子学修"文武之道"，形成了他完备的礼乐思想体系。以孔子之言证之，子贡所说不虚，如子曰："周监于二代，郁郁乎文哉！吾从周。"孔子另有言："文王既没，文不在兹乎？天之将丧斯文也，后死者不得与于斯文也；天之未丧斯文也，匡人其如予何？"朱熹注曰："道之显者谓之文，盖礼乐制度之谓。"这是孔子被匡人围困时说的话，孔子是以文王之道的担当者自期，自认是文王之道的传人。孔子曾称述："舜其大知也与！""舜其大孝也与！""武王、周公，其达孝矣乎！""文武之政，布在方策。""吾学周礼，今用之，吾从周。"孔子祖述尧舜，宪章文武，以能继文王、武王、周公之业为职志，追求"博施于民而

---

① 杨朝明：《儒家文献与早期儒学研究》，济南：齐鲁书社，2002年。

能济众"的圣人理想境界。中国古代文明有一个漫长的发展过程，有很高的发展水平，孔子继承他以前的中华文化传统，以先王之道作为自己的旗帜和理想，"述而不作"，凝练提升，希望能救治"礼坏乐崩"的乱局，重整社会秩序。孔子以后，"祖述尧舜，宪章文武"成了儒家思想的特征。

三、"大同"思想的价值在"天下为公"

孔子说："大道之行，天下为公。"这里的"公"内涵丰富，可以是国家、社会、大众，也可以是公理、公式、公制，有正直无私、为大家利益着想之意，也有公正、公心、大公无私之意。但首要的就是强调人们要有公共意识，遵守社会规范与社会公德。

人如何立身处世，怎样处理人与人、人与集体、人与社会、人与国家、人与自然的关系，是历代中国思想家、政治家最为关心的问题，也是孔子儒家思想学说的核心问题。包括孔子在内的早期儒家、历代学人都思考过"人心"与"道心"、"人情"与"人义"、"人欲"与"天理"的关系，论证过人的自然性与社会性的关系。儒家认为，"人之所以为人"，应当遵守社会的规范，自觉遵守社会的公德，这是一个人的素养所在。正如孔子所说："人而不仁，如礼何？人而不仁，如乐何？"（《论语·八佾》）所以，在孔子"天下为公"的表述中，以自觉的修养处理好各种关系，自觉遵守社会规则与社会规范，有较高的公共意识，才是孔子所说的"公"的主要内涵。

在社会与家庭生活中，每个人的角色都是复合的，工作中都有上级与下级，具有"君"和"臣"的不同身份；在家庭又有"父"与"子"等的不同身份……每个人都处在君臣、父子、夫妻、兄弟、朋友的各种关系中，因此，要处理好这些基本关系。孔子说："君臣也，父子也，夫妇也，昆弟也，朋友也，五者，天下之达道。"又说："父慈、子孝、兄良、弟悌、夫义、妇听、长惠、幼顺、君仁、臣忠，十者谓之人义。"社会关系以"五达道"为主并延伸开来，处理好这些关系离不开"人义"的十个方面。所谓"天下为公"，就是社会的大同与和顺，就是处理好这些关系。

孔子所说"君君、臣臣、父父、子子"见于《论语》的《颜渊》篇，该篇及随后的《子路》篇都围绕克己、修身以"正名"而逐步展开。正名，要求每个人都能"修己""克己""省身"，作为一个社会人，就要成为合格的"人",具有一定的素养与内涵,孔子说:"克己复礼为仁。一日克己复礼,天下归仁焉。"他强调"为仁由己",希望人们遵守礼法,"非礼勿视,非礼勿听,非礼勿言,非礼勿动",也许只有这样,为人之"义"的问题才能解决。

"天下为公"又与"正名"思想直接关联,或者说其中就自然包含着"正名"的思想。对社会国家的治理而言,"仁德"的实现关键在为政者,所以孔子的正名思想首先强调"君君",希望为政者率先垂范,做好自己,做出表率。当季康子问政时,孔子说:"政者,正也。子帅以正,孰敢不正?"又说:"其身正,不令而行;其身不正,虽令不从。"还说:"君子之德风,小人之德草,草上之风,必偃。"君子行为端正,则其德如风,君为善则民善。

孔子"正名"的主张是一贯的,如《论语·八佾》记载定公问孔子:"君使臣,臣事君,如之何?"孔子对曰:"君使臣以礼,臣事君以忠。"各种人伦关系都是双向的,作为人伦关系中十分重要的一种,君臣双方也应各尽其职。为政之要在于"正名",孔子的表述非常清楚。子路问孔子为政以何为先,孔子明确回答:"必也正名乎!"他论述说:"名不正则言不顺,言不顺则事不成,事不成则礼乐不兴,礼乐不兴则刑罚不中,刑罚不中,则民无所措手足。"(《论语·子路》)可见正名极其重要,它是为政的前提和基础。只有正其名,知其分,才能说话顺当合理,风清气正,取得较好的社会管理效果。对于为政者来说,要正名,必正己,这恰恰是对于"君"的正名的要求。按照"正名"的要求,人"在其位"必"谋其政",应该勇于担当,按自己的角色定位尽力做好自己。孔子说:"唯器与名,不可以假人,君之所司也。"(《左传·成公二年》)自己的职责、自己的分内事,不可推卸责任,不能借与他人。孔子进一步解释道:"名以出信,信以守器,器以藏礼,礼以行义,义以生利,利以平民,政之大节也。"(《左传·成公二年》)所谓"名",关涉极大,当事人应该心无旁骛,不能玩忽职守。既有其名,必负其责,这样才能人存政举,遵循礼义,取得成效。春秋末期,晋大夫史墨也说:"是以为君慎器与名,不可以假人。"(《史记·鲁周公世家》)

既然"天下为公",大家共同工作、生活在一起,那么"正名"思想就自然包含一层意思，即不可逾越本分，胡乱作为。如果不集中心力，跨越领域与边界，就容易造成混乱。孔子说"不在其位，不谋其政"，曾子说"君子思不出其位"，意思也正是如此。有人从消极的角度理解，认为这是推卸责任，是不思进取，恐怕背离了本来的精神。从礼的功能讲，它本来就是为了"定分止争"，合理的做法自然就是"安分守己"。做大事者要尽职尽责，心无旁骛，不可左顾右盼，患得患失；还要遵守礼法制度，不逾越职权，胡乱作为。历史上违权乱政的人不都是超越本分、邪念丛生的人吗？

作为社会的人，人当然不能只考虑个人，不能脑子里总是想一己之私利，应当考虑自己属于一个集体、一个民族、一个国家。有"公"的意识，才能做一个更好的"社会人"。在这样的意义上，"公"是一个内涵极丰富的概念，是一个极重要的概念。

在"天下为公"之后，孔子接着说"选贤与能""讲信修睦"，这是"天下为公"的题中应有之义，也是值得特别申说的内容。"选贤与能"与当今时代的所谓"民主趋势"正相吻合。"天下为公"之"公"的"公平""公正""公理"等意涵，与传统中国"礼"的观念相呼应。传统的"礼"，从本质上讲，就是孔子所说的"礼也者，理也"（《礼记·仲尼燕居》）；"礼也者，理之不可易者也"（《礼记·乐记》）；"礼也者，合于天时，设于地财，顺于鬼神，合于人心，理万物者也"（《礼记·礼器》）。

孔子在对"大同"理想的描述中，还说："货恶其弃于地，不必藏于己；力恶其不出于身，不必为人。"《孔子家语·礼运》这些，也可包括在"公"之中。人有"公"心，才能不浪费，不私藏，货财尽其用，人人尽其力。

孔子说："人不独亲其亲，不独子其子，老有所终，壮有所用，矜寡孤疾皆有所养。"这些属于"仁"的范畴。最为紧要的，孔子所说"人不独亲其亲"有一个基本前提，就是"亲亲"。没有"亲亲之爱"，哪里会有"不独亲其亲"？

社会上最不可或缺的是"爱"与"敬"，孔子还把"爱"与"敬"看成"政之本"（《孔子家语·大婚解》）。很明显，儒家重视孝悌。认为孝悌是"为人之本"，也是因为社会生活不能没有"爱"与"敬"。那么，爱心如何培养？自然就是由"亲亲"到"不独亲其亲"的逻辑推演，就是将对父母的爱心放大开来。

孔子说，"立爱自亲始"，"立敬自长始"（《孔子家语·哀公问政》）。孔子此言十分重要。孔子说："仁者，人也。亲亲为大。"（《礼记·中庸》）一个人具有仁德，最基本的表现就是"亲亲"，就是孝敬父母亲。有"亲亲"这个前提，才能"不独亲其亲，不独子其子"，才能"老吾老以及人之老，幼吾幼以及人之幼"（《孟子·梁惠王上》），进而"泛爱众"（《论语·学而》）。儒家的"仁"作为一种道德范畴，指人与人之间的相互友爱、互助与同情等，具备了"仁"的品质，才能仁爱正义，才能通情达理，为他人着想。"仁"是一个开始于"修己"的过程，是一个由"孝亲"而"仁民"进而"爱物"的逻辑推演过程。人修己的基本表现是"亲亲"，从最基本的"亲亲"之爱出发，然后推演爱心，完善人格，影响民众，改善人心，最终使社会"止于至善"（《礼记·大学》）。

孔子说："奸谋闭而不兴，盗窃乱贼不作，故外户而不闭。"阴谋诡计被遏制而不能施展，劫掠偷盗、忤逆犯上的事也不会发生，所以外出也不用关门闭户。看起来这并不是很高的要求，但却是千百年来人们共同追求的目标，这就是"和"，就是社会和谐、人心和顺。其实这也是孔子社会理想的落脚点。中国人向来都以"和"为贵。几千年来，中华民族更和睦、更和平地相处与生活，与"和"的价值追求密不可分。

（原载于《儒学评论》2018 年第十二辑）

《春秋》里的微言大义

《春秋》的作者相传是孔子。关于孔子的作品也有不少，但如果请孔子本人推荐最能代表他思想的著作，他很有可能会推荐《春秋》。孔子说自己"志在《春秋》"，其中表达的微言大义，彰显其正名守分的政治主张。

一、一个时代与一部经书

一年四季，春夏秋冬，"春秋"曾是周代各诸侯国历史记载的代名词。孔子根据鲁国的历史写成《春秋》，"春秋"竟成为他记载的这个时代和这部史书共同的名字。或者说，《春秋》曾是史书的通名，后成为春秋鲁国历史的专名。

《春秋》是一部编年体史书，记载了从鲁隐公元年（公元前722年）到鲁哀公十四年（公元前479年）的历史。《春秋》的记载涉及诸侯国之间征伐、会盟、朝聘等事，还有日食、月食、星变、灾害等自然现象，以及祭祀、婚丧、城筑、狩猎、土田等社会生活。它为鲁国史书，却不只写鲁国历史，对各诸侯国多有涉及。

春秋时期，周王室式微，诸侯国壮大，社会激烈动荡，以血缘宗法维系的政治体制面临重大变革，以王道传统为核心的政治精神趋向崩溃。在孔子看来，这是一个天下无道的乱世。他周游列国，到处奔走，希望君主们为政以德，不要背离王道传统，选贤与能，讲信修睦，爱民敬事，上下相亲，社会和谐。

但是，期愿已远远不足以平镇当时滔滔之天下。在"争于气力"的春秋之末年，其主张的"修己以安人"的内圣外王之道可以说是"暗而不明，郁而不发"。在这样残酷却又无奈的现实面前，自己该何去何从？于是，他想到通过对历史的记载来表达个人的政治主张，"载之空言，不如见之于行事之深切著明也"。他依据鲁国的历史资料作《春秋》，将历史的真实记下来，寓褒贬，别善恶，以俟后人。

是的，惩恶劝善、字字针砭，正是《春秋》的特点。孟子说："世衰道微，邪说暴行有作，臣弑其君者有之，子弑其父者有之。孔子惧，作《春秋》。"在孟子看来，《春秋》是"天子之事也"，他是在替圣王制法。孔子本人非常看重《春秋》，他说："知我者其惟《春秋》乎！罪我者其惟《春秋》乎！"孔子以后，后人纷纷进行研究、解读，中国学术文化史上竟形成了一门影响深远的显学，即"《春秋》学"。人们认识到，《春秋》以寓王法，厚典、用礼、命德、讨罪，其大要皆天子之事也。一部《春秋》，为后世虑，意义十分深远。

二、微言，需要"知微之显"

《春秋》语言简略却意义深奥，通过"属辞比事"将致治之法垂于后世。《春秋》以史载经，是经世大法，昭示中华史学的庄严使命。《中庸》说"入德"之法要"知微之显"，欲知大意，先明微言。

《春秋》微言，首见言辞之微。《春秋》记事，用语谨严，最少1字，最多者也只有40多字。言辞简略，却用词考究，咀嚼有味。褒贬善恶就在简略的叙述之中。比如"弑"是以下犯上的专用词，表达乱象横生、君臣父子相残；"奔"是逃亡的特指，可以看到流离失所、无所归依。由君主的命运，可见一般百姓的离散；处处"攻""伐"，可见春秋无义战。《春秋》微言，就在这个"微"中褒善贬恶，扬善去恶，拨乱反正。这种叙事方式，被称为"春秋笔法"，以史载经，以文载道，对后世产生了深远影响。

《春秋》微言，还见事态变化。董仲舒云，春秋二百四十年之中，"弑君三十六，亡国五十二，细恶不绝之所致也"。小过不慎，终酿大祸，以致亡家败国。司马迁说："臣弑君，子弑父，非一旦一夕之故也，其渐久矣。"很多灾祸并非突然发生。《春秋》叙事令人洞悉原委，鉴往知来，从而防微杜渐，彰显了礼的意义。礼深入人心，可经国济世，让人守正不阿，坚守信念，从而穷不失义，达不离道。

《春秋》微言，要在守常不乱。在《春秋》中，守常与权变并不矛盾，"经"与"权"是相辅相成的存在。其时措之宜，或抑或纵、或予或夺、或进或退、或微或显，贵在得乎义理之安、文质之中、宽猛之宜、是非之公，唯有善会者才能得其大旨。胡安国称《春秋》为"史外传心之要典"，故先儒说经于《春秋》特为矜慎，义精仁熟者方能知其所择。

三、大义，在于观念和价值

任何有序的社会与文明都需要一个共同的价值基础和是非标准。《春秋》看似一家之言，实则承继上古三代，继往开来。其远述尧舜之道，近守文武之法。唯有奉行王道仁政，知荣知辱，修身、齐家、治国、平天下，方是经世大法。正如西汉司马迁所说："夫《春秋》，上明三王之道，下辨人事之纪，别嫌疑，明是非，定犹豫，善善恶恶，贤贤贱不肖，存亡国，继绝世，补敝起废，王道之大者也。"其唯有天下为公的格局、内圣外王的精神，才能社会和谐、人心和顺、天下太平，这才是《春秋》"微言"中的"大义"。

钱穆先生认为，《春秋》在当时已崭然成为一新史，是当时的大"通史"，亦可说是当时的"世界史"。有人类，有世界，就逃不掉历史批判。所谓历史批判，一部分是自然的，另一部分则是道义的，道义由自然中产生。自然势力在外，道义觉醒则在内。《春秋》则建立出一大道义，明白教人如此则得、如此则失，如此则是、如此则非。此项道义，论其极致，乃与历史自然合一，此亦可谓天人合一。《春秋》和合历史自然，和合天人之际，昭示是非得失。天下国家得此大义则治，失此大义则乱。所谓"大义"者，大纲、人伦、道理、教化尽在其中，亘古不变。

可以说，那时的诸侯国之间，唯有达成共识、遵守规则，才会和平与稳定，因此诸侯会盟就应有共同的遵循。然而，总是有背盟、叛盟者打破和谐与和睦的格局。历史教训也警醒着今天的世界。天下为公，四海一家，遵守公约，合作共赢，这才是大义。

四、要旨，正名守分而已

司马迁云："春秋之中，弑君三十六，亡国五十二，诸侯奔走不得保其社稷者不可胜数。察其所以？皆失其本已。"诸圣先哲所叮咛者，多在警醒人们回到自己的本分，君子务本，本立而道生。此即《大学》所云："为人君，止于仁；为人臣，止于敬；为人子，止于孝；为人父，止于慈；与国人交，止于信。"

人之为人，便是一个社会性的存在。"大道之行"便是"天下为公"。所谓"公"，是指人的公共意识与公德意识；强调的是"人之为人"和"人之异于禽兽"的那些"礼义"，那些为人处世的根本原则，那些基本的人伦法则。《春秋》文字简略，于是有了解释《春秋》的《左氏传》（简称《左传》）以及《公羊传》《穀梁传》。《公羊传》《穀梁传》详其义旨，通过对《春秋》文本的解说，阐发其内涵；《左氏传》详其本事，通过对《春秋》史实的进一步铺陈，彰显其思想。这样更能看出《春秋》意义饱满，内涵丰富。

读《春秋》，要将其置于中华道统的宏阔体系中，置于"六经之教"体系中，与《诗》《书》《礼》《乐》《易》并读。宋儒胡安国说："《春秋》见诸行事，非空言比也。公好恶，则发乎《诗》之情；酌古今，则贯乎《书》之事；兴常典，则体乎《礼》之经；本忠恕，则导乎《乐》之和；著权制，则尽乎《易》之变。百王之法度，万世之准绳，皆在此书。"在他看来，"六经"之有《春秋》，就如法律有了断案的准则，不学此经而处大事、决大疑，能不惑者鲜矣。这个评价可以说无以复加了。读《春秋》要把握要领，理而不乱。这个要领，应该就是正名守分，就是明是非、重人伦、敦教化。

（原载于《学习时报》2019年9月27日；合作者：李文文）

如何理解《中庸》的"中"

作为儒家"四书"之一,《中庸》原是《礼记》中的一篇,相传为孔子之孙子思所作。实际上,该篇很可能本来不是一篇,而是西汉时期《礼记》编者根据子思原作加上相关内容编辑而成。朱熹称此篇乃孔门传授心法,自上古圣神继天立极以来,道统之传尽在其中。中庸之道,美妙和谐,辩正深邃,影响着一代又一代的中国人。然而,人们对"中庸"也有不同的理解,不少人以为中庸不过是"折中""调和""没有原则"甚至"和稀泥"的委婉说法。那么,"中"到底是什么?应该怎样理解《中庸》中的那个"中"呢?

一、 在整体中定位

人们知道"中"是指不偏不倚、无过无不及;对于"庸",理解起来则有些困难,《说文解字》说"用也",东汉经学家郑玄也说"庸,用也",说《中庸》"记中和之为用"。可见,中庸之道本质就是用中之学。

评价某人某事"中"或"不中",关键要看评判标准,要看评判的参照。也许有人会讲要具体情况具体对待,然而,当生命面对生活时,要做到"中",应该思考到底什么是最为优先的因素。

《中庸》开篇说:"天命之谓性,率性之谓道,修道之谓教。""天命""性""道""教"都是儒家思想的重要概念。人与人的不同,也许就可以理解为天命的不同,其实这里所指的就是人的先天性情。因为天命不同,所以性格、性情不同,进而优势、劣势不同,处事风格、方式不同等。于是"中"或"不中"就有了一个至高的评断标准,就是要看是否与"天命""天性"相应,是否可以顺性命之正。"天命"是生命的最高追求,人当以此为参照,调整步调,与之相应,此乃《易经》所云"乾道变化,各正性命"。

世间万物，各有各的性命，各有各的价值，各有各的位置，贵在做好自己，找到自己生命的节奏。那么，人真的能够找到自己吗？老子说，自知者明，自胜者强。孔子说，为仁由己，而由人乎哉？感知"天命"，完善自我，意味着要尽力将个体置于天地之间，在整体中定位，这是"大中"。知道自己在整体中的角色，应创造什么样的价值，进而心有所定，计有所守。从我到天、从天到我，从整体到个体、从个体到整体，要挺立属于自我的那个"中"。

二、 在多元交汇中生发

《中庸》说："喜怒哀乐之未发，谓之中。"喜、怒、哀、乐是人之常情。在人生命的起点、在每一次觉醒前、在某些特殊时刻，这些不论是正面的还是负面的情绪还未生发出来时，人心是真正澄澈的平静，即为"中"。

但人非草木，孰能无情，感情、情绪是我们与世界交流的表现。朝霞暮云、寒来暑往，都能引起我们内心情感的摇荡，更不要说人与人之间的血肉联系了。但是情感的抒发、宣泄，不能无度。过度的哀伤，是"哀莫大于心死"；过度的欢喜，也可能"乐极生悲"；过度的表达，可能成为其他人的烦恼。儒家的方式，是用"礼"对过分的行为加以约束。

就本体而言，喜怒哀乐无是无非，在未发之时积蓄能量，成为生发的源泉。人心之动，皆由外物引发。喜、怒、哀、乐，是谓人情；富贵、贫贱，患难、死生，皆为事变。"中"在人情与事变的多元交汇中生发，人们感叹生活复杂，是因为面临的境况多元。要"发而皆中节"，在每个节点表达出最适宜的情感。就内在情感而言，"中"在喜、怒、哀、乐的交汇中生发；就外在情境而言，"中"在时变境迁中表达。在内外交汇之中，贵在知时守位。在多元碰撞中心有所主，在时与位的切换中心有所定。

时与位亦似有"天命"所在。由小到大，由弱到强，由脚下到远方，达到"中和"的境界，天地便各安其位、运转不息，万物各尽其性而生发孕育。"东风无一事，妆出万重花"，春天的风只是飘过，大地便已经姹紫嫣红。《中庸》说"君子而时中"，时是"中"的最佳搭档。在多元交汇中要优先考虑"时",关注时代的背景、自身所处的时空、自己当下的那个"时",这些时的交汇形成时势。在知时的基础上,人明确自己的位,为其所当为。

三、有几分"诚"就有几分"中"

依乎中庸,这是一件很难的事情吗?其实不难。"夫妇之愚,可以与知焉",这是匹夫匹妇也能懂的道理;真的不难吗?很难。"及其至也,虽圣人亦有所不能焉",要做到极致,即便是圣人也有不及。在"难"与"不难"之间,"中庸"或"用中"意味着铺筑一条路,这条道路连接人和天,连接事物的起点与极致。在这个过程中,能有几分"诚",则有几分"中",做到极致方有"中"。《中庸》要我们"择善固执",就是告诉我们"诚外无物"。

诚,源于一种感知。感知什么?感知天地。天,从小处看,不过是一线光明。然而,丝丝光明积聚,就有了无边无际,日月星辰靠它维系,世界万物靠它覆盖。地,从小处看,不过是一撮土而已。然而,一撮撮土聚积,就有了广博深厚,可以担负崇山峻岭,容纳江河湖海,世间万物也由它承载。在天、地之间,人无虚假,又无间断,感知"至诚无息",就能够从一线光明到未来可期。感知到天地的给予,便有了对客观世界的积极认同,进而主动改造个人的主观世界。人们就是这样在给予与认同的情感节奏中诚敬有为。

诚,表达一种思维。至小与至大、至微与至显、至曲折与至光明,其间的联系是一个过程。"择乎中庸,得一善,则拳拳服膺弗失之矣",整个过程以博学、审问、慎思、明辨、笃行为支撑,各个环节各有其"中"。博学之"中"在于学之有所能;审问之"中"在于问之有所知;慎思之"中"在于思之有所得;明辨之"中"在于辨之有所明;笃行之"中"在坚持不懈。这样,任何一个环节都执中、用中,而不是蜻蜓点水与浅尝辄止。方向明确,步伐坚定,这是正途。前途光明,道路可能曲折,在曲折中洞悉光明,诚者自成!

诚,通透一种气象。极致不极端,中正而平和。带着全然的热情却不激进,不显山不露水;全力以赴去做却不急躁,踏着生命的节奏。"知远之近,知风之自,知微之显",至诚之人志存高远,更能脚踏实地;知时知势,知风从何来,当行则行,当止则止。洞悉天地自然规则,更能聚焦于自身修养,于自心之中见天地。气象凝结为气质,于是,《中庸》用"聪明睿知""宽裕温柔""发强刚毅"等言语来表达,同样也可以理解为是为"用中"指引的方向。

(原载于《学习时报》2021年3月26日;合作者:李文文)

如何理解《大学》的"大"

《大学》共有1700余字，论字数，在儒家"四书"中是最小的一部；然而，正如它名字中的"大"所昭示的，它其实是一部非同寻常的"大"书，其中包含了中国的大思维、大格局、大学问。

一、《大学》之"大"，着眼在人

中国文化的最大特点在于它以人为本，把着眼点放在现实社会中的人身上，思考人性与人的价值。人组成社会，就离不开法律与道德的约束，需要人的自觉修身，这便是儒家的理想人格追求。这就是说，社会要和谐，就必须强化人的社会性，知止向善，敢担当、能引领，这就是《大学》所要成就的人。

在儒家的教化思想体系中，人需要理解社会的发展过程，通过具体事物或实践去穷理正心，从而保持和维护良知，唤醒与放大善性，教化与引领人心。真正理解和弄懂"人"的内涵，才能遵守法律与道德。

中华先贤思考人本身，思考在"人心"和"道心"之间如何去把控，思考人类怎样才能更加和睦，社会怎样才能更加和谐，思考人怎样才能成为一个有境界的人。《大学》正是这一宏阔思维的伟大结晶。《大学》之"大"，在于大其体而全其用，在于它阐述了人的价值与意义。《大学》有修己安人、内圣外王的气象，有修身、齐家、治国、平天下的规模。《大学》是一部政治学"巨著"，孙中山称它是"最系统的政治哲学"，把一个人"从内发扬到外"，是"我们政治哲学的知识中独有的宝贝"。

二、"大"是所学，学依"大"起

古代教育有"小学"与"大学"之分。人七八岁入小学，主要学习处事与待人的细节,学习具体的知识;15岁左右入大学,开始了解或理解人心、社会与自然。小学是大学的铺垫,大学确立人的格局。可见,"大学"首先是相对于"小学"而言。

何者为"大"?《说文解字》曰:"天大,地大,人亦大。故大象人形。"人怎样才能立于天地之间?人心应该装得下"古往今来""寰宇四方""家国天下",人因此而大,与天地并立。人唯有在良善本性的光照下,古往今来才有意义,寰宇四方才有温度,家国天下才有价值。

《大学》开篇说:"大学之道,在明明德,在亲民,在止于至善。"这是《大学》的"三纲领",说的是由自身修养开始,放大善性,推己及人,使社会达到至善之境。大学之"大","大"在忠恕之道,"大"在知行合一。大学之"大"在于"明明德",发扬人之光明本性,亘古不变。人有光明本性,天然具有,不假外求。孟子称"恻隐之心,人皆有之",光明本性不是外在的馈赠,我固有之,贵在尽心知性,将此心此性充实而有光辉。大学之"大",本性光明是"大",自觉向上是"大",天生天养之尊贵是"大"。仁、义、忠、信,乐善不倦,是天赐尊爵,德义可贵。

确立了大学之"大端",再读《大学》所说"知止而后有定",知止,即复其心之本然,知至善只在吾心,本性具足,本来光明,不再纷然外求,而后有定,进而能静、能安、能虑、能得。

《大学》所谓"格物、致知、诚意、正心、修身、齐家、治国、平天下"之"八条目",也只是将自己的心体应物随景,廓然而大公,物来而顺应。如"格物"一说,正是于事于物中体认自家心体,我正则物正,我正则事正。万理灿然,足见大人气象之"大"。

同样是人,何以有大有小?只在于自己的选择。追从心志是谓大,盲从耳目是谓小。同样是人,为何有追随的差别?耳目不能思考,追从外物,外物相交于外物,人被诱引迷失。《逸周书》有"耳目役心"之说。耳目役于心,便是顺从自己的心志,不盲从耳目。心与耳目不同,心贵能思,能思则能"中"。立乎大者,从其心志,是谓大人。

三、"大"因学显,因学而"大"

光明本性的发扬光大就是"明明德",就是放大善性。"明德"因学而明，因学而显，因学而大。学者，觉也。所谓善恶，只是觉与不觉，也是学与不学，因学而觉，因学而大。大人之学，亦是大觉之道。

学贵能觉，觉知我本光明。正如孩提之童，无不知爱其亲；年龄稍长，无不知敬其兄，是谓良知良能。不虑而知，不学而能，本性使然。爱其亲，是谓仁；敬其兄，是谓义——皆"明德"也。

我欲仁，斯仁至矣。《大学》引《尚书》，曰"克明德""顾諟天之明命""克明峻德"。克，能也。克明德，显用有德；顾諟天之明命，时常顾及上天赋予的光明本性；克明峻德，能明大德。所谈皆是"自明"，即我能光明。自动、自发是取得卓越成就的源动力；自觉是道德恒久孕育的土壤；自省才可不断觉知与超越；自安的人心如清泉明月；自明方可光照家国天下。

学贵能觉，觉诚而慎独。诚其意是真知行的功夫，"如切如磋，如琢如磨"是专心致志，能觉者不会一日暴之十日寒之。本心本性无大小，人之所见有大小，私欲天天长，就像地上的灰尘，一天不扫便又积了一层，必须踏实用功，愈探愈深，学个明白、通透。慎独，就像自己回家，回归光明本性。切莫走向岔路小道，切莫被荆棘或鲜花牵绊，要目视前方、心无旁骛。

学贵能觉，觉知心体之正，格人心之非。学问之道无他，求其放心而已。千言万语，只是希望人能约束放肆之心，自觉寻向上去，下学而上达。知今是而昨非，知失之易而守之难，不可顷刻失其养。修身在正其心，心正而后身修，喜、怒、哀、乐本体自是中和的，但因人的意念不同，有过与不及的差别，如此便成私欲，有了偏差。把握思想、意志，不意气用事，保持觉知，心有所主。

"大"因学显，言"克明德"，是内圣；因学而"大"，即"作新民"，是外王。成汤王盘铭曰"苟日新，日日新，又日新"，似在洗身，实是洗心，沐浴其身以去其垢，洗濯其心以去其恶。持有光明本性，在明德的浸润下，鼓舞振起作自新之民，开始新的梦想，面对新的担当。

四、由"大"而达，因"学"而通

《大学》言"修身、齐家、治国、平天下"，因"大"而达，因"学"

而通。达于视听言动，通于家国天下。就内而言，诚于中，形于外，正谓"格物、致知、诚意、正心"。仁、义、礼、智根于心，其生色也睟然，见于面，盎于背，施于四体，四体不言而喻；就外而言，通于家国天下，正是"修身、齐家、治国、平天下"。就"我"而言，有内外之分、先后之序，《大学》有一条主线贯穿终始。大由小生成，高由低成就；外在的彰显，源于内在的积淀。希望"明明德于天下"，需要一次次向小处、低处、实处落地，一次次向内聚敛。当小处、低处、实处坚实有力的时候，种子便开始生根发芽，慢慢长出枝叶，开花结果，呈现出繁茂生长的景象。就社会而言，有"我他之别"，然生命之本性是趋向于通的，贵在奉行"絜矩之道"。絜矩，古代的度量工具，象征法度、准则；所谓矩，首先是对自己的要求，这是关键。"己所不欲，勿施于人"，上下、前后、左右均是如此。

《大学》曰："为人君，止于仁；为人臣，止于敬；为人子，止于孝；为人父，止于慈；与国人交，止于信。"上下左右、东南西北，九九归一，回到生命的中心点。这诚如王阳明所言："精神、道德、言动，大率收敛为主，发散是不得已。天、地、人、物皆然。"于生命的中心点，自觉向上，以身从心。在明明德上发扬光大，在良知良能上体认扩充，在"大"的气象中，涵养气质而熏陶德性，学达性天。这便是"大"！

（原载于《学习时报》2020年4月3日；合作者：李文文）

周公之制：《周礼》那些理

说到周礼，你可能会想到它是一部著作，它是作为古代"三礼"之一的《周礼》；也可能会想到它是一种规范，它是西周初年周公制定的礼乐制度。二者实际内在相通，密切关联。《周礼》属于周朝文明的核心内容，周礼影响中国既深且广。

一、《周礼》成书很早，人们却争论很多

《周礼》是儒家的经书，是中国最重要的典籍之一。《周礼》记述国家治理的框架，是社会管理的体系。《周礼》所记为"周之官政"，即周代典章制度。《周礼》本称《周官》，它把全国的官僚机构分成天官、地官、春官、夏官、秋官、冬官六个部分，而且各有职责。天官冢宰主管朝廷及宫中事务，地官司徒主管土地与民事，春官宗伯主管祭祀与礼仪，夏官司马主管兵战与军事，秋官司寇主管刑事与诉讼，冬官司空主管手工与建设。六官又各分设数量不等的官属，形成系统的官僚机构。

《周礼》是先秦典籍，传统以为该书成于周公。后来，人们不相信《周礼》成书这么早，遂出现了许多说法，从西周晚期说、战国儒士说、战国策士说，到成于西汉说、刘歆伪造说，前后时间相差竟长达千年。这也是中国典籍成书时间研究与作者研究的奇观了！

问题的实质还是"周公作《周礼》"是否可靠。疑古思潮盛行时期，不少人力图说明《周礼》不出于周公。但使用的方法存在问题，他们的"疑"往往带有较大的主观性，甚至捕风捉影。如清人杨椿说，"是书非周公作也。疑其先出于文种、李悝、吴起、申不害之徒，务在富国强兵，以攻伐、聚敛为贤"，杨椿的高论因"疑"而发，可是疑古派人竟说自己"真像获得了打开千年铁门的一把钥匙"，由此认为《周礼》是一部"战国法家著作"，

有人则跟着说"《周礼》是一部真正的'杂志'"。

二、周公"制礼作乐",可不是一句空话

清朝以前,人们认为"周之官政未次序"而周公作《周官》,许多典籍也说"周公制礼作乐",这应该不是空穴来风。周公确立了周朝的典章制度和礼乐文明,其中也包括制作《周礼》。

殷周鼎革之际,周公是极其重要的人物。他辅佐武王取得天下,又辅佐成王巩固天下。天下的稳固要依靠建章立制,周公在营建洛邑、分封诸侯之后,着眼于周朝的长治久安,会通前世各代,损益殷商礼制,制定了周朝的政治体制,确立了官职结构,这应该就是今天看到的《周礼》了。

今本《周礼》缺少"冬官司空",后人以《考工记》补充。但《周礼》有严密的体系、严谨的逻辑。《周礼》天地四时的职官设计,反映了设计者的宇宙观,这是朴素的自然哲学。六官的设定,天官象征天所立之官,地官象征地承载万物,四时之官反映自然界春生、夏长、秋收、冬藏在政治中的运用,是农业思想文明的结晶,是早期农业文明的反映。六官职责明确,体系完备,是一个不可分割的整体。

《周礼》记政治和礼仪制度,论述国家体制和官吏职掌。后人称其为"古文先秦旧书",认为是周公"为成王所制官政之法",是"周公致太平之迹"。周朝金文,如赐命礼、职官制度等,显示了《周礼》的重要价值;研究者还发现,《周礼》四分之一以上的职官与西周职官相同或相似,足以证明西周政礼的存在。

三、"梦见周公",正因周公创制

若问孔子最崇拜的人是谁,那一定就是周公!孔子晚年说:"甚矣吾衰也,久矣吾不复梦见周公!"对于周公,孔子可谓魂牵梦绕。后人尊孔子为"至圣",尊周公为"元圣"。曲阜周公庙元圣殿有门联曰:官礼功成宗国馨香传永世,图书象演尼山统绪本先型。门联揭示了孔子与周公的关系,显示了周公对孔子的影响。

孔子生活的时代,周朝典籍尚在。孔子能看到更多的周初历史,使他

有条件"法则周公"。《论语》两次记孔子"入太庙，每事问"。"太庙"即鲁周公庙。对于不懂的礼制、礼仪、文物，孔子实事求是，虚心求教。孔子还到洛邑参观访问，游历了重要政治文化设施，流露出对周朝制度的无限向往，他对周公倾心仰慕，经常引用周公名言，对周公的赞美常常溢于言表。他熟悉周公事迹和"周公之制"，认为"周公之典"就是后世行事的法度。

据《孔子家语·执辔》篇记载，孔子将治国与驾车做比，说："古之御天下者，以六官总治焉。"经细心比较，孔子此处的论述与《周礼》完全呼应。值得注意的是，孔子言其"古"，应该是《周礼》成书时代问题的极重要信息。孔子说的"六官"，正是《周礼》中的冢宰、司徒、宗伯、司马、司寇、司空。将《周礼》六官以及太宰一职的职掌与孔子的论述进行对照，孔子所说的六官的管理体系，正是《周礼》所记载的六官系统。

孔子主张"道之以德，齐之以礼"，在他看来，用缰绳驾车是驾车的最好方式。用刑法做规范，就好比驾车时用鞭子，驾车时不能不用缰绳引导而只用鞭子抽打。怎样"齐之以礼"？孔子的回答是"以德以法"。孔子认为，"善御马"与"善御民"道理一样，古代圣王"以内史为左右手，以德法为衔勒，以百官为辔，以刑罚为策，以万民为马"，故能"御天下数百年而不失"。

关于"以六官总治"，《孔子家语·执辔》记孔子说："冢宰之官以成道、司徒之官以成德、宗伯之官以成仁、司马之官以成圣、司寇之官以成义、司空之官以成礼。"孔子所说的治国思想与方略，正隐含在《周礼》一个个职官分设的背后。这些思想内涵丰富、包蕴精微、纤细缜密、具体生动，令人惊叹不已！

四、《周礼》中的那些理，是中华文明的基础

中国的礼制出现很早，周礼已经具有了很高的水准，所以孔子尊崇周公，推重周礼。周礼是一种人文文化，具有别嫌疑、济变、弭争的功能。中国古代对礼的特征、功能论述已经十分完备。例如《左传·隐公十一年》说："礼，经国家、定社稷、序民人、利后嗣者也。"《礼记·礼器》说："礼也者，合于天时，设于地财，顺于鬼神，合于人心，理万物者也。"孔

子说："夫礼者，理也"，"君子无礼不动"。孔子又说："坏国、丧家、亡人，必先去其礼。"

历史像不断流动的河流，由众多支流汇集而成。周人损益殷商礼制而成周礼。《周礼》是对以往礼制的总结，更是对周朝制度的设计。如果没有此前中华文明漫长发展的广阔背景，《周礼》就难以"经天纬地"，其体系就不会如此庞大而周密。历史上不会存在一个定型的、稳定的、不可变通的周礼，《周礼》的天下治理方略与架构才是它的实质、价值与意义所在。

《周礼》开篇就说："惟王建国，辨方正位，体国经野，设官分职，以为民极。"这些话也见于《周礼》地官、春官、夏官、秋官之开端。从《周礼》的这个"序言"看，制定"六典"缘起于"王"，作者是"代言"，内容属于"王制"。《周礼》以"建国"为起点，它立言的主体是"王"，结合《职方氏》《大行人》，"王"可以看成是周成王。从地理布局看，《周礼》乃针对西周初年的实际，政治核心是千里王畿，王之所建为"国"，环绕在"国"附近的是"乡"。可见，《周礼》的重要性不仅体现在其文献和制度价值上，更体现在它内在的政治思想文化意义。

周公作《周礼》，《周礼》就成为周朝政治的根本大法，"先君周公制周礼"也就成了周人的口头禅。作为制度，《周礼》与周朝的仪规、法度、道德、规则在内，共同构筑了中国礼乐文明的大厦。厘清《周礼》的成书年代，了解《周礼》的性质，也有助于理解中国古代文明的发展水平，了解中国文化的高度与深度。

（原载于《学习时报》2018年11月30日）

《孔子家语·执辔》篇与《周礼》可靠性问题

在中国文化的典籍之中，无论是《孔子家语》还是《周礼》，在关于所谓作者与成书年代问题上，都曾存在极大争议。即使在疑古思潮盛行的时期，除了少数极端的疑古论者，学术界大多还是隐约看到了它们的价值。但是，其价值究有几何，却未必符合实际。

宋代以来，《孔子家语》一书曾长期被疑为王肃伪作，甚至被认为是"赝之中又有赝焉"[①]。稍后，虽有学者对王肃伪造说提出质疑，然而，以疑辨风气所趋，并没有得到应有的响应。近几十年来，随着学术风气的转向，特别是相关出土简帛陆续问世，人们由此重新认识《孔子家语》的问题。而今，许许多多的学者都深感《孔子家语》的价值实在不容低估。

《孔子家语》是关于孔子言行、思想的珍贵文献，也包含诸多关于古籍成书问题的重要信息。其中《执辔》篇就透露了关于《周礼》成书年代的极其重要的信息，值得引起学界足够的注意。

一

《执辔》篇的前半部分是记孔门弟子闵子骞向孔子问政时，孔子关于治国主张的论述。在该篇中，孔子十分强调"德法"，也就是强调德治。这些认识，与其他资料中所显示的孔子治国思想是完全合拍的。

在《执辔》篇中，孔子开门见山地提出为政治国应当"以德以法"，认为"德法者，御民之具"，即把"德法"看作治国的根本。需要指出的是，这里的"法"是"礼法"之"法"，有法则、法度、规章之义，与今天所说的"法制"之"法"有所区别，故孔子将"德法"与"刑辟"对举。

[①] 顾颉刚先生语，参见顾颉刚、王煦华：《孔子研究讲义·按语》，《中国典籍与文化论丛》（第7辑），北京：北京大学出版社，2002年。

孔子是典型的德治论者，而《执辔》篇所反映的同样如此。他把治国形象地比喻为驾车，而把德法看作统御人民的工具："夫德法者，御民之具，犹御马之有衔勒也。君者，人也；吏者，辔也；刑者，策也。夫人君之政，执其辔策而已。"接着，他又结合对"古之为政"的论述，具体阐述了他对德、法关系的认识，其荦荦大端有：

第一，治国者不可不有"德法"与"刑罚"。

在《执辔》篇中，孔子以"辔"喻吏，以"策"喻刑，指出：作为君主，应只不过是"执其辔策而已"；古代的天子即是如此，他们以内史为左右手，以德法为衔勒，以万民为马，从而执其辔策"御天下数百年而不失"。在此，孔子虽没有特别强调刑罚，但也没有忽视、放弃刑罚。在他看来，"善御马者"的前提之一就是"齐辔策"，策即是刑，因此刑罚不可不有——当然，只是作为德法的补充而出现。《孔子家语·刑政》篇记载孔子说："太上以德教民，而以礼齐之。其次以政焉导民，以刑禁之，刑不刑也。化之弗变，导之弗从，伤义以败俗，于是乎用刑矣。"表明刑罚之用乃以德法为前提，只能施用于愚顽不化、不守法度的人。

第二，盛德薄刑而天下治。

在孔子看来，"善御马者"，应将重点放在"均马力，和马心"上面，这样才有可能收到"口无声而马应辔，策不举而极千里"的功效。与之相应，善御民者应将重点放在德法上面，他指出："善御民者，壹其德法，正其百官，以均齐民力，和安民心，故令不再而民顺从，刑不用而天下治。"

孔子重视德治，倡导以礼为国，主张先礼后刑、盛礼薄刑。这在其他文献中也有反映。《孔丛子·刑论》记述孔子弟子冉雍向老师请教古今"刑教"的差别，孔子回答说："古之刑省，今之刑繁。其为教，古有礼，然后有刑，是以刑省；今无礼以教而齐之以刑，刑是以繁。"在他看来，对民众进行教化，统治者首先应当为政以礼。为政以礼就是崇德，就是建立德行，以德待民。凡是安人、安国、安天下，都应当首先修己，这样才能使臣以礼、使民以时。统治者以"德"训民，上行下效，作奸犯科的人就会大量减少。如果民众不明礼仪，是非不分，而上层管理者却只靠强力压制，结果只会徒增刑罚，却无益于治国安邦。

这一点与《论语·为政》篇所记"道之以政，齐之以刑，民免而无耻；

道之以德,齐之以礼,有耻且格"的思想内涵完全一致。

第三,治国而无德法则民无修。

孔子认为,治国者不可丢弃德法而专用刑罚,这样就会造成非常严重的后果。《执辔》篇记孔子的话说:"不能御民者,弃其德法,专用刑辟,譬犹御马,弃其衔勒而专用棰策,其不制也可必矣。夫无衔勒而用棰策,马必伤,车必败;无德法而用刑,民必流,国必亡。治国而无德法,则民无修。民无修,则迷惑失道。"孔子的阐述可谓既形象又富有历史的逻辑性。

《孔丛子·刑论》的记述也可以与之印证。《尚书·康诰》中有"兹殷罚有伦"之语,有弟子向孔子请教此言何指,回答是"不失其理之谓也"。在孔子看来,为政治国应当法令一致,刑狱适当,不可随意处置。一个好的执法者应当慎重对待刑狱,尽量广施教化,注意防止犯罪,使人们远离刑狱,从根本上杜绝刑狱。因而孔子又说:"古之知法者能远,能远者止其源而以礼教先之。今之知法者不失有罪。不失有罪,其于怨寡矣;能远则于狱其防深矣。寡怨近乎滥,防深治乎本。《书》曰:'维敬五刑,以成三德。'言敬刑所以为德也。"与《执辔》篇所记显然是相应、一致的。

此外,《孔子家语·执辔》篇的内容、思想还与诸多孔子、儒学文献皆存在密切关系。① 概而言之,该篇所揭示的孔子德法为治的思想,与其整体的治国思想完全相应、一致,无疑应是一篇重要、可靠的孔子儒学文献。

二

在以上论述中,本文征引了《孔丛子》的部分材料。然而,在一些传统观点中,《孔丛子》亦为伪书,果如是,此处就有"以伪证伪"之嫌,因此,尚有必要一提此书的可靠性问题。

该书共二十一篇,旧题孔鲋撰,记述了孔氏家族从孔子到孔鲋数代人物的言行。由于《汉志》不著其书,加之书中有明显的舛误,故宋代以来不少人不信其真,近人更多认定其书为汉魏时期的王肃所伪造。其实,问题绝没有如此简单。该书涉及孔氏家族人物前后九代,历时二三百年。宋

---

① 详见杨朝明:《〈孔子家语·执辔〉篇与孔子的治国思想》,《儒家文献与早期儒学研究》,济南:齐鲁书社,2002年。

人宋咸在《注孔丛子序》中谈到了他对《孔丛子》成书问题的看法，他认为该书是孔子之孙孔鲋在秦末所撰，其名曰《孔丛子》，是因为"言有善而从聚之也"。至于后面的《连丛子》上、下篇，则是汉武帝时期的太常孔臧以其所为赋与书结集而附益的结果。

黄怀信先生曾对《孔丛子》进行专门研究，也发现该书是所谓"伪书"的说法并不可靠，进而认为其中所记孔子、子思、子高的部分均有原始材料，其文字基本上是采集旧材料或据旧材料加工而成，子顺以下的材料则基本上属于直接编撰。① 事实上，将该书的每一部分与相关资料认真比较研究，应该承认这种观点是正确的。

在传统的疑辨古书过程中，由于古代学术、文献之间的密切联系，对古书真伪、可靠性的判定往往呈现"一伪俱伪"，最终导致近乎无书可读的局面。由此反过来讲，如果一种传统的"伪书"被证实为真，也应反证与其密切相连的其他文献绝非断然的伪作，至少为其真实、可靠性提供一种正面的参照。

《孔丛子》与《孔子家语》即是如此，《孔子家语》与《周礼》也应是如此。在《孔子家语·执辔》篇中，最值得注意的是孔子有关古代"以六官总治"的论述，这一部分论述与《周礼》相应，既是本篇撰作时间方面的一个重要信息，也是《周礼》成书年代的重要参照，其文献价值自不待言。在这段文字中，孔子同样将治国与驾车作比，称古代御天下的天子与三公一起"以内史为左右手，以六官为辔"，从而注重德法，考课官吏，治理国家。这里的记载与前面的部分是相应的。孔子所说的"六官"即是《周礼》中的冢宰、司徒、宗伯、司马、司寇、司空。将《周礼》六官以及太宰一职的职掌与孔子的论述相对应的部分一一对照，不难发现他们之间的内在联系。

---

① 黄怀信：《〈孔丛子〉的时代与作者》，《西北大学学报》（哲学社会科学版）1987年第1期。

《周礼》六官	《周礼》太宰	《孔子家语·执辔》论述"以六官总治"		
乃立天官冢宰,使帅其属而掌邦治,以佐王均邦国。治官之属……	一曰治典,以经邦国,以治官府,以纪万民。	冢宰之官以成道。	以之道,则国治。	官属不理,分职不明,法政不一,百官失纪,曰乱。乱则饬冢宰。
乃立地官司徒,使帅其属而掌邦教,以佐王安扰邦国。教官之属……	二曰教典,以安邦国,以教官府,以扰万民。	司徒之官以成德。	以之德,则国安。	地而不殖,财物不蓄,万民饥寒,教训不行,风俗淫僻,人民流散,曰危。危则饬司徒。
乃立春官宗伯,使帅其属而掌邦礼,以佐王和邦国。礼官之属……	三曰礼典,以和邦国,以统百官,以谐万民。	宗伯之官以成仁。	以之仁,则国和。	父子不亲,长幼失序,君臣上下,乖离异志,曰不和。不和则饬宗伯。
乃立夏官司马,使帅其属而掌邦政,以佐王平邦国。政官之属……	四曰政典,以平邦国,以正百官,以均万民。	司马之官以成圣。	以之圣,则国平。	贤能而失官爵,功劳而失赏禄,士卒疾怨,兵弱不用,曰不平。不平则饬司马。
乃立秋官司寇,使帅其属而掌邦禁,以佐王刑邦国。刑官之属……	五曰刑典,以诘邦国,以刑百官,以纠万民。	司寇之官以成义。	以之义,则国义。	刑罚暴乱,奸邪不胜,曰不义。不义则饬司寇。
	六曰事典,以富邦国,以任百官,以生万民。	司空之官以成礼。	以之礼,则国定。	度量不审,举事失理,都鄙不修,财物失所,曰贫。贫则饬司空。

  《周礼》原称《周官》,是关于周代官制、典志、礼法的最重要文献,包含着中国古代文明,尤其是周代礼乐文明的大量核心信息。关于《周礼》的真伪及成书年代问题,学术界的看法存在重大分歧。其中原委,贾公彦《序周礼废兴》指出:

  《周官》,孝武之时始出,秘而不传。《周礼》后出者,以其始皇特恶之故也。是以《马融传》云:"秦自孝公已下,用商君之法,其政酷烈，与《周官》相反。故始皇禁挟书，特疾恶，欲绝灭之，搜求焚烧之独悉，是以隐藏百年。孝武帝始除挟书之律，开献书之路，既出於山岩屋壁，复入于秘府，五家之儒莫得见焉。至孝成皇帝，达才通人刘向、子歆，校理秘书，始得列序，著于录略。然亡其《冬官》一篇，以《考工记》足之。时众儒并出共排，以为非是。唯歆独识，其年尚幼，务在广览博观，又多锐精于《春秋》。末年，乃知其周公致太平之迹，迹具在斯。"①

据学者归纳，《周礼》成书有为周公手作说、作于西周说、作于春秋说、作于战国说、作于周秦之际说、刘歆伪造说等。近来，又有学者论证《周礼》成书于西汉初年。② 需要指出的是，大致而言，关于《周礼》成书于春秋以后的诸多观点实际是与"伪书说"相应的。

应当看到《周礼》"伪书说"的形成，极为复杂，既源于其现世较晚，未有著录，又与宋代以降疑经之风、近代以来疑古辨伪思潮密切相关，甚至还与北周、北宋时期的政治实践存在千丝万缕的联系。尽管如此，《周礼》的文献价值却又着实难以否定。杨向奎先生曾说："《周礼》今文家视为伪书，乃不足道者；康有为出，此说大盛；疑古派出，《周礼》遂无人齿及。实则此乃冤案，冤案不解，将使中国失去一资料丰富的文化宝库。"③ 李学勤先生更明确指出："实际上，凡是研究中国古代历史文化的学者，不管对《周礼》如何诟病，他们的作品总是在不同程度上引据《周礼》，罕有例外。"④ 这种悖论的背后，其实就是《周礼》真实存在、不容忽视的文献价值。

综上，我们可以清楚地看到，孔子所说的六官管理之法正是以《周礼》六官系统为依据的。其间虽然没有明确提到《周礼》一书的名字，但《周礼》、周官的格局、规模已经隐然呼之欲出。因此，如果《孔子家语·执辔》篇的材料没有问题，那就可以说明《周礼》材料、成书的时间应当远在孔子之前。特别是《孔子家语·执辔》篇所述的"以六官总治"，据孔子称乃是"古之御天下"的情形。孔子生于春秋末年，实际属于东周中前期，

---

① [汉]郑玄注、[唐]贾公彦疏：《周礼注疏》，[清]阮元校勘《十三经注疏》（第3册），台北：台湾艺文印书馆，2007年，第7页。
② 参见彭林：《〈周礼〉主体思想与成书年代研究》，北京：中国人民大学出版社，2009年。
③ 杨向奎：《宗周社会与礼乐文明》，北京：人民出版社，1992年，第285页。
④ 李学勤：《失落的文明》，上海：上海文艺出版社，1997年，第361页。

则孔子所谓"古",至晚亦属于西周时期的情形。因此,《周礼》成书于西周的可能性极大。

近年来大量的出土文物,尤其是金文资料,似乎都在不断证明着《周礼》的早出。有学者看到,《周礼》中有不少古字古义,与甲骨文、金文相同,在文物研究中,《周礼》的内容也得到了越来越多的印证。最有启示意义的是,有学者在整理西周金文职官资料时,发现西周金文中的职官有许多与《周礼》所记相合,他们甚至认为,要想了解西周金文中的职官,"无法脱离《周礼》一书"。① 还有一类情况,即墓葬发掘中发现的一些现象,竟然只有参照、依靠《周礼》才能加以解释。这一点,实际佐证了《孔子家语·执辔》篇对《周礼》成书问题的参照意义。

此外,如果考虑自西汉以来,刘歆、郑玄、贾公彦、孙诒让等《周礼》研究最精深的学者,概以《周礼》为周公所作,就更令我们不得不重新、认真地估价、掂量其中的内涵与分量。

三

清末,康有为主要从政治角度考虑,提出孔子等古人"托古改制"之说。在嗣后的疑古辨伪活动中,这一观念与疑辨古书紧密结合,被发挥到了极致甚至泛滥的程度。事实上,"托古改制"固有不免,但古人更多的是即事言理,其所述古事、古道,自具体事实而言或有不合,但由通性真实角度而言却往往大致可靠,具有珍贵价值。

例如,周秦西汉典籍中多有春秋、战国时关于"古之制""古之道"的记载和论述。经过初步检论,这些言论往往包含关于古代制度、思想的重要内容,意义可谓重大。这些典籍,有《春秋左传》《国语》《孔子家语》《礼记》《论语》《淮南子》等,按当下通行观点,都是可信度较高的古籍。而叙述此类言论的人物,有圣贤、卿相、大夫及其书作者等,属于当时受教育程度最高、最博学多闻的一群人,故其言亦应有较高的可信性、权威性。现略分类列举如下。

第一,君主之道、之制类。

---

① 张亚初、刘雨:《西周金文官制研究》,北京:中华书局,1986年,第112页。

《春秋左传·隐公五年》：

（隐）公将如棠观鱼者。臧僖伯谏曰："凡物不足以讲大事，其材不足以备器用，则君不举焉。……春蒐夏苗，秋狝冬狩，皆于农隙以讲事也。三年而治兵，入而振旅，归而饮至，以数军实。昭文章，明贵贱，辨等列，顺少长，习威仪也。鸟兽之肉不登于俎，皮革齿牙、骨角毛羽不登于器，则公不射，古之制也。"

第二，君臣之道、之制类。

1. 《春秋左传·僖公二十三年》：

（狐突）对曰："子之能仕，父教之忠，古之制也。"

2. 《春秋左传·文公十五年》：

诸侯五年再相朝，以修王命，古之制也。

3. 《国语·楚语上》：

（范无宇）对曰："……地有高下，天有晦明，民有君臣，国有都鄙，古之制也。"

第三，君主继承之制、立太子之制类。

1. 《春秋左传·闵公二年》：

晋侯使大子申生伐东山皋落氏。里克谏曰："大子奉冢祀，社稷之粢盛，以朝夕视君膳者也，故曰冢子。君行则守，有守则从。从曰抚军，守曰监国，古之制也。"

2. 《春秋左传·襄公三十一年》：

穆叔……曰："大子死，有母弟则立之，无则长立。年钧择贤，义钧则卜，古之道也。"

3. 《礼记·檀弓》：

（子服）伯子曰："仲子亦犹行古之道也。昔者文王舍伯邑考而立武王，微子舍其孙腯而立衍也。夫仲子亦犹行古之道也。"

4. 《淮南子·氾论训》：

古之制，婚礼不称主人，舜不告而娶，非礼也。立子以长，文王舍伯邑考而用武王，非制也。

第四，诸侯、卿大夫之制、之道类。

1. 《春秋左传·成公三年》：

（臧宣叔）对曰："次国之上卿当大国之中，中当其下，下当其上大夫。小国之上卿当大国之下卿，中当其上大夫，下当其下大夫。上下如是，古之制也。"

2.《国语·鲁语上》：

鲁饥，臧文仲言于庄公曰："…今国病矣，君盍以名器请籴于齐？"公曰："谁使？"对曰："国有饥馑，卿出告籴，古之制也。"

第五，后宫、内室之制类。

《国语·鲁语下》：

（文伯之母）叹曰："…王后亲织玄紞，公侯之夫人加之以纮、綖，卿之内子为大带，命妇成祭服，列士之妻加之以朝服，自庶士以下，皆衣其夫。社而赋事，蒸而献功，男女效绩，愆则有辟，古之制也。"

第六，国都、邑城之制类。

1.《国语·楚语上》：

（范无宇）对曰："…地有高下，天有晦明，民有君臣，国有都鄙，古之制也。"

2.《孔子家语·相鲁》：

孔子言于定公曰："家不藏甲，邑无百雉之城，古之制也。"

第七，孝悌之道类。

1.《孔子家语·正论解》：

孔子曰："昔者，有虞氏贵德而尚齿，夏后氏贵爵而尚齿，殷人贵富而尚齿，周人贵亲而尚齿。……七十杖于朝，君问则席；八十则不仕朝，君问则就之，而悌达乎朝廷矣。其行也，肩而不并，不错则随，斑白者不以其任于道路，而悌达乎道路矣。居乡以齿，而老穷不匮，强不犯弱，众不暴寡，而悌达乎州巷矣。古之道，五十不为甸役，颁禽隆之长者，而悌达乎蒐狩矣。"

2.《礼记·祭义》记载与此基本相同。

由所涉人物而言，出言者皆为博学、受过当时高等教育之人。第六类第二条，第七类第一、二条之孔子无须多言；第一类第一条之臧僖伯，第二类第一条之狐突，第三类第一条之里克、第二条之穆叔，第四类第一条之臧宣叔、第二条之臧文仲，第二类第三条之范无宇，皆是当时各诸侯国之名卿大夫；第五类第一条之文伯之母为卿大夫之母，乃贵族女子；第二类第二条，出自《春秋左传》作者，按一般观点，应为左丘明。在当时的社会背景下，他们都堪称是最精英的知识阶层。

又，考察周代贵族子弟所受教育，古事、典制、古训等均占重要地位。以楚国太子教育制度而论，据《国语·楚语上》：

> （申叔时）曰："教之春秋，而为之耸善而抑恶焉，以戒劝其心；教之世，而为之昭明德而废幽昏焉，以休惧其动；教之诗，而为之导广显德，以耀明其志；教之礼，使知上下之则；教之乐，以疏其秽而镇其浮；教之令，使访物官；教之语，使明其德，而知先王之务用明德于民也；教之故志，使知废兴者而戒惧焉；教之训典，使知族类，行比义焉。"

太子所受教育的内容，若春秋、世、语、故志、训典等，多与前言往行、典制古训等有关。其他贵族子弟教育的内容也应与此相类。可以想见，这些名卿大夫，包括他们的配偶、母亲等，对古代的史事、制度、训语等，均是极为熟悉的。可以说，这些材料是大家共有的文化资源，是彼此熟知的知识，自然也会在讨论、辩论时成为权威的论据。故其真实性、权威性、可靠性毋庸置疑。

由前引文可见，所谓"古之制"，多属于礼制的范畴，而所谓"古之道"，则多属于古训的范围。而此二者，皆需要长久的时间，反复地锻炼、凝成，故由此可见中国古代文明的深厚根源和底蕴。此外，典籍中常见的"先王之制""先王之道""古训有之"，等等，实际亦属于同类。其中，与本文主题相关，特别值得注意的是，有《春秋左传·昭公十七年》所记的郯子论述的"少皞氏以鸟名官"问题：

> 秋，郯子来朝，公与之宴。昭子问焉，曰："少皞氏鸟名官，何故也？"郯子曰："吾祖也，我知之。昔者黄帝氏以云纪，故为云师而云名；炎帝氏以火纪，故为火师而火名；共工氏以水纪，故为水师而水名；大皞氏以龙纪，故为龙师而龙名。我高祖少皞挚之立也，凤鸟适至，故纪于鸟，为鸟师而鸟名。凤鸟氏，历正也；玄鸟氏，司分者也；伯赵氏，司至者也；青鸟氏，司启者也；丹鸟氏，司闭者也。祝鸠氏，司徒也；雎鸠氏，司马也；鸤鸠氏，司空也；爽鸠氏，司寇也；鹘鸠氏，司事也。五鸠，鸠民者也。五雉，为五工正，利器用、正度量，

夷民者也。九扈为九农正，扈民无淫者也。自颛顼以来，不能纪远，乃纪于近，为民师而命以民事，则不能故也。"

黄帝"以云纪"，炎帝"以火纪"，共工"以水纪"，大皞氏"以龙纪"，以及少皞氏"以鸟名官"既与其他文献相应，彼此之间也相互照应，透露出上古时代图腾制的史影。因此，可以认定，郯子的这段论述的确有显著的古老性与可靠性。

其中，少皞氏的五氏分官，更与《周礼》六官分治、《孔子家语·执辔》篇所谓"六官总治"大致相应。如祝鸠氏，明确可对应《周礼》地官司徒；雎鸠氏，对应夏官司马；鸤鸠氏，对应冬官司空；爽鸠氏，对应秋官司寇；鹘鸠氏司事，近于冬官司空，虽看似与前鸤鸠氏职守重合、抵牾，实际恰反映当时官制、职守的原始性与真实性。

如果与《周礼》六官比照而观，恰可印证孙诒让之言："粤昔周公，缵文武之志，光辅成王，宅中作洛，爰述官政，以垂成宪，有周一代之典，炳然大备。然非徒周一代之典也，盖自黄帝、颛顼以来，纪于民事以命官，更历八代，斟酌损益，因袭积累，以集于文武，其经世大法，咸粹于是。"[1]

更引人深思的是，孔子在听闻这段论述后，立即"见于郯子而学之"，并"既而告人曰：'吾闻之，天子失官，学在四夷，犹信'"。可见，孔子对政治管理中的官制、职守等问题有所关注，而《孔子家语·执辔》篇所论绝非无源之水、无本之木。

总而言之，孔子了解并熟悉《周礼》的内容、结构与内涵，可见此书在西周时代就应成书、存在的。孔子自称祖述尧舜，宪章文武，特别推重周公，亲近周代礼乐文明，当与其对《周礼》的研习、思考存在密切关系。由此可见，刘歆、郑玄、贾公彦、孙诒让等所持的《周礼》为周公所作说尚值得认真考虑、品量。

（原载于杜泽逊主编《儒家文明研究》，山东大学出版社2015年版；合作者：崔海鹰）

---

[1]［清］孙诒让：《周礼正义·序》，王文锦、陈玉霞点校《周礼正义》（第1册），北京：中华书局，1987年。

《孔子家语》对荀学研究的意义

在荀子研究中，有一个还没有引起人们注意的问题，这便是"荀子与《孔子家语》的关系"。这一问题包括相互联结的两个方面：其一，在《孔子家语》的流传过程中，荀子起着非常关键的作用，因为是荀子把《孔子家语》带到秦国，才让该书得以流传下来；第二，在《荀子》中，有不少内容与《孔子家语》一致，这促使我们思考《荀子》材料的所谓"真伪"问题，重新认识《荀子》所体现出来的荀子学说。《孔子家语》长期以来被视为"伪书"，掩盖了该书对于包括荀学在内的早期儒学研究的重大意义。在《孔子家语》的重要价值得以重新认识的今天，认真研究荀子与该书的关系，荀学研究或许能开出一个新的局面。

一、荀子与《孔子家语》关系的"发现"

在近三十年来的早期儒学研究方面，《孔子家语》"伪书说"的破除是一件重大事项，这不仅是一部历史文献由"伪"而"真"的学术认识过程，更为重要的是《孔子家语》丰富的内容及其对孔子、儒学与中国传统文化研究产生的重大意义。当我们梳理《孔子家语》的早期流传过程时，忽然发现了荀子与《孔子家语》的特殊关联，由此引发了我们的思考。

孔安国是今本《孔子家语》的整理者，他在《孔子家语·后序》中记述了《孔子家语》成书及早期流传的历史。根据孔安国《孔子家语·后序》的叙述，《孔子家语》成书后，其流传经过了以下几个重要环节。

第一，战国之世，孟子、荀卿守习儒学，《孔子家语》可能传本不一。荀子等人所"习"，应该就包括《孔子家语》的一些内容。

第二，荀卿入秦，昭王从之问儒术，荀子以"孔子之语及诸国事、七十二弟子之言，凡百余篇"献秦昭王，"由此秦悉有焉"；《孔子家语》本来与诸子同列，后来在秦始皇焚书时竟然得以幸免。

第三，刘邦灭秦，他们得到这些材料。《孔子家语·后序》说是"悉敛得之，皆载于二尺竹简，多有古文字"，后为吕后取而藏之。

第四，吕氏被诛亡以后，《孔子家语》散入民间。可能有的拥有其中的个别篇章，有的也相互传抄，遂出现了《孔子家语》的多种传本。

第五，汉景帝末年募求天下书，得吕氏所传《孔子家语》。据描述，这些《孔子家语》材料"与诸国事及七十子之辞妄相错杂"，在分辨不清的情况下，又"与《曲礼》众篇乱简合而藏之秘府"。

第六，孔安国仕于京师时，他"因诸公卿大夫，私以人事募求其副，悉得之，乃以事类相次，撰集为四十四篇"。

由以上可见，今本《孔子家语》乃孔安国通过私人关系抄录的"副本"，而且他进行了分类编次，后来孔衍"奏言"所说孔安国"撰次"《孔子家语》（《文献通考·经籍考·经部》）也是指的这一事情。孔安国的本子取自汉初流传的材料，这些材料来自刘邦灭秦时所得，孔安国对所见材料的描述非常真切："皆载于二尺竹简，多有古文字。"这样的描述非亲见而不能。

从孔安国《孔子家语·后序》的内证看，该序出于孔安国本人应该没有任何问题，学术界的研究也证实了这一点。因此，孔安国描述的荀子与《孔子家语》的关系就十分值得关注了，因为了解了《孔子家语》与荀子的关系，无论对于研究荀子其人还是研究《荀子》其书，都具有很重要的意义。

二、从《孔子家语》看荀子的学术传承

荀子在秦昭王时期到了秦国，秦昭王向他请教"儒术"，于是荀子将包括《孔子家语》在内的"孔子之语及诸国事、七十二弟子之言，凡百余篇"交付秦国。关于荀子与秦昭王的关系，《荀子》中有不少记载。荀子与秦昭王的关系启示我们思考荀学的相关问题。例如，荀子学术思想的来源与思想倾向，从《荀子·非十二子》看，他批评各家，那么，荀子一再提及的"子弓"到底是何人？以前，有人认为他是孔子的弟子子夏的弟子馯臂子弓。人们认定荀子与子夏之间有学术上的密切联系，由于材料的缺乏，故

难见"子弓"学说的特征。

其实，荀子与子夏的差异是比较明显的，更何况荀子明确批评了子夏，并称其为"子夏氏之贱儒"。这里所说的"子弓"如果为子夏的弟子，似乎还是扞格不通，因为如果这个传承的统绪成立，而且馯臂子弓就是《荀子》中所说的"子弓"，那么，荀子推崇孔子、子弓，很不应该唯独对子夏以"贱儒"相称。另外，子夏传经，研究经义，注意发掘经文的微言大义，这与荀子有明显不同。

如果充分利用《孔子家语》，我们可以对子夏与仲弓的关系有更为清楚的理解。《荀子》所说"子弓"是否就是仲弓，历史上曾经有过争论。从孔子思想到荀子思想的过渡，仲弓在其中扮演着一个重要的角色，这其中最为重要的材料是《孔子家语》的《刑政》篇。该篇记述孔子与弟子仲弓之间的对话，谈论的是刑罚与政教问题，故以"刑政"名篇。本篇的记载部分略见于《礼记·王制》，但本篇更显完整系统。孔子政治思想的特征是"德主刑辅"。孔子主张德政，但也不排斥刑罚，认为"为政以德"是政治的根本，刑罚是德政的必要补充。《刑政》篇中所记述的孔子关于刑罚的论述，闪烁着孔子政治思想的智慧之光。另外，《刑政》专门记述了孔子与仲弓的对话，显示了仲弓的思想倾向，从中很容易发现仲弓与荀子的思想极为相似。

上博竹书《中弓》提供了研究荀子、仲弓学术的宝贵材料，该篇内容属于孔子与仲弓对话的记录，是先秦时期的语录体文献，该篇简文第十六枚简背有"中弓"二字，这应该是本篇的标题，本篇可以称为《中弓》或《仲弓》，该篇与《论语》的相同、相通，昭示了该篇资料的宝贵。我们梳理该篇提供的学术信息，发现荀子与仲弓在思想上极为相似。孔子称赞仲弓（冉雍）的政治才能，认为像仲弓这样的贤才必须推举出来。孔子重视仲弓，主要在于政治方面，他的这一政治思想的特征又恰与荀子合拍。例如，《论语·雍也》记载说："仲弓问子桑伯子，子曰：'可也简。'仲弓曰：'居敬而行简，以临其民，不亦可乎？居简而行简，无乃大简乎？'子曰：'雍之言然。'"对仲弓"居敬行简"的思想，孔子表示完全的赞同，这与孔子、荀子的礼法思想有相通之处。荀子的政治主张，显然继承了孔子的礼、法结合的思想。在孔子这种思想的影响下，荀子思想同样呈现出了所谓

"礼法并重"的特征。①

《荀子》与《孔子家语》相同、相通的大量材料更值得特别关注。如何认识这一问题,在荀学研究中具有举足轻重的意义,因为它涉及对《荀子》"真伪"乃至荀子思想体系的不同认知和理解。也就是说,《孔子家语》与《荀子》具有的内在关联,在研究荀子的学术思想时,不宜舍弃荀子中的部分材料,否则就会失去一些重要材料,甚至有可能造成认识上的偏颇乃至错误。

《荀子》在开始时可能各自单篇流行,这些篇章绝大多数出自荀子本人所著,也有荀子所整理、纂集的一些资料,还有荀子后学记录的荀子言行。现在,人们大都认识到了《荀子》多数篇章的可靠性。在《荀子》中遭到怀疑最多的,集中在《赋篇》或者《大略》以后各篇,尤其是与《孔子家语》联系密切的各篇,这些篇章主要包括《宥坐》《子道》《法行》《哀公》《尧问》五篇。如唐朝学者杨倞认为,这些为荀卿及弟子所引记传杂事,因此总结起来放在后面。他的看法很具有代表性。学者认为这五篇成篇较晚,甚至以其为"汉代荀子之徒所纂集"②,从而否定了这几篇与荀子的关系。

其实,按照我们的理解,这些材料如果没有经过荀子的整理,或者没有被荀子反复利用过的话,荀子后学是不会将其与荀子联系到一起的。1973年,河北定县汉墓出土了大批竹简,考古学家从中整理出的古籍中,有《哀公问五义》一种,见于《荀子·哀公》,有被定名为《儒家者言》的一种,其中"子贡问为人下"一章见于《荀子·尧问》。据推断,该墓主人为卒于西汉宣帝五凤三年(公元前55年)的中山怀王刘修。这些内容与《荀子》相同的著作在西汉年间的流行,告诉我们不能后估《宥坐》等五篇的纂辑年代。③

能够印证这五篇之重要的是《孔子家语》。以前,人们以《孔子家语》为伪书,丧失了荀子研究的重要文献。而今,对于《孔子家语》的价值,学界已经有了清楚的认识,这对于《荀子》成书问题的研究同样具有重大

---

① 杨朝明:《从孔子弟子到孟、荀异途——由上博竹书〈中弓〉思考孔门学术分别》,《齐鲁学刊》2005年第3期。
② 金德建:《古籍丛考》,北京:中华书局,1941年。
③ 廖名春:《荀子新探》,台北:文津出版社,1994年。

意义。将《孔子家语》与《荀子》进行比较,很容易发现二者相互联系的篇章不少。其中,数量较大、篇幅较多的集中在《荀子》的《大略》《宥坐》《子道》《法行》《哀公》《尧问》《仲尼》等篇,其中与《孔子家语》相对应者,其中都有大段互见材料。

对《孔子家语》与《荀子》的相通和相同,清朝学者进行过细致比对,如陈士珂将《孔子家语》与其他典籍相关材料逐一列举,证明《孔子家语》的材料都有一定的根据,并非后人伪造。今有学者将《孔子家语》与《荀子》互见相应的材料进行梳理、分析,也认为"这几篇的文章体例与前面长篇大论的众篇不同,其中有许多早于荀子的人物间相互问对的记载,且相关《荀子》各篇大多晚于《孔子家语》,因此后几篇为荀子引用既有材料的观点是可信的"[1]。这样看来,《荀子》一书的可靠性应是没问题的。《荀子》与《孔子家语》的这种关系,也旁证了前揭杨倞之言及孔安国《孔子家语·后序》对荀子传播《孔子家语》的记载。从这种意义上说,《荀子》中有《孔子家语》的材料,不仅不能说明《荀子》之"伪",反倒应该是《荀子》可靠的一个重要证据。

三、 从《孔子家语》看荀子的思想特征

长期以来,人们站在"正统"儒家的立场上对于荀子及其学说进行批评。汉朝扬雄就自称与荀子"与见同门而异户",批评荀子以"诡言"非难子思、孟子之学。唐朝乃至明清,人们尊奉思、孟学说为儒学正统,质疑和贬抑荀学。实际上,正如荀子本人所忧虑的,人们往往"蔽于一曲而暗于大理"(《荀子·解蔽》)。如果说孔子儒学中的核心观念是"仁"与"礼"的话,那么作为孔子后学的孟子和荀子则分别承袭和侧重于不同的向度扩充和发展,使得儒学的内涵更加丰满。后世学者们一味地褒扬孟子而贬抑荀子,恰恰反映出他们不仅对荀学理解不足,而且对孔子的刑、政思想缺乏准确认识。荀子"守习"孔子之学,与孔子的"德主刑辅"的政治思想最相融通。从荀子的师承脉络和《孔子家语》中的有关内容,尤其前述荀子宗奉孔子、仲弓学术,可以印证荀子之学确实源自孔子儒家的政治

---

[1] 董丽晓:《〈孔子家语〉与〈荀子〉关系考论》,曲阜师范大学硕士学位论文,2010年。

思想。孟子、荀子分别侧重于从"仁""礼"两个向度对孔子思想进行"润色"。孟子注重内心求索，荀子倾向于外在约束。

关于荀子与孟子思想的不同特征，我们可从孔子—仲弓—荀子的学术连结上加以梳理。《孔子家语·刑政》篇记录了孔子与仲弓关于刑罚和政教问题的对话。孔子指出，治国理民必须"刑政相参"，最理想的途径是"以德教民"，用礼制约束治理。其次是以政治引导百姓，而设置刑罚加以管制。如果有人教化不成，引导不从，伤义败俗，就要使用刑罚惩处。孔子还阐述了"疑罪从无"和"轻刑慎罚"的观点，显示了他思想的深度，体现了他的政治智慧。

孔子重视法治精神自然不仅局限于理论。《孔子家语·始诛》记载了孔子为政的具体案例。孔子为大司寇七日，就因大夫少正卯有"心逆而险""行僻而坚""言伪而辩""记丑而博""顺非而泽"等行为进行了惩治。孔子还处理了一对父子的诉讼：父子二人前来诉讼，孔子把他们关在一座牢房，三个月不予审理。父亲请求中止诉讼，孔子允许，放了他们。孔子说"言必教而后刑"，主张治民先以德教化，避免"不教而诛"。如仍有"邪民"不从教化，就要使用刑罚进行惩处，而所谓"以威惮之"仅是政治保障而已。孔子说："刑罚不中，则民无所措手足。"（《论语·子路》）孔子处理德刑关系，乃是以政治治理的"中道"为基石的，其"德主刑辅"思想立足于社会现实，以整个社会的安定和谐为目的。大多数百姓愿意接受教化，遵守法律，对少数不从教化的人进行惩治，才能维护法制，最终臻至"无讼"之境。

荀子接受了孔子的刑政理念，在《宥坐》篇中，他直接引用"诛少正卯"和"父子听讼"两则材料。《王制》篇中荀子有"以善至者代之以礼，以不善至者待之以刑"的言论，显然是对孔子刑、政思想的同义申论，这样的例子不胜枚举。无论是孔子、孟子乃至荀子的政治思想，他们所思考的都是行之有效的"治世之用"的政治途径。因此，他们必须立足于现实。

荀子生活在比孔子、孟子时代更加混乱的战国后期，他深切地意识到依靠单向度的推行仁、德思想实难修整当时的社会人心。如《非十二子》篇说"假今之世，饰邪说，文奸言，以枭乱天下"，又说"纵情性，安恣睢，禽兽行，不足以合文通治"。荀子看到儒家的仁义道德被庸俗化、表面化，甚至成为文过饰非的虚伪的"奸言"，故主张"隆礼重法"，着实是立足于时势而开出的治世良方。

早在孔子时代，人们对于礼仪就已经虚浮造作，拘泥于外在形式。孔子认为这样会失去了"礼"的价值，所以援"仁"入"礼"，赋予"礼"以内在的精神，力图恢复"礼"的本来意义，比较突出"仁"的精神。从曾子、子思到孟子，他们都秉承孔子"仁"的理念并加以扩充，提出仁、义、礼、智四德并推出"仁心""仁政"，使"仁"的思想更加详备。也正因这样，就难免顾此失彼，孔子的以礼、法为基石的刑政思想就被淡化了。在《刑政》篇中，孔子所表述的礼法兼用、"德主刑辅"的思想是明晰可见的。荀子主张"隆礼重法"，极可能就是来源于这些思想。孔子思想具有哲学高度与深度的一个重要方面，就是他"时中"与"权变"的理念，荀子正是遵循并通明地把握时局，从礼学的角度极大地扩展了儒学的内涵，使得儒家内圣外王之学变得更加坚实可行。这足以证明荀子是一位与战国晚期的社会现实更加贴近的思想家。

总之，荀子既传承了作为孔子遗说的《孔子家语》这一文献，并且承袭了孔子、仲弓的政治思想，又深明传习"六经"之要领。从荀子的著作来看，他非常自信地以儒家自居。在《荀子》中，他推尚儒家的记载很多，可见荀子坚守儒家本色。《孔子家语》原是最具研究孔子思想价值的元典，却长期遭受怀疑，这对于中华传统文化是一个重大损失，自然也是荀学研究的重大遗憾。而今，这部宝贵的典籍已经受到重视，那么该书中的记载就为荀子及其学说的研究提供了新的契机。

（原载于《中国哲学史》2014 年第 1 期；合作者：王纪东）

看孔子和《论语》漂洋过海

在中国对外交往的历史中，往往离不开孔子和儒学。

孔子所创立的儒学是中国传统文化的主流，它铺染了中国人的生命底色。2000多年来，儒学不仅对中国产生了深远影响，还传播到东亚、东南亚和欧美国家，与这些国家和地区的思想文化互相碰撞、融合，对其政治、经济、文化乃至风俗习惯、社会风貌产生了重要影响。

中国与东亚、东南亚组成了共同的文化圈，正是儒家文化影响的结果。《论语》等儒家经典最早传入朝鲜半岛，经由朝鲜半岛传入日本。

大约在西晋时期，王仁从百济到日本传授《论语》。朱熹的《四书集注》传入日本后，日本研读《论语》的人更多了。德川幕府时代，出现了众多关于《论语》的著述；明治维新以来，《论语》通俗书增多。为天皇进讲有《论语》，学校教材常选《论语》。被称为"日本企业之父"的涩泽荣一更著有《论语和算盘》，主张将《论语》作为经商和立身处世的准绳，将其作为一种商业智慧与处世哲学，后成为著名的经营模式。

15—19世纪，越南的儒学发展进入全盛时期。他们兴办儒学教育，用儒家伦理加强社会教化，完善以儒学为内容的科举考试制度。近现代，在东南亚受孔子儒家思想影响最大的是新加坡。许多华人移民而来，邻近地区华裔迁入，带来了中国传统文化。1849年，新加坡开设了第一所华文学校崇文阁。

孔子儒家思想传入欧洲，主要是在16、17世纪，通过来华的耶稣会传教士逐渐传入西方。最早来中国的是意大利传教士，之后是葡、法、德、英等国的传教士。他们向欧洲介绍中国，介绍各种思想流派，特别是儒家思想。

1687年，巴黎出版了拉丁文译本的《大学》《中庸》和《论语》，孔子学说正式传入西方。欧洲受孔子思想影响最大的是法国，孔子思想对18世纪神学统治下的法国起到了振聋发聩的作用，启蒙思想家们高举理性的旗帜，以孔子儒家为代表的中国文化为他们展示了一个崭新世界。

人类不会停止对美好世界的憧憬与向往，在经历了近代以来的曲折之后，面对社会问题，人们希望寻求孔子的智慧。

西方科学精英看到孔子与人类现代文明息息相关，更多人看到孔子思想在当今世界的重要价值。法国思想家伏尔泰认为，应该"把'己所不欲，勿施于人'这条法则铭刻在每个人的心中"。德国哲学家费尔巴哈在《幸福论》中特别提到，中国的圣人孔子要求人们心地诚实地对待他人，如同对待自己一样。他称赞"己所不欲，勿施于人"，认为这个朴素而又通俗的道德原理是最好、最真实的，也是最具说服力的。

1843年，美国思想家爱默生得到"四书"译本后细心研读，对孔子产生了仰慕之情。他认为孔子心目中的君子具有入世精神，又能自拔于流俗。

在巴黎联合国教科文组织总部大楼前的石碑上，用多种语言镌刻着这样的话：战争起源于人之思想，故务需于人之思想中筑起保卫和平之屏障。在有人认为不同文明之间将冲突不断时，中国基于几千年来的和谐与和睦，基于自身文化的内在精神与特质，呼吁不同文明要互相包容、互相尊重，把"天下为公""和而不同"作为当今的世界精神，倡导平等相待、和平共处。

法国一位《论语》的翻译者说："它首先是智慧而不是哲学，不是只适用于中国人，而是适用于每一个人。"孔子思想对古与今、我与世界、价值观与方法论的思索，可为当今世界国际交流与合作提供借鉴。

在世界舞台上，有德之民族，有德之国度，有德之文明，如北辰灿然居中。民族文化是一个民族的身份标识，不同的文明有各自的色彩，不同的国家有各自的国情，彼此间人民的互相交流，文化是重要纽带。国与国间的相识相知、信任合作，离不开对对方文化的理解、了解和尊重，文化往往是互利互信、合作共赢的牢固基础。历史上，以孔子儒家思想为纽带，中国与世界很早且很好地开展了交流与交往；今天中国走向世界，孔子儒学仍然扮演着重要角色。博大精深的孔子儒学影响了中国文明史，也应该成为中国与世界文明对话的纽带，成为人类文明的共同财富。

（原载于《人民日报》2019年7月18日）

第四编

孔子思想价值

孔子文化与当代中国

当思考"黄河文明的形成与发展"这个议题的时候,我们不禁想到作为中原文化最重要结晶的孔子文化。孔子文化是黄河文明哺育的结果,又与黄河文明的发展息息相关。为此,我愿意借此表达我本人——作为在孔子故里专门从事孔子研究的学者,对孔子文化的认识。

我所说的"孔子文化",是指以孔子学说为核心的儒家文化,我采用"孔子文化"而不是"儒家文化",意在强调孔子在儒家文化创造中的突出地位,彰显孔子本人超凡的智慧灵光。

一

孔子创立了儒学,孔子思想影响后世既深且远。然而,后儒诠释孔子,发挥他的学说,虽然主观上都力图"汲取其精华",但"偏执一端"的现象却不一而足。因此,关于孔子的思想,关于儒学的特征,关于孔子、儒学与现代社会的关系,都存在不同认识,有的理解甚至存在很大偏差。就像西方的思想界,苏格拉底曾说世上最有价值的知识就是道德伦理知识,便有人据此而贬抑一切艺术和学问,认为只要懂得道德伦理,就不再需要其他知识。

孔子文化影响力的升降浮沉与中国国力的变化密切相关。近代以来,中国落后挨打,不少人迁怒于中国的传统文化,从而强化、放大了人们对传统文化负面影响的认识。20世纪,"古史辨"运动兴起,学者们由疑古史到疑古书,中国古代文化典籍遭到前所未有的怀疑。经过疑古学者的层层剥离,孔夫子竟然变成了一位"空夫子"!

随着学术的进步,随着出土文献的不断问世,人们逐渐认识到疑古学派的"勇而无当"。不能不承认,疑古思潮造成了中国上古文化的空白,更给孔子文化带来了灾难性的影响。要消除这种影响，就应当本着求真、求实的精神，将孔子文化放在中国上古文化的大背景下考察，将孔子回归到他所处的时空中去研究；必须充分利用考古材料，从基础工作出发，将考古发现与传世文献认真比较，综合分析，从而补偏救弊。但是，我们应当清醒地看到，包括许多研究者在内，要真正认清疑古思潮的消极影响还需要相当长的时间，超越疑古，走出迷茫，仍然是一个艰难的过程。

值得欣慰的是，当人们面对林林总总的现实问题，思索人类社会的未来走向时，世界上不同国籍、不同文化背景的人，已经有许许多多的人不约而同地瞩目于2500多年前的圣哲孔子，看到了熠熠生辉的"孔子的智慧"。这能够推进对孔子文化的研究和认识，促使更多的人将目光投向孔子。在这样的趋势之下，我们已经没有理由对孔子学说、孔子文化漠然置之，而应力图更全面、更准确地认识孔子思想的精髓，理解孔子学说的真谛。

二

孔子留下了宝贵的思想文化遗产，他关注自然、关注人生，更关注社会、关注天下。孔子从调适自我、完善人格出发，主张和睦家庭，均衡社会，平治天下，他要求人的修养适应社会，与自然和谐，最终达到天人合一、物我共益。孔子文化有融和百家、会通兼容的气度，有克己成人、忍辱载道的气质，它造就了中华民族的优秀品格，这也是孔子文化最重要的时代价值。

孔子给我们的人生启示首先在于他对真理的执着追求。他的一生都在不懈努力，他的一生是自强不息的一生。他向往三代圣王之治，希望王道大行，实现仁政德治。他有自己的独立人格，对社会、历史与现实有清醒而深刻的认识，他希望教化社会人心，讲究仁爱，遵守秩序，并为之四处奔走，"知其不可为而为之"。孔子心目中有一片圣洁的天地，他坚持"君子修道立德，不谓穷困而改节"，而为了追求大义，有时又不惜"受屈"抑志，屈节求伸。他的政治理想是要天下为公、讲信修睦、谋闭不兴、盗贼不作，以至社会大同。孔子晚而喜《易》，《易传》中多次提到"刚健""有为"，《象辞》所说的"自强不息"，其实正是孔子生命主题的写照。

孔子执着于自己的政治追求，绝不愚顽不化。但是，在很长的时间里，孔子文化被当作"封建文化""落后文化"的代名词，不少人认为孔子思想保守，甚至以为孔子主张"倒退"，实际上，这是一个重大误解。孔子明确反对"生乎今之世，反古之道"，《周易》中所说的"与时偕行"，最能集中体现孔子的超凡智慧。人们误解《礼运》篇，以为孔子向往的大同社会是所谓"原始共产主义时代"，其实，认真对读《孔子家语》与《礼记》的该篇，就会发现孔子所言是指"三代明王"时期。孔子思想的显著特征是主张"时变"，主张在变化的时势中找到最合适的切入点，由此，"时中"观念、"时"的哲学才深入后世人心。

孔子注重人与自然的关系，主张"天人和谐"，这突出表现在他的天、地、人"三才"一贯思想上。在《易传》中，天、地、人是宇宙组成的三大要素。《序卦传》说"有天地然后有万物，有万物然后有男女"，进而出现了夫妇、父子、君臣，由此又产生了上下、礼义。《贲·彖传》曰："刚柔交错，天文也；文明以止，人文也。观乎天文，以察时变；观乎人文，以化成天下。"人与自然并列，就应和谐相处，由此形成了儒家"天人相通""天人合一"的人与自然相互协调观念。孔子认识到客观规律不可抗拒，他说："获罪于天，无所祷也。"孔子言行中包含有丰富的天人和谐等生态意识，认为人应当自觉认识与遵守自然规律。《论语·述而》说孔子"钓而不纲，弋不射宿"；《孔子家语·五帝德》记孔子说"以顺天地之纪"，"仁厚及于鸟兽昆虫"，"养财以任地，履时以象天"，"春夏秋冬育护天下"，都包含有注重生态平衡，遵从自然规律的意义。

如何处理德、法关系，是古今中外政治家、思想家都要面对的问题。孔子认为德治是政治的根本，盛德薄刑才能使天下大治。孔子重德，但不排斥刑罚，以刑罚作为德治的重要补充。古代文献留下了孔子这方面的大量精到论述，如《左传·昭公二十年》记孔子曰："政宽则民慢，慢则纠之以猛；猛则民残，残则施之以宽。宽以济猛，猛以济宽，政是以和。"《孔子家语·刑政》记孔子说："太上以德教民，而以礼齐之。其次以政焉导民，以刑禁之，刑不刑也。化之弗变，导之弗从，伤义以败俗，于是乎用刑矣。"用刑以德为前提，刑只使用于愚顽不化的人。古罗马谚语说："没有社会道德，法律有什么用！"

具有高尚道德，首先必须"明耻"，在"博学于文"的同时，做到"行己有耻"，按照"君子"人格、"圣人"境界自觉要求自身，注重人的群体意义和社会价值。应当承认，孔子及其所创立的儒学有一种对生命意识的敬畏和终极关怀，在深沉的思考中，他们十分关注人之生死的终极意义，要求世人在信念上具有终极承担精神，从而提升生活品质和人文境界。例如，在处理义、利关系时，孔子历来主张重义轻利、先义后利。他的高明之处还在于重义而不排斥利，没有将"义"与"利"对立起来，只是孔子认为追求富贵必须以义为前提。在政治实践中，孔子不仅主张"务民之义"，而且要"因民之所利而利之"。这对于现代商业经营，对于企业管理都具有重要的启发意义。

三

随着社会的发展，人际关系变得越来越隔膜和复杂，如何处理人际关系，世界许多宗教的教义都有教人向善的类似表述。在中国，孔子继承中华上古文化的传统美德，明确提出的推己及人、待人如己的原则最具典型意义。1993年8月，第二届世界宗教议会通过并发表了《世界宗教议会走向全球伦理宣言》，其核心内容是把传统"金律"作为世界各主要文化类型共同的基本道德准则之一。人们承认："数千年来，人类的许多宗教和伦理传统都具有并一直维系着这样一条原则——己所不欲，勿施于人。"仅仅在《论语》中，就两次记有孔子说"己所不欲，勿施于人"，在个人行为方面，孔子极力反对损人益己、乘人之危、欺诈残害他人，渴望一种和谐美满的人际关系。"己所不欲，勿施于人"的忠恕思想应当成为人类共同遵守的黄金法则。

在继承春秋以前"和""同"概念的基础上，孔子提出了"和而不同"的命题。"和而不同"是包括儒家在内的中国传统文化的核心观念，西方学者汤因比等称其为中华文明的精髓。"和而不同"，孔子还表述为"和而不流"，它可用来处理各种矛盾关系，它不仅主张社会关系、人与自然关系的协调，也主张不同国家、民族、文化之间的协调。

孔子思想是一个庞大的体系，孔子有"家国天下"的胸怀，在对待孔子文化方面，抓住一点不及其余，就会造成理解上的偏颇。我深深知道，在对本土文化的研究中，在对中国古代区域文化的研究中，往往出现偏爱本土文化，人为拔高所在区域文化的现象。因此，我告诫自己，对孔子文化的研究也要力戒片面，努力追求客观公正的认识。

很显然，孔子文化虽然产生在春秋末年的"泰山之阳"，但它早已经不仅仅是鲁地的区域文化，也不仅仅是在中华民族中具有深刻影响的中国本土文化。孔子属于鲁地、属于中国，孔子也属于东方、属于全人类。

四

在当代中国，在当今世界，孔子文化应当发挥更大的作用。这是孔子文化特质的要求，更是时代的感召和呼唤。要平治国家社会，要进行道德重建，我们应当依凭孔子的人文教化。民族振兴的动力存在于其民族文化，民族要振兴，必须到民族文化中去发掘"内力"。孔子文化中有我们最基本的价值支撑，人们不宜舍本逐末，费力他求。毫无疑问，在世界日益全球化的今天，不同文化之间应当互相尊重，互相借鉴，与此同时，更要弘扬和培育自身的传统文化。中华大地孕育生成了孔子文化，孔子文化也应当在这块土壤中继续得到培植，并使之为消解纷争、排除忧患、追求人类福祉做出更大贡献。

国学大师钱穆先生在其所著的《国史大纲》中，将"有知识的人"与"有知识的国民"区别开来，他强调，作为国民，人人都应该明白"我所自来"和"我之所属"的问题，应当对自己的历史与文化抱有一种"温情与敬意"。研究历史与探讨文化其实也需要对自身历史文化的敬重与挚爱，学术研究的客观要求，与敬爱历史文化并不矛盾。历史研究当然需要"求实"与"考信"，但动辄将现实中的许多问题推卸给古人，不实事求是，在学术研究中也难免出现偏差；没有对自身历史的钟爱，就不会有探索历史真实性的执着。因此，对待传统，人们不应"偏激"，不能"虚无"，更不能"狂妄"。

在今天的人文精神重建进程中，我们应当认识到它的永恒与普遍价值，认识到其中所蕴含的理性精神。现在最为重要的是，应当尽力改变长期以来形成的对待我们民族文化固有的根深蒂固的片面看法。只有正确认识孔子文化，正确看待孔子及其历史贡献，科学理解孔子在中华文化锻造过程中的作用，才能准确把握孔子文化的当代价值。

〔原载于《河南教育》（高校版）2005年第11期〕

孔子研究的历史使命

1996年9月28日,国务院批准建立孔子研究院。2000年,孔子研究院在孔子故里正式揭牌成立,宣告了世界上第一个独立的孔子研究专门机构的问世。十年之后,随着第三期工程的即将完工,孔子研究院将由以基础设施建设为主全面转入学术研究的阶段。在这样的背景下,孔子研究院创办了《孔子学刊》。

我们所处的是一个"文化自觉"的时代。从孔子到现在,在差不多两千五百年的日子里,孔子受到亿万人的关注。在古代中国,孔子更多的是被尊崇、被膜拜的偶像,在20世纪的中国,孔子则成为被评论、指责乃至被谩骂、揶揄的对象。新世纪过去了十年,这十年中,中国的经济快速增长,中国在世界的地位得到提升,人们更加需要对中国传统文化的重新认识,需要理论思考和实践关怀相结合的态度。

文化自我意识的觉醒源自对当下问题的思考,源自对现实的关切。21世纪的今天,任何国家与民族都不得不面对全球一体化的处境。当今的世界,热爱和平的人们呼吁对话,期待和谐,以避免冲突,消除纷争。对话的基础在了解,和谐的前提在尊重,当了解有限而认识朦胧时,理解与尊重就无从谈起。与之同时,要使他人了解自己,首先要自我了解,我们认为,就中国文化的现状而言,"认识自我"甚至比"介绍自我"显得更为紧要。

西方不少人对"中国"了解有限是客观现实。在一些外国人眼中,中国仍是一个古老而神秘的国家。在20世纪的西方,有人描述说,他心目中的中国简直就是"世界的末端"。他关于中国最初的概念,至多是曾在茶杯或花瓶上见过的几幅图画,他想象着这里有"神情呆板的长辫子的小个子男人","有弓形桥的富于艺术性的花园"以及"挂着铃铛的小塔"等。

可是,最近几十年来,对中国的有限了解正慢慢成为过去。一些睿智的学者看到了古老中国智慧的价值,更有学者呼吁西方人要"从尊重中国哲学的特殊性入手",达到对中国哲学特殊性的同情与理解,因为中国哲学最初是由来华的传教士们翻译的,基督教意味的词汇表主宰着西方中国哲学著作的书写。如安乐哲先生,他作为当代中西比较哲学领域的领军人物,就希望西方读者像尊重希腊哲学传统一样尊重中国哲学。他认为,翻译者本身必须是专业哲学家。安乐哲先生的言语值得回味,因为中文西译如此,古文今译同样如此!

然而,能够真正认识到"中国精神生活"的学者毕竟太少了!也许,就像很难"完全学透"《易经》一样,在他们心中,孔子只能是"一个实际的世间智者"。少数学者看到,中国的先哲们乐此不疲地争论的是对"知""行"有用的事情,他们沟通了天、人,贯通了政治、伦常,拓展个体到了社会。要知道,中国的圣哲很早就在思索"太一生水""礼达天道"之类与世界本源相关的问题,当外国人研究物质和意识谁是第一性、是先有鸡还是先有蛋的时候,中国的诗人也在思考"江上何人初见月?江月何年初照人?"

不过,当我们思索这种境况出现的原因时会不难发现,外国人的观念在很大程度上来自中国学人"自己的迷茫和纷乱"(宋健先生语)。我们认为,当前研究孔子儒学,不能没有古老文明现代发展的纵深视野,为此,就必须首先清醒地认识到中国学术发展的特殊历史文化背景。

孔子创立了儒学,孔子思想影响后世既深且远。我们常常强调"孔子文化"而不是"儒家文化",意在强调孔子在儒家文化创造中的突出地位,彰显孔子本人超凡智慧的灵光。因为事实是,后儒诠释孔子,发展他的学说,虽然主观上都力图"汲取其精华",但"偏执一端"的现象却不一而足,因此,关于孔子的思想,关于儒学的特征,关于孔子、儒学与现代社会的关系,都存在不同认识,有的理解甚至存在很大偏差。就像西方的思想界,苏格拉底曾说世上最有价值的知识就是道德伦理知识,便有人据而贬抑一切艺术和学问,认为只要懂得道德伦理,就不再需要其他知识。

孔子文化影响力的升降浮沉与中国国力的变化密切相关。近代以来,中国落后挨打,不少人迁怒于中国的传统文化,从而强化、放大了人们对传统文化负面影响的认识。于是,在20世纪,中国甚至形成了一个"反传统的'传统'",似乎中华民族要摆脱苦难,就必须摒弃中华文化传统。后来,"古史辨"运动兴起,学者们由疑古史到疑古书,中国古代文化典籍遭到前所未有的怀疑。经过疑古学者的层层剥离,本来实实在在的"孔夫子",竟然变成了一位"空夫子"(金景芳先生语)!

反思这样一种"反传统的传统",其形成原因自然很多。那么,当今国人对儒学的认识为何如此这般?为什么儒学的现代价值需要学者们一说再说?怎样才能尽快架起传统与现代之间的桥梁?

带着焦虑,满怀期盼,许多学者提出种种设想,探讨祖国优秀文化的传承,思索返本开新的具体途径。很显然,要将所谓儒学的"现代转化"问题梳理清楚,对儒学价值的认识必须到位,尽管这样的论述已经数不胜数,但要得到全民族、全社会的普遍认可,恐怕还有很长的路要走,还有太多的工作要做。而要准确、充分地认识儒学价值,不仅要研究儒学与中国社会历史文化的密切关联,更要弄清这种关联的内在机制,为此,我们认为,现在最为迫切的工作应该是正本清源——还原原始儒学面貌,了解原始儒学本真。

说起来,许多研究中国传统文化的学者所从事的都是"正本清源"的工作,每个人也都有自己心目中的儒学真面目。从理论上讲,历史研究者们的工作主观上都是为着"求真""求是",都希望通过研究和探索历史本来"有什么""是什么",进而追问历史问题的"为什么"。无论是研究方法上的"二重证据"(或"多重证据"),还是"大胆假设,小心求证",无论是告诫自己要做历史问题上的"超然者"以求研究结果的客观真实,还是所谓"疑古""释古""证古"乃至"走出疑古",大家的努力方向似乎并无二致,可是,人们的研究结论却往往大相径庭,研究的现状并不能够令多数学者满意。

很显然,无论是具体的历史问题研究还是思想文化研究,都需要或者离不开理论的指导。但同任何理论都应当来源于实践一样,学术研究的理论与方法也应来源于学术研究的具体实践。但是,这绝不意味着理论或方法是对自身学术实践的简单归纳,更非"少年"学者靠"勇气"借"时势"所能成就。换句话说,学术研究理论既要来源于他人的实践,也要来源于自身的实践,因为任何人的研究都深深打上了时代的印记,也都会带着自身的特点乃至偏见。理论应当具有普遍的指导意义,应当具有指导实践以理性、健康行进的功效，而不是导引实践者直如脱缰野马般不知回头地前奔。

如果仅仅从逻辑上推论其他人的方法或理论，论述其他理论指导下的其他人的实践，往往会因为一个环节把握不准，而出现极大的偏差。历史研究中我们不难见到的一个现象是：正确的理论和方法没能在实践中发挥应有的作用，最显见的例证就是宣扬"大胆假设，小心求证"，而事实上却假设非常大胆而求证未必小心。这正如"取其精华，去其糟粕"应是一个正确、科学的提法，而在操作层面上，人们竟然偏离得那样远。不难理解，如果要取得理想的效果，必要的前提应该是合理、准确、科学地区分"精华"与"糟粕"。

还有一个令人感到悲哀、值得深思的结果，那就是传统的"辨伪学"考辨中国古代文化典籍的所谓"成就"。人们已经强烈地感到，从事辨伪学的学者们古书辨伪的热忱越高，人们就越无书可读了。仅仅张心澂的一部《伪书通考》，辨及的伪书将近一千一百多部，有学者说它"将我国古代的文化名著几乎一网打尽"（廖名春先生语），真是恰如其分！

学术研究应当辨析材料，怀疑精神在任何时候、任何人的历史研究中都不可或缺。但是，不少人不明就里，以为"走出疑古"就意味着走向盲目"信古"，以为重视出土文献就意味着完全相信出土文献，意味着其中的记载都为"真实的历史"。给人的感觉是，大家在存有这份担忧的时候，在强烈使命感的驱使下进行评论指责的时候，似乎并没有接触相关具体问题的研究，或者没有认真考察"走出疑古"、倡导"重写学术史"的深层学术背景。

当中国传统学术研究借助地下早期文献而出现新的转机时，当中国古典文明正在逐渐揭开疑古大幕的遮掩而渐渐露出曙光的时候，不少学者竟感到不安和忧心忡忡，对"走出疑古"的学术思潮心存疑虑！要想让更多的人走出疑古大幕的遮掩，这里有个"结"需要解开，却很难解开——"你要看人家辨伪学者是如何考证的"。可是，"伪书"这么多，"可信"的材料那么少，你用什么或怎样去看人家的考证。这就不仅需要理论或逻辑的推理，更需要对中国古代文明有深入精到的研究，对古代文化的敏锐洞察力。不难看出，"正本清源"确实"说起来容易做起来难"，如果放在整个中国学术史的视野中来观察，真正做到"正本清源"还将是一个艰苦而漫长的历程。

古书真伪是古代文献研究工作中的重要问题，清人姚际恒称其为"读书第一义"。清代以前，学者们研究古籍真伪问题时，绝大多数都侧重于伪书的考订，将许许多多传闻为"真"的古籍判定为伪书。由"真"而"伪"的研究线索，是整个古籍辨伪学史的主流。有学者曾经将明代宋濂的《诸子辩》、胡应麟《四部正讹》及清末姚际恒《古今伪书考》比较，许多宋、胡认为是"真"或者"真杂以伪"的古籍，到了姚的手中，都无不变为伪书了。而前者认为是"伪"的古籍，无一被姚判断为真书。再看看张心澂的《伪书通考》，该书所录，基本上都是由"真"而"伪"的考订文字。要知道，这种学术趋向的改变是极难的，因为这种方法的影响太大了。

毕竟学术在进步，不少学者在研究过程中已经发现了问题的严重性。海外有学者认为，"古籍辨伪"这样的名字是"一个十分不理想的名称"。因为研究应当有两条路线，不仅研究"真"书，也要考订"伪"书。这门学问应当是一门由"真"到"伪"和由"伪"而"真"双轨的学问，而不是单向的由"真"而"伪"的单轨学问。"就古籍辨伪而言，竹简帛书出土所带来的震撼，恐怕与古史辨派新说的震撼不相伯仲；因为古史辨学派为古籍真伪带来'石破天惊'的新说，而竹简帛书却为这些新说带来'冷酷无情'的否决……在竹简帛书严峻的考验下，许多被过去学者判定为伪造的古籍，都纷纷平反翻身。"[1] 所谓的"古籍辨伪学"存在着严重的问题是显而易见的。

对于古书的成书年代，显然应当动态地加以理解和认识。余嘉锡先生在《古书通例》中曾说："古人著书，本无专集，往往随作数篇，即以行世，传其学者各以所得，为题书名。"意思是说，先秦两汉诸子的论著就像后世的文集，作者随写随传，有时是单篇流传，常常不署姓名，到后来才由其后学或者后人汇集成书。实际上，有许许多多的书籍都是多次、多人、多时结集而成。不少书籍其实都未必是一人所作，有的则是一个学派的集体作品，由学派中的第二代、第三代等陆续收集编订而成，而该书的名字，便取其祖师爷的名字。

有了这样的认识，我们研究先秦两汉时期的典籍，特别是对这些典籍

---

[1] 郑良树：《诸子著作年代考》，北京：北京图书馆出版社，2001年。

进行所谓真伪问题的研究，就应当采取逐篇研究的方式，以"篇"为单位，甚至以"段"为单位，逐篇、逐段考订及观察，而不是过去那种以书为单位的方式。这种方法，学术界已经有不少学者明确指出。

儒学研究要正本清源，首先应当明白何谓儒学"本""源"。探寻儒学本源的途径很多。1980年，在美国哈佛大学人类学系执教的张光直教授出版了《商代文明》一书，是耶鲁大学出版社《中国早期文明丛书》的第一本。他在书中列举了"通向商代的五条门径"：传统的历史文献学、青铜器、甲骨文、考古学、理论模式。用国内通用的词语来说，这"五条门径"包括了历史学、文献学、考古学、古文字学和理论的探讨。新中国成立以来影响最为重大的国家社会科学研究课题"夏商周断代工程"，集合了许多领域的专家，用数年的时间，终于取得了阶段性的成果。这样的重大课题，绝非一人或少数人用单一的方法所能够完成。中国儒学的本源形成于中国的古代文明，根植于中国古代的文化传统，没有对中国古代文明的深入研究，儒学研究的正本清源根本无从谈起。

从理论上讲，"条条大路通罗马"，无论哪一种方法与途径，都能够从事古文明研究或者孔子儒学研究，但事实上，每一位学者的研究都不是采取了单一的研究方法。可是，细细想来，好像研究门径又不是同样的宽广，似乎中国古典文献的研究显得十分紧要，不然，"古史辨"就不会最终变成了"古书辨"。人们应该能够赞同这样的看法，儒家文献研究是孔子、儒学乃至整个中国传统文化研究的基础或核心，就像辨别古史最后都落脚到辨别古书那样，文献是思想的载体，没有对儒家文献相关学术问题的正确认识和准确把握，孔子与儒学的研究往往如沙上之塔，经不起考验。但古史辨派辨别古书的严重后果又让我们警觉：文献的研究应该怎样努力，才能避免学术路向上大的偏离？

或许儒家文献研究的重要性已经决定了它的难度，儒家文献研究之难可谓原因多多：其一，学术界对中国上古文明的发展程度认识不够，估价偏低；其二，儒家认为"六经"乃"先王政典"，是儒学根本，但"六经"性质不同，而相关记载匮乏；其三，孔子"述而不作"，孔子遗说由其弟子后学整理，数量虽多却显得凌乱；其四，孔子儒学胸怀天下而关注民生，思维恢宏却包蕴精微；其五，自宋代开始兴起的疑古思潮到近现代"古史辨派"发展到登峰造极的程度,怀疑古书成为主流的学术趋向;其六,近代以来中国国力的落后,人们迁怒于中国传统文化,严重影响对孔子儒学的客观评价,从而影响到了对儒学文献的正确认识。

孔子儒学研究存在如此之多的难题与纷争,除儒学自身体大思精的特征外,最重要的原因就在于儒家文献研究的严重失误。学术界过于苛刻地审查史料,戴着有色眼镜检查、审核古书,最终使中国古代文化典籍研究成为"受灾"最为严重的领域,早期儒学典籍几乎无一幸免。它同时带来的又一严重恶果,即它给人以这样的印象:中国的早期文化典籍多是"伪书",中国的古书多不可靠,中国的古代学人有很多"作伪"高手。后来,疑古辨伪思潮兴起,学者们开始了"捉盗"的"搜捕"与"调查"行动,后世不少"辨伪学者"费尽千辛万苦,取得了学术"成就",于是,人们赞叹其好像"捕盗者之获真赃"(陈鳣:孙志祖《家语疏证序》)。这样,最讲诚实守信的儒家学者竟然出现了众多的伪造古书者,中华文化中的诚信美德又从根基上被彻底撼动。

当然,这种具有极大讽刺意味的结局,并不说明所有的学者都没有看到或者远离了事实的真相,只是这样的声音显得十分微弱,如:近代学者谈及《古文尚书》研究时,高声赞扬阎若璩而很少注意毛奇龄等人的结论;像顾颉刚先生在《孔子研究讲义·按语》中介绍清代学者对《孔子家语》的研究时,仅仅表彰了孙志祖、范家相而没有陈士珂。在疑古大潮的推动下,人们的倾向性十分明显,人们已经难以理性、客观,难以做到"正本清源"。

研究儒家学术,必须明白以往问题的症结所在。具体而言,儒家文献研究出现的问题主要体现为:其一,怀疑古书的相关记载,不相信古代典籍有关成书时代与作者的记载,人为后置了不少典籍的成书年代;其二,不明古书传流的一般规律,不能动态观察古书的形成过程,以今例古,遂造成对古书的很多误解;其三,缺乏对先秦时期中国学术源流的细致研究,不能整体把握夏、商、西周到春秋、战国学术文化的发展演变,从而颠倒了同类文献的先后顺序,甚至误判了学派属性;其四,不能理解各个学术派别之间的纵横关系,不能理解各个学派之间的彼此交融与互相影响,先入为主,用贴标签的方式进行学派判断,无端地将古书问题复杂化。

儒家文献研究出现问题,与整个孔子儒学与传统文化的研究和认识出现重大失误紧密联结。学术问题直接与社会生活的运行息息相关，本来，儒学是修身的学问，儒学是社会管理的学说，可是，随着儒学研究种种问题的出现，儒学在当今社会几乎完全丧失了治世理人的功能。正像钱穆先生所说的，许多人"感到现在我们是站在以往历史最高之顶点"[1]，可以任意标榜自己的"清高"或"高超"，可以动辄"轻贱唐虞而笑大禹""非汤武而薄周孔"。对历史文化的"无知"常常导致浅薄狂妄的"自大"与"无畏"，这样的现象随处可见。

事实上，我国从很早的时候起，就已经形成了足以令国人骄傲的文化，有了丰富的文献记载，所以《尚书·皋陶谟》说："天叙有典，敕我五典五惇哉！天秩有礼，自我五礼有庸哉！"《尚书·多士》说："惟殷先人，有册有典。"我们的祖国很早就形成了"有典有则，贻厥子孙"[2]的传统。我们正本清源所要做的，其实就是清楚认识这种被人为湮没已久的传统，还原根植于这种深厚传统中的儒家文化真相。

当然，孔子儒学的研究不仅是文献的研究。在文献研究的基础上，义理问题自然不容忽视，甚至是孔子儒学研究的必然选择。今天，孔子儒学研究已经遍地开花，所涉及的论域也极为广泛，从传统的文史论域，逐渐扩展到伦理学、宗教学、社会学、政治学、法学及比较文明等广阔领域，涌现出不少新颖独到的新见解。我们创办这份刊物，目的正在于提供学者们发表宏论、交流对话的平台，以深入挖掘研究孔子思想和儒家文化精髓，扩大儒家文化的影响，消除东西方文化隔阂，最终使儒学得以薪火相传，慧命接续，返本开新，为人类重建文明秩序提供可资汲取的智慧。

新世纪过去了十年，我们不由展望十年以后的孔子研究，畅想十年以后的孔子研究院，诸同仁满怀信心，将与学界勠力同心，奋发有为。"读书未到康成处，安敢高声论圣贤"，我们深深知道，路还长，要踏踏实实从脚下开始！

〔原载于杨朝明主编《孔子学刊》（第一辑），上海古籍出版社2010年版〕

---

[1] 见《国史大纲》卷首"凡读本书请先具下列诸信念"。
[2]《尚书·五子之歌》。

孔子在世界文化交流中的意义

当我们将要走过新世纪的第一个十年时，我们还都会回忆起人们20世纪末面对未来时的复杂心境。人们思考现实，关注未来，在对新世纪充满信心的同时，也有几分苦涩，几分忧虑。在众多深沉的思考中，最引人注目的是诺贝尔奖获得者所得出的结论：人类要生存下去，必须回到25个世纪以前，去汲取孔子的智慧。

西方科学精英看到孔子与人类现代文明息息相关，中国也在经历了长时期的迷茫之后，越来越清晰地看到"应当承继孔子这份珍贵的文化遗产"。作为伟大的圣哲，孔子不仅是中华民族的骄傲，也是人类世界的共同遗产，孔子在中国与世界的文化交流中可以并且已经发挥重要的作用。

一、经历近代以来的曲折之后，世界瞩目孔子

毫无疑问，经济发展与文化有密不可分的联系。近二十年来，中国经济的发展和国力的增强使中国的国际地位日益提高，在这个过程中，孔子与中国文化也受到越来越多的关注。

文化是经济的先导。近代以来，中华民族遭受了从未有过的灾难，外部列强欺凌，内部乱争不已，人们反思国力落后的原因，遂迁怒于中国的传统文化，迁怒于作为中国传统文化代表的孔子。虽然近代许多思想家在与西方文化的对比中冷静、理性地看到中华文化的优秀品质，理解到儒家修齐治平思想的博大精深，但这样的声音显得十分微弱。

值得深思的是，一些近代中国学者早年对孔子与传统文化持激进的批判态度，当他们真正对西方文化有所了解、有所比较之后，却都走向另一个极端，有的从"抵孔"变成"尊孔"，有的由反对传统变成激进的传统文化的拥护者。

更有意思的是，严复翻译《天演论》，其初衷在于了解西方，重新认识中华元文化的深厚底蕴，然后继承之、发展之。他的本意是希望通过中西文化对比，引起国人对中华元文化尤其是《周易》这部经典的重视。他认为，中国优秀传统没有得到正常的延续——祖先开其端，子孙没有续其尾；祖先拟其大，子孙没有专其精。他在《天演论》的"译序"中明白地表明了他的观点。但他万万没有想到，他非但没有架起祖先与子孙之间、传统文化与现代之间、古代易理与现代科学之间的桥梁，反而引起了国人对西方文化的狂热。

在近代中国社会的特定条件下，中、西方文化碰撞的结果，多是中国文化处于劣势地位。五四时期的先驱们喊出"打倒孔家店"的口号，但他们并不是全盘否定传统文化，他们在对孔子和传统文化的批判中，已经开始注意采取实事求是的科学态度。头脑清醒的学者或思想家认识到，对待孔子不能简单化，应该注意区分"真孔子"和"假孔子"，区分出孔子的本来面目和被封建统治者改造了的假孔子，他们认为孔子"确足为其时代之圣哲"。

中国社会的落后挨打使众多学者怀疑、菲薄乃至全面否定孔子和传统文化，对其科学研究与认识更无从谈起。这样的观念支配了许许多多的中国人，也深深影响到了世界其他国家和地区。例如，宋代以来，疑古思潮在学术界兴起，到了近代，借传统文化越来越遭到否定的大趋势，至"古史辨派"兴盛时期达到高峰——在人们的认识中，我国的古书几乎"无书不伪"，那些中国传统的文化典籍，尤其孔子整理的"六经"与记录孔子遗说的文献，都遭到了怀疑。

与中国学者的"审慎考证"密切相关，西方某些学者对中国典籍的怀疑和否定更有过之而无不及。例如，日本有人否定中国上古历史的可靠性，有所谓"尧舜禹抹杀论"，还有学者竟然考证出《论语》的许多篇章出于孔子三传、四传弟子甚至更晚；有英国的所谓汉学家坚持认为《论语》只有第3至9篇是可靠的，其余各篇均系后人所加，这一疑古考证竟成为西方汉学的经典著作；美国有学者更认为《论语》只有第4篇的前20节是可靠的，其余都是孔子的弟子及再传弟子在240年的时间内逐步加上的……

孔子文化影响力的升降浮沉与中国的国力变化密切相关。中国落后挨打,强化、放大了人们对传统文化负面影响的认识,于是,在20世纪的中国形成了"反传统的'传统'",似乎中华民族要摆脱苦难,就必须摒弃中华文化传统。

在经历了不断的军事战乱与政治动荡之后,到20世纪80年代,中国终于迎来了新的历史文化发展时期。从此,中国结束了长期的动乱,经济开始复苏,国力开始增强,国际地位得到提升。同时,学术界对待传统文化也越来越理性和客观,加之大批地下文献的问世,人们越来越清楚地认识到疑古思潮的极大消极影响。于是,必须超越疑古,走出迷茫,重新认识中国的传统文化成为学界共识。

中国学术文化的发展,中国学者对孔子与传统文化的积极认识,也带动了世界范围内的孔子与中国传统文化研究,引发了世界范围内对孔子与中国文化的瞩目。放眼世界,不但世界各地的学者纷纷来到中国,参加学术会议,从事学术活动,寻访和研究孔子;而且许多国家和地区也举办相关活动,出版研究作品,纪念孔子,研究孔子。除了中国大陆,在中国的港、澳、台地区,在日本,在韩国,在欧美地区,都有各种类型的孔子学术研究等活动,极大地吸引了世界的目光。西方学者研究自身传统的同时,也注目于孔子与东方文化。2000年,"孔子与苏格拉底哲学研讨会"先后在北京与曲阜举行,来自欧洲许多国家的学者参加了会议。尔后,中国孔子基金会、国际儒学联合会、世界儒学大会相继举行,孔子儒学业已得到全世界的瞩目。

二、 面对社会问题, 世界希望寻求孔子智慧

人类进入文明时代后,从来没有停止过对于未来美好世界的憧憬与向往。对于生活,人们满怀期待。科学技术的迅猛发展,在给人类带来梦寐以求甚至做梦都想不到的东西;但与之同时,一系列的社会问题也随之产生,人们发现,头上的天不再那么湛蓝,周围的环境不再那么舒爽。工业废气、汽车尾气、机器噪音,到2000年10月,南极上空的臭氧空洞面积已达到2900万平方公里。还有森林遭到破坏,水土严重流失,江河污染,水质下降,使资源短缺严重,生态平衡被打破,地球上许许多多的物种绝迹或濒临灭绝。人们面临生存环境威胁的同时,还有不少恶疾如同梦魇一般

逼迫人类，癌症、艾滋病、"非典"、"禽流感"、旱涝灾害、极端天气，这些东西，想来都让人心有余悸……

科学是把双刃剑，科学技术的发展给人类带来了安逸，也给人类带来了一系列的社会问题。但是，我们不能诅咒"科学"和"技术"，科学技术不是灾难的罪魁祸首，危机和灾难的责任者应是人类自己。很显然，人类是世界的主体，科学、技术由人创造，它们本身是中性、客观的，而运用他们的人却有主观能动性和价值观念，人们的行动受到思维方式和思想观念的支配。

20世纪的两次世界大战以来，已经有许多西方思想家在反思自己的传统和现实。他们意识到，西方文化本身，特别是近代以来"工具理性"支配下的近代文明，具有难以克服的缺点；意识到进化论的缺失及其背后"西方中心主义"和"人类中心主义"所带来的严重后果。可惜，这样的反思没有得到应有的重视和回应，以致错过了尽早解决危机的大好机会。随着形势的日益严峻，人们普遍感到危机重重，这时，东西方的思想家和知识精英们才不得不进行真正的反思。

然而，思考的过程却是复杂与艰难的。人们反思历史，研究社会，关注自身命运，开始思考东方古老传统的智慧，但是，或许对孔子儒家思想缺乏足够了解，对其博大精深的整体思维不能准确把握，争论似乎总是无休无止。人们思考中国的历史和现实问题，往往将这些问题与孔子联系在一起，或者尊重他，或者赞扬他，或者辱骂他，而很少能够齐心理智地继承他、弘扬他。

在从西欧引进的"东亚论""亚洲的价值""儒教资本主义论"等的议论中，孔子时而荣耀，时而沉沦。很多人对传统并没有太多的"眷念"，所以在思考孔子思想的价值时，往往显得感性有余而理性不足。另外，人们反思传统，在很大意义上是看到了东亚等国家和地区经济的发展；重视孔子，常常导源于某位"哲人"的某些理论。例如，美国学者亨廷顿出版了《文明的冲突》，引起人们思考儒家文明在未来世界中的地位；德国学者雅斯贝尔斯提出了所谓"轴心时代"的概念，诱发了人们研讨自己的"原典文化"的热情。随着中国国力的提升，人们对孔子与儒家文化的态度也逐步趋近客观。当人们对外面的世界了解渐多，回过头来正视现实、直面传统的时候，越来越多的中国人不再人为贬抑自身文化，而是越来越多地深刻认识和理解自身文化传统，并从中找回了民族的自信。但"传统"的惯性太大，优秀文化传统的"传统"如此，近代以来形成的"反传统的'传统'"也是如此。

将孔子与现实连接，似乎他就应该承担现实中的一切责任。中国国内自不必说，仅仅在东亚"儒教国家"，孔子的地位就不能不面对人们的功利评判。经济腾飞之时，人们看到了孔子及其儒学的和谐、兼容精神对现代化的助推；而经济危机到来时，原来作为经济发展动因的以家族纽带感为基础的儒教共同体主义，似乎只剩下了学缘、地缘、血缘等的私人关系网，从而成为经济衰落的"人情资本主义"的"主犯"。20世纪90年代的金融风暴中，韩国便有人重新反思以"儒教"为实体的"亚洲式价值"，有的学者指出："'孔子亡，国方兴'与浅薄的商业主义相结合，引起了关于孔子的争论。"

但是，"浅薄的商业主义"毕竟不能占据思想的主流，无论是在中国，还是在韩国、日本以及欧美国家，都有人看到孔子思想在当今世界的重要价值。例如，关于孔子的推己及人的思维方式，孔子"己所不欲，勿施于人"的忠恕之道就被公推为指导具体行为的准则。中国宋代的大儒朱熹，就曾经以"己所不欲，勿施于人"作为"白鹿洞书院教条"。不仅中国的学者如此，西方的大思想家同样也对儒学赞赏有加。伏尔泰认为，"我们不能像中国人一样，真是大不幸"。他强调，应该"把'己所不欲，勿施于人'这条法则铭刻在每个人的心中"。哲学家费尔巴哈肯定了儒学的伦理道德，他在《幸福论》中特别提到，中国的圣人孔子要求人们心地诚实地对待他人，如同对待自己一样。他称赞"己所不欲，勿施于人"，认为孔子的这个朴素而又通俗的道德原理是最好、最真实的，也是最具说服力的。

而今，"己所不欲，勿施于人"已被尊为"道德金律"，并被推许为全球伦理或普世伦理。所谓的全球伦理或普世伦理，是世界上不同国家、民族以及不同宗教、文明背景下的人们都能够认可和接受的伦理。自1993年在美国芝加哥召开的"世界宗教议会"上通过并发表了《走向全球伦理宣言》以来，世界各国不少宗教学家、哲学家以及其他方面的专家、学人都在积极参与探寻和讨论全球伦理或普世伦理，人们几乎一致认为，从世界各大宗教和文化所能提供的有价值的道德要求和道德规范中,"己所不欲,勿施于人"可以作为全球伦理或普世伦理。

瑞士著名汉学家孔汉思与其合作者库舍尔在《全球伦理——世界宗教议会宣言》中说:"数千年以来,人类的许多宗教和伦理传统都具有并一直维系着这样一条原则——己所不欲,勿施于人!或者换用肯定的措辞,即你希望人怎样待你,你也要怎样待人!这应当在所有的生活领域中成为不可取消的和无条件的原则,不论是对家庭、社团、种族、国家和宗教,都是如此。"在《走向全球伦理宣言的历史、意义和方法》中,孔汉思把儒家的"己所不欲,勿施于人"等伦理规范称为"金规律",就是指伦理道德的第一定律,或称"道德金律""道德金规"。

对于"孔子的智慧",每个人都会有自己的理解。奥运会上,中国队员姚明认识到"篮球不是一个人可以改变的",中国男子篮球队成功进入八强。法新社点评说,姚明的智慧是一种"孔子般的智慧",显然,他们是看到了中国文化中的团体意识;法国前总统吉斯卡尔·德斯坦曾经到孔子故里感受孔子智慧,他对孔子思想"讲究中庸与和谐"赞赏有加。

提出人类应当在新世纪的生存必须"汲取孔子的智慧"的,是瑞典物理学家汉尼斯·阿尔文博士。据介绍,阿尔文博士一直致力于空间研究,1970年,他获得了诺贝尔物理学奖。由于自己的工作无意中成为"星球大战"的序曲,因此他气愤地"建议"各国将国防部改为"大批杀伤平民部"。上述结论是他在等离子物理学研究领域的辉煌生涯将近结束时得出的。更有意义的是,这个报道是一位西方记者在西方的报纸上发表出来的。这个报道首见于澳大利亚的《堪培拉时报》,系"帕特里克·曼汉姆自巴黎报道"。据介绍,虽然会议的结论多达16个,报道却格外看重这个结论,除以大量笔墨重点介绍外,更以《诺贝尔奖获得者说要汲取孔子的智慧》来命名。报道开门见山地指出了诺贝尔奖获得者的这一建议,并称在会议的新闻发布会上,汉尼斯·阿尔文博士的这一发言"最精彩"。

三、孔子作为中国文化象征,促进中外人文交流

离开我们将近2500年的孔子怎么也不会想到:在他的名义之下,华夏文化的魅力与光芒已远行五洲,成为各国人民之间增进了解和友谊的纽带;

孔子故里曲阜的学者也许都想不到，在他们所在的"孔子文化学院"正式建立十余年后，世界上将有数百所"孔子学院""孔子学堂"陆续出现。

曲阜师范大学因为孔子而设学，建校初期即成立了孔子研究会，之后又建立了孔子研究室、孔子研究所，1993年改为孔子文化学院。孔子文化学院是专门研究孔子儒学、培养有关人才的机构。1996年9月28日，国务院正式批准在曲阜建立孔子研究院。经过十几年的建设，孔子研究院有了很大发展，如今，已经连续承办了三届世界儒学大会（第一届为筹备会议），可以相信，将在孔子、儒学与中国传统文化的研究与交流中发挥应有的作用。

世界各地的孔子学院是推广汉语和中华文化的公益性机构。世界各地的孔子学院实际上是一个平台，它将搭起国际交流与合作的桥梁，使中国与各国互相学习语言和文化，增进理解和友谊，也可以为促进世界和平和发展贡献力量。据介绍，自2004年11月韩国开设首家孔子学院以来，目前孔子学院已经遍布亚洲、非洲和欧美各地，初步形成中外高校合作、中外政府合作、外国企业与中方合作等多种建设孔子学院的模式。如今，中国与海外签约的孔子学院（教学点）数量迅速增加，连"国家对外汉语教育"有关部门的负责人也十分感慨，认为孔子学院的"全球人气"比想象的要强得多。

孔子学院花开全球可能出乎很多人的意料。据统计，现在，世界上至少有3000万人在通过各种方式学习汉语，有100个国家和地区、超过2500余所大学在教授中文，汉语教材已进入美、英、日、韩等国的中小学课堂，近5年来外国来华留学生年增两成、今年留学生人数创纪录。在加拿大的温哥华等许多地方，汉语已经成为当地的第二语言；在今天的美国，学习中文的人也越来越多，从2007年5月开始，美国大专院校委员会将把汉语列为高等就业考试的科目。汉语正在世界范围内成为一种越来越重要的语言。

很显然，一个潜力无穷而且生机勃勃的中国，必然是一个让世人充满希望和遐想的国家。人们看到，近20多年来中国经济迅速发展，中国未来前景美好。人们认识到，中国的发展给世界带来了机会，学习汉语可以寻找并抓住"中国机会"，可以与"中国希望"并行。所以，在一些国家，汉语已经成为一张就业王牌。法国教育部汉语督学白乐桑坦率地指出："只有以汉语为工具，以对中国文化的理解为依托，才能在未来中国经济的发展中把握先机。"

发人深省的是，正是在孔子的名义下，中国语言与文化的传播才出人意料。这说明世界需要孔子思想、需要中国文化，孔子与中国文化可以应对世界所面临的种种问题。哈佛大学教授杜维明先生十分强调孔子思想的当代国际政治价值，他认为："孔子学院受到全球欢迎，也说明了世界需要儒学来滋润。"中国传播自己的优秀文化，不仅要使中国更好地融入全球化的进程，让国际社会更多地了解中国、认识发展中的中国，中国还应当在国际社会上发挥出更大的影响力。因此，要为世界多元文化发展、构建和谐世界贡献力量，那与孔子学院一起遍地开花的，不应缺少中国的和谐发展理念。

中国是具有5000多年文明的泱泱古国，是世界文明的重要发祥地，然而，就是在这样一个文化与文明的国度，文化贸易的逆差却高得惊人。孔子学院的建立，世界对中国文化的了解，可以推进中国文化产业的发展，促进中国文化产品的对外贸易。中国应当以主动的姿态，学习外国，借鉴世界先进经验，促进中国文化产品的对外贸易，也更好地传播和宣传中国文化。

四、孔子作为华夏文化血脉，凝聚中华儿女

近些年来，在"孔子与世界文化"成为人们关注的话题的同时，华夏儿女也在思考中华文化在世界华人心中的作用。世界各地华人的人心凝聚，不仅是中华民族强大的需要，也是中国与世界友好交往的重要纽带，它将使中国与世界人们的联系更加密切和频繁。

近年来，实现民族伟大复兴的号召响彻中华大地。要实现民族的复兴，必先复兴民族文化，复兴民族文化绝不能舍弃作为中华传统文化主干的儒家文化。由于中华文化的理想、道德、价值都集中体现在儒家文化之中，所以复兴文化应当注重复兴中华民族传统文化的精髓。

不难理解，文化是一个民族创造力和自信心的源泉，是一个民族生存和发展的根基。一个没有根基的民族是没有希望的。文化的核心是价值观，价值观凝聚了人们对善恶、美丑的最基本看法，儒家的价值观是中国传统

价值观的主导。儒家文化倡导"以人为本""刚健有为""贵和尚中",这些思想长期受到人们的推崇,是民族延续发展的精神源泉,是中国文化的基本精神,对于统一的多民族国家的维护起了积极的作用。

近十几年来,一批国学大师、文化界的知名人士提出要在儿童中推广经典教育。中国台湾的国学大师南怀瑾先生几十年来一直在倡导读经;1993年,著名儒学大师牟宗三先生的学生王财贵发起并推动了"少儿读经"运动;1995年,赵朴初、冰心、曹禺、启功、夏衍等9位全国政协委员在第八届全国政协会议上,以正式提案的形式呼吁"建立幼年古典学校";1998年6月,团中央、少工委和中国青少年发展基金会启动了"中华古诗文诵读工程",该工程由中国青基会下属的社区与文化委员会负责实施,著名学者季羡林、杨振宁、张岱年、王元化、汤一介担任顾问,南怀瑾担任指导委员会名誉主任。之后,学者们陆续编印《中华文化经典基础教育诵本》之类的教材、读本,全国很多省、市、区出现了很多学校、家庭、社团开展读经活动。据不完全统计,现在全国有1000万左右的儿童参与了读经活动,真可谓盛况空前。

尽管读多少经典、读哪些经典、怎样读经等问题还应当研究,但这一活动本身说明,中华民族在历经苦难之后,终于从对自身文化的怀疑与非难中走出来,中华民族找到了从未有过的自信!倡导读经的一项重要目标就是拯救人类精神危机,重塑民族的根基。儿童是国家的未来,民族的希望。在读经中,他们从小在心中埋下古代先贤义理之学的种子,长大后会更明白为人处世的道理,从而吸收圣贤的教诲,融入自己生命成长的历程,自觉地担负起社会的责任和历史的重任,实现中华民族的真正复兴。

中国香港的汤恩佳先生致力于孔子思想的传播与弘扬,在海内外享有盛誉。多年来,他积极弘扬孔子之道,向世界各地捐赠、捐建孔子像。他认识到,孔子不仅是中国的孔子,也是世界的孔子。现代人如果能借鉴孔子的道德伦理价值观,尤其是"仁学"的体系,就可以在享受科技发达的同时,得到心灵真正的舒泰、精神真正的解放;而不同的国家、文明之间,也可以借此得到真正的和平,共生共荣,让各种冲突消失于无形。这是儒家思想、孔教精神的价值之所在。他希望将孔子思想撒播到世界不同的国家,以孔子"和而不同"的思想来解决国际纷争。

在世界上许多华人聚集的地区，孔子都受到衷心的爱戴与推崇。2005年9月28日孔子诞辰纪念日前后，世界各地举行了"全球联合祭孔"活动。许多年前，中国的台湾地区已经把孔子诞辰日——9月28日定为教师节。2000年，时任美国加州州长戴维斯签署法令，规定每年孔子诞辰日为"加州孔子日"，表明北加州的祭孔已获得美国主流社会的认可和尊重。2005年9月25日，还在旧金山市政府大厅举行祭孔和颁发齐鲁会馆华裔优良学生奖学金活动，并为资深、优良中文教师颁奖。

2004年岁末，"华夏园丁大联欢——2004山东之旅"活动隆重举行，来自中国大陆、中国台湾、中国香港、中国澳门等地区以及新加坡、马来西亚、印度尼西亚、泰国、英国等国家的中华民族的优秀教师代表齐聚孔子故里的曲阜师范大学。大家抱着极大的热忱和兴趣，听取"走近孔夫子"儒家学术讲座，并举行一系列的活动。这次活动中来自海内外的华夏园丁们对孔子学说抱有极大的热忱，许多海外的学校和教育机构的代表纷纷要求与曲阜师范大学孔子文化学院建立长期的合作、联系，邀请孔子文化学院的学者前往讲学，并提议组织多层次、多形式的经典讲习班，以培育对孔子、儒学和传统文化有更准确、更深入理解的华夏园丁，从而使以孔子为代表的优秀的中华传统文化能够薪火相传，使中华民族以崭新的面貌重新屹立于世界的东方。

（原载于张德广主编《"文明对话与和谐世界"国际会议文集》，世界知识出版社2010年版）

中华文明可为世界做出更大贡献

当前,世界文化格局互动加剧,强势国家不停地进行扩张,但各文化区之间及各文化区内部的力量对比此消彼长,不断分化、组合。中国曾经闭关锁国,在世界上被边缘化;而今,在中国逐渐靠近了世界舞台中心的时候,也必须看到并继续书写中国文化的变化。

政治、经济是文明土壤孕育的花果,中国正逐步成长为世界经济的重要"动力源"和"稳定锚",这是由中华文明自身的特质所决定的,中华民族也将为世界文化贡献"定心丸"与"稳定剂"。事实上,世界许多有识之士看到了中国儒家文明的价值,正如埃及前总理伊萨姆·沙拉夫所说,这个"无序混乱的世界"要"找到一个理想的平衡点",做到这件事情的主角应该是有着悠久文明历史的中国。伊萨姆·沙拉夫强调,中国人一定要珍视自己传统的价值观;他还说,"不光中国人民需要这些价值观,全世界其他地方的人民也需要"。

一、中华文明的高度与深度

今人认知世界文明,多提及德国哲学家雅斯贝尔斯的"轴心时代"概念。他认为,公元前8世纪至公元前2世纪,尤其是公元前600年至公元前300年间,是人类文明的"轴心时代",各个文明都出现了伟大的精神导师,古希腊有苏格拉底、柏拉图、亚里士多德,以色列有犹太教的先知们,古印度有释迦牟尼,中国有孔子、老子……他们提出的思想原则塑造了不同的文化传统,也一直影响着人类的生活。

中国在春秋战国时期进入了社会发展的特殊阶段,人们熟知先秦诸子"百家争鸣",认知到中国思想与中国智慧的繁盛与高潮,但我们需要知道的是,它远不是中华文明的初期,也不是所谓中华文明的"形成期"。实际上，雅斯贝尔斯的所谓"轴心时代"理论，并没有关注中华文明在诸子时代以前的漫长发展，没有注意中国许多思想家何以那样尊崇古代"先王"。

近四十年来，学术研究的重要进展与考古材料的惊人发现都一再证实，尧舜以来尤其是夏、商、周三代时期的中国文明已经有漫长的发展历程，有较高的发展水准。走在学术前沿的学者其实早已经看清楚这一点，20世纪80年代，李学勤先生就呼吁人们"走出疑古时代"，"重新估价中国古代文明"。其实，无论是3000多年前甲骨文完备的文字形态、5000多年前良渚文化精美的玉器，还是8000年前舞阳贾湖遗址中的骨柄笛，都一次次地冲击了我们的固有思维，使我们重新认识古代文明的发展水平，理解我国先民的深邃智慧和文化创造，再也不能对上古典籍中那些丰富记载视而不见！

人们看到，"百家争鸣"其实是对历史文化的继承、总结与反思，诸子思想的形成有广阔的文化背景。夏、商、周三代已经是"有道"时期，已经是中国文化形成与确立的时期。只是，到了春秋末年却变得"天下无道""礼坏乐崩"。如果孔孟老庄的年代是我们民族文明的初创期，那么中华文明、儒道学说的"价值"或"超越意义"就会大打折扣。而事实是，在雅斯贝尔斯所说的世界文明的"轴心期"之前，中华文明已经有了漫长的发展历程，有了丰厚的文化积淀，有着自身深沉的精神凝结与创造。

中国的先民们认知世界，以天地为师，着眼古往今来，关注四方上下。"往古来今谓之宙，四方上下谓之宇。"在中华文化的早期典籍中，"天下""万方""四海"之辞层出不穷，这源于中华文明的天下观、世界观、整体观、系统论。在与世界的互动中，他们深刻理解"天道成而必变""道弥益而身弥损"之类的道理，讲究注焉不满、酌焉不竭，当位而行、允执厥中。

看清中华文明的绵延之路，探悉中华文明的深远辽阔，就会看到这样一个一定会越来越清晰的事实：早在孔子以前数千年的"三代之明王"时期，中华文明就已经为人类确认了坐标。孔子倡导"天下为公"，是希望天下的人都按照"社会人"的要求修养自身，而不是只考虑一己之私。所谓"公"，不过就是今之所谓"公共意识""公共道德"而已。诚如安乐哲先生所说，儒家讲求的正是"角色伦理"，这也是儒家的"正名"主张。

是的，孔子儒家就是要人们加强修养，思考人的社会性存在。中华

"先哲""先王"站在人类发展的中心点，思考"人心"与"道心"的关系，为人类谋福祉，系统而完备。如果更多地走近中国早期文明，更多地了解中华文明，看到它的高度，了解它的深度，那么，中华民族的伟大复兴之梦，就不仅是嘹亮的呼唤，更是洋溢的动力。

二、 中华思想的时空维度

　　传统属于历史，但传统绝不意味着过时，未必与现代社会不能相容。传统之所以为传统，一定有它内在的原因。中华思想的精华集中于孔子与老子，孔子则集中了尧舜禹汤、文武周公的思想精华。他向老子请教，他一定比今天的许许多多的人更懂老子，所以，他创立的儒学才影响更加久远，成为中国传统文化的主干，成为传统中国思想的杰出代表。在诸子百家中，孔子最重视对传统的继承总结与凝练提升，故而更具有生命力。孔子以后的历代思想家思考世道人心，都是在孔子思想的基础上继续发展与弘扬，所以，孔子才被尊为"万世师表"。西方学者常将中国称为"孔子的中国"，内在地决定于孔子思想的特性与特质，决定于孔子学说的巨大影响。

　　孔子的思想学说可不像世间有的智者那样只依靠了"面壁"或"顿悟"而来，也不是受到了哪个神灵的启示。孔子自幼好学，他的"好学"成就了他的"博学"。典籍上说孔子"祖述尧舜，宪章文武"，他也自称"信而好古，述而不作"，那么，我们必须思考什么是"祖述"与"宪章"，并理解孔子何以"好古"，为何"不作"。显然，孔子的"思想高峰"立于三代时期的"文化高地"。所以柳诒徵先生说，"自孔子以前数千年之文化，赖孔子而传"；梁漱溟先生说，"孔子以前的中国文化差不多都收在孔子手里"。

　　1989年，时任联合国教科文组织代表泰勒博士说："当今一个成功、昌盛的社会，在很大程度上仍然立足于孔子所阐述的许多价值观念。"他说："这些价值观念是超越国界和超越时代的，它属于中国也属于世界，属于过去并照耀着今天和未来。"不难理解，孔子儒家思想的"时空维度"当然不在"一时一地"，它包含了"天地之美""万物之理""古人之全"，所以《庄子》才称"内圣外王之道"是"道术"而不是"方术"。

可是，我们想到孔子，脑海中首先浮现的往往是孔子栖栖惶惶、到处奔走的身影，往往是那个驾着马车"周游列国"的形象。看起来，孔子为政没有成功，但他清楚"穷达以时"的道理。孔子信念坚定，也有充分的自信。孔子初仕，为中都宰，"行之一年，而西方之诸侯则焉"。他治理中都仅仅一年时间，便成为样板，各地诸侯纷纷效仿学习。鲁国国君问孔子："用你治理中都的办法治理鲁国，怎么样？"孔子对曰："虽天下可乎，何但鲁国而已哉！"孔子相信自己的为政方略有广泛的适用性。

　　孔子的自信源自他对礼乐本质的把握，源自他对人性和人的价值的思考。所以，有弟子问他："十世"以后的治世之道可知吗？孔子回答：别说"十世"，即使"百世"也可以知道。孔子认为："殷因于夏礼，所损益，可知也；周因于殷礼，所损益，可知也。其或继周者，虽百世，可知也。"人组成社会，成为社会的人，就必须明于礼义。社会治理的根本，无非就是人心的端正，无非就是在人们的心中筑起道德的堤防。夏、商、周三代，礼的形式随着时代的变化而发生了"损益"，但礼的根本精神永远不会变，这就是人人都应该按照个人的社会角色做好自己。

　　由"中都"而"鲁国"而"天下"，这是空间的放大；由"三代"而"十世"而"百世"，则是时间的绵延。这显示了孔子思维的"时空维度"。他的高度与宏阔由此可见一斑。他倡言"内圣外王之道"，主张推己及人、修己安人、明德新民。比如，他思考如何立身处世的问题时，往往从根本上着眼，从简单处着手。

　　孔子弟子请教有没有一个字可以终身奉行，孔子认为这个字应该就是"恕"。孔子解释，所谓"恕"就是"己所不欲，勿施于人"。子张请教"行"，问如何才能使自己无论到哪里都能通达。孔子认为应当"言忠信，行笃敬"，即说话忠诚守信，行事庄重严肃。人如果时刻牢记，将"忠信""笃敬"装在心中，指导自己的行动，即使走到与自己文化不同的"蛮貊之邦"，也一样顺畅通达。

　　看起来，"孔子提出的方法是简单的"，但正如英国学者贡布里希所提醒的那样，"也许你不会马上喜欢它，但是其中却蕴含着比人们第一眼所看到的更多的智慧"。

三、中华文明的精神气象

每一种文明都有它的精神气象，中华文明最为突出的精神气象莫过于它的"王者之风"。中华文化追求以王道行天下，孔子继承发扬三代文化传统，王道政治是孔子心中的理想政治。

孔子常谈"王天下之言"，谈以"道"治国才能"致霸王"；孟子则言及"王""霸"之别。霸道，靠的是兵甲之力，使人被动屈服，埋下隐患，自食恶果。王道，以德行仁，人们主动臣服，心悦诚服，自求多福。《孔子家语》有《王言解》篇，记述孔子的王道言论，孔子思考"王天下之道"，希望听"王天下之言"。

王者气象使得中华文明有着多姿多元而又贯通如一的气质禀赋。中华文明崇尚礼让、源于礼让，使得许多矛盾不解自消。内心有王者情怀，才会能让则让，让于可让，同时还会在原则面前当仁不让。正如今天的现实世界里，中国在走近世界舞台中心的过程中，中国不能以牺牲本国利益为代价。在风云变幻、纷争逐利之中，立足长远，谋划全局，正是中华文明气象的时代彰表。

中华文化气象使中国主流价值追求清晰而坚定。中国者，执中而立于天下，安定四海，天下大同。王者的终极追求是什么？是仁、义、礼、智根于心、见于面、盎于背、施于四体，四体不言而喻。内在的美德丰厚盈溢之时，光辉灿然的生命就巍然耸立。

在王者气象的追求中，言念君子，温其如玉。"庶几夙夜，以永终誉。"美国前总统奥巴马曾表示他一直致力于学习"确定自我身份的时候，不以降低别人来显示自己与他人的不同，而应该以抬高他人来找到彼此的相同"。其实，几千年前，"和而不同""成人之美""立己达人"这样的叮咛就在中华厚土上掷地有声，而且在斗转星移的千年过往中从未间断，至今回响，使得近者悦、远者来。

中华文明的王道精神经得起时空的检验，乃是从人心与人性出发，致力于满足人们的需求，向上仰望，是深远历史经验的总结，是天地智慧的体悟；向下扎根，是对多方利益的兼顾与平衡，求得最大公约数，昭示未来的发展方向。在疑惑中超越，于不确定中憧憬。《诗经》云："自西自东，自南自北，无思不服。"中华文明的精神气象、气质禀赋、价值追求，夯实了中华文明在世界价值体系中心点之坐标，它没有焦虑，而是如如不动，见证永恒。

四、 中华文明的思维模式

在巴黎联合国教科文组织大楼前的石碑上，用多种语言写着一行字："战争起源于人之思想，故务需于人之思想中筑起保卫和平之屏障。"人们应该如何思想？这是一个思维的方向问题。西方思想家培根说"知识就是力量"，但我们还要补充说"力量需要方向"。此即孔子所说"君子不器"，此即《中庸》所谓"道前定则不穷"，这正是历代儒家的致思方向，是中国儒学的特质所在。

思维模式标识、代表着价值取向，决定着行动走向。比如，以何为本，以何为末；以何为先，以何为后；以何为始，以何为终。在中华文明的思维模式中，将荣誉与责任高于一切，兼顾多方利益；遵循并行、并育，没有相悖、相害；信奉"创造、分享、助给"，创造在自己，分享给他人，助给予弱者。

中华文明价值取向清晰，更可贵的是，它以"一以贯之"的思维模式来落地。全然思索古与今、我与世界、价值观与方法论。这样的思维模式，成为通往中心坐标的最优路径、至佳选择。

在"一以贯之"之中，关注根本，将个人的修养放于中心点，反求诸己，从而聚焦于发展、聚焦于成长。人们看重内在的功力，如火之始燃、泉之始涌，扩而充之可保四海，反此甚至不能事父兄。这样的思维并不东张西望，没有左顾右盼，而有深邃的动力和发展的持续性。由远至近，絜矩成人，至诚无息，执中而立。朱熹云："气至而滋息为培，气反而游散则覆。"由"天地位"而"万物育"，"致广大而尽精微，极高明而道中庸"。

也是源自"一以贯之"，自尊，尊人，被人尊；自敬，敬人，被人敬；自爱，爱人，被人爱；自知，知人，被人知；自信，信人，被人信。开放大度，和谐包容，智慧持中，踏实稳重。与基督教的博爱精神与神圣观念相类似，儒家最重仁爱精神和敬畏观念。孔子儒家十分看重的正是"爱"与"敬"，《论语》说"孝悌也者，其为仁之本与"，孔子说"爱与敬，其政之本与",又说"立爱自亲始""立敬自长始"。美国的爱默生说:"我们确信,武力会招致另一种武力,只有爱和正义的法则才能实现彻底的革命。"其实,对于爱与正义,几千年前中华传统文明中的信奉全然而彻底。

子曰:"为政以德,譬如北辰,居其所,众星拱之。"在复杂多变的国际形势中,面对纷纷扰扰的多元追求,我们有德之民族、有德之国度、有德之文明,像北辰灿然居中,这正是中国的文化坐标。

我们如此思考与认知,其实是为了认清自己的文化方位,思索中华文化的竞争力,思考中华文明与人类共同价值之间的关系。这些,决定于我们文化的特点、特性与特色,决定于我们的哲学智慧和文化气象。我们在忙于为"优秀的传统"制作"得体的时装"时,还要更多地在认真理解"优秀的传统"上下功夫。事实上,我们在世界文明面前感到迷茫、在西方文明面前感到卑微,缺少的恰是对自身文明符合历史真实的认知。只有理解到了这一点,才能达致真正的文化自信;唯其如此,才可以与全人类共享中华文化的伟大智慧。

(原载于《第八届世界儒学大会学术论文集》,文化艺术出版社 2018 年版)

用儒学智慧助力世界和平

20世纪80年代,在讨论"面向21世纪"的国际会议上,有西方学者提出:"人类要在21世纪生存下去,必须回到2500年前,去汲取孔子的智慧。"以孔子为代表的儒家致力于社会和谐、天下大同。面对当今世界百年未有之大变局,要减少纷争、消弭战乱,需要借鉴中国儒学智慧。

一、"和而不同"与相互尊重

孔子说:"君子和而不同,小人同而不和。"这句话是讲君子的境界。君子能够与他人和谐相处,却不会简单苟同附和;小人则相反,往往苟同附和,却未必能与人和谐相处。也就是说,君子不会相互勾结、党同伐异,不会不辨是非、丧失原则。

中国文化重"和",以和为贵,但不是无原则片面追求"和",而是不违背礼法,不为和而和。"和而不同"重点在"和",同时强调承认差异,强调对差异的理解与尊重。"和而不同"不等于"不同而和",朱熹解释说:"和者,无乖戾之心;同者,有阿比之意。"理解和尊重具体体现为"和",但理解和尊重不是曲意逢迎。

和而不同,以礼节和,关键在于"礼"。孔子说:"礼也者,理也。"人们循理而动,才能和谐。显而易见,和平与和谐需奠基于人类理性与道德的团结。然而,由于对彼此缺乏了解等原因,不同国家与区域之间还充斥着猜疑甚至敌意,有的则不顾及诸如平等、相互尊重等原则,以自身的傲慢与偏见看待他国、敌视其他民族。和平必须奠基于人类理性与道德之上,当今世界新冠肺炎疫情大流行、经济下滑,尤其需要国家间的互助与协作,各国政府和民族之间应求同存异,彼此尊重不同的想法。

东海西海,心同理同。关键是要遵道而行、循礼而动。世界上最根本的理，在于"爱""敬"二字。儒家重视孝悌，正是视爱与敬为"政之本"。孔子主张"立爱自亲始""立敬自长始"，汉代亦有"人道之极，莫过爱敬"的说法。西方有博爱精神、神圣观念，与中国儒学的仁爱精神、敬畏观念殊途同归，世界各国与各民族只有互相理解，求大同、存小异，真正发扬"爱与敬"的文化精神，才能为世界和平奠基。

二、"推己及人"与互相包容

中华优秀传统文化的突出特点在于以人为本，思考人性和人的价值。人是社会的人，就应该思考"人之所以为人"的问题。孔子教人修文德、立忠信，注重克己推己的修己功夫，这也是儒家思想学说的精髓与根本。孔子说"吾道一以贯之"，曾子称这个"一"贯之道无非就是"忠恕"而已。忠，克己修己；恕，推己及人。

在早期中国，"一"意味着整体思维。人们认为世界原初状态是"太一"，现实世界由"太一"化生而来。孔子说"夫礼，必本于太一"，又说"有天地然后有万物"，有万物然后有男女、夫妇、父子、君臣、上下，然后"礼仪有所错"。处理现实世界的各种关系，必须有"一"的思维。现实世界有数不尽的两两相对的关系，要有"一体"思维、"整体"的观念，处理人际关系则要遵从"忠恕"之道，有修己而推己的换位思考。中国圣王之道无非"忠恕"而已，"忠"是人们修养的基础，"恕"是为人处世的境界。修己使个人庄敬，修己以安他人，修己以安顿百姓，这是极高的境界。孔子说："修己以安百姓，尧舜其犹病诸？"

安百姓，和天下，这是和谐世界的需要。"忠恕违道不远"，人若做到"忠恕"，距离"道"就很近了。"己所不欲，勿施于人""己欲立而立人，己欲达而达人"，看似简单的道理，似乎人人可为，却需要付出极大的努力。人们好像不难孝亲，却未必能将这种"亲亲"之心推衍放大。人能"亲亲"，才有可能"不独亲其亲""老吾老以及人之老"，才能够"泛爱众"，让世界充满爱！儒家特别看重"忠恕"的修养方式，以之为"絜矩之道"，称之为"君子之道"，就是希望在处理各种人际关系时推己及人、换位思考。

英国作家贡布里希说，在孔子学说的影响下，"伟大的中华民族比世界上别的民族更和睦和平地共同生活了几千年"。世界知名学者孔汉思说，全球伦理最基本的两个伦理框架，一个是人道，即孔子说的仁；第二个是孔子在人文规则历史中设立的第一个黄金法则：己所不欲，勿施于人。世人如能正身修己，尊重包容，以忠恕之道勉力而行，并将这种修养方式由人与人，推至国与国，扩于民族、宗教、文明之间，世界大同理想就不难实现。

三、"天下为公"与共同发展

孔子"述而不作"，"祖述尧舜，宪章文武"，继承他以前数千年的中国文化，提出了"大道之行，天下为公"的社会理想。他希望选贤与能，讲信修睦；希望人们推衍亲情，放大善性，各尽所能，相互关心。他站在人类发展的中心点，思考人心与道心、人情与人义、天理和人欲的关系，希望人们都按照"社会人"要求修养自身。这是2500年前孔子儒家所发出的强音。

天下为公，意味着和谐相处，守望相助，共同发展。所谓"背私为公"，"公"指的是公共意识、公共道德。儒家讲求"角色伦理"，要求人们各正其名，安其分、尽其力。唐代有人云"心苟至公，人将大同"；明末思想家有言"天下非一姓之私"，提出了"公天下"主张，还把它凝聚成"天下兴亡，匹夫有责"的个人道德要求。"天下为公"是中国社会公德的最高原则，是中华民族道德精神的核心。

中国先民认知世界，乃以天地为师，着眼古往今来，关注四方上下。在中华文化早期典籍中，"天下""万方""四海"这样的概念层出不穷，这源于中华文明的天下观、世界观、整体观。在与世界的互动中，人们理解到"天道成而必变""道弥益而身弥损"，从而强调人与人之间、邦国之间的相互依存、休戚与共、合作共赢。

孔子提出的方法是简单的，但其中蕴含着比人们第一眼所看到的更多的智慧，孔子思想包含了"天地之美""万物之理"。早在1843年，美国的爱默生得到中国的"四书"译本后细心研读，从而对孔子产生了仰慕之情。他认为，孔子心目中的君子具有入世精神，又能自拔于流俗。他是"中国文化的中心"，也是"全世界各民族的光荣"。埃及前总理伊萨姆·沙拉夫则认为，这个"无序混乱的世界"要"找到一个理想的平衡点"，做这件事情的主角应该是中国。他强调，人们一定要珍视这个传统，这些价值观不只中国人民需要，全世界其他地方的人民也需要。

中华文化追求"王道行天下"，王道政治是儒家的理想政治。孔子谈"王天下之言"，孟子言"王""霸"之别。霸道，依靠兵甲之力，使人被动屈从；王道，以德行仁，使人心悦诚服。思维标识价值取向，决定行动走向。中华传统将荣誉与责任看得更高，兼顾多方利益。"天下为公"就是从孔夫子到孙中山致力倡导和追求的"王道"，是中华文化最"珍贵的遗产"。这是人类命运共同体意识的深层思想根源。

（原载于《光明日报》2020 年 9 月 28 日）

儒学于道最为高

儒学与现代人生是什么关系？儒学在今天应该发挥怎样的作用？

这关涉儒学的本质。儒学是什么，应怎样理解儒学，汉代学者其实已说得很清楚。《淮南子·要略》说，孔子修治成王、康王的治国理念，述说周公的教训，用来教导孔门弟子，于是产生了"儒者之学"。

《汉书·艺文志》又说，儒家帮助社会理顺阴阳、阐明教化，儒学的施教内容来自"六经"，着重对仁义的阐释，"于道最为高"。

儒学以"道"为最高追求，这是理解儒学及其现代价值的关键。人们喋喋不休地谈论"道"，"道"无非就是指人的价值与信仰，指人生的追求、社会的遵循。在这样的层面理解，就能在人的社会性上认识自我，而不会形式化、功利化、空泛化地理解传统，不会拘泥于经典章句的纠结。

那么，儒学之道主要包含哪些层面的"道"呢？

一、"天下为公"的人伦之道

儒家的社会理想是"天下为公"，这才是孔子所说的"天下有道"，是儒家追求的王道。古有"背私为公"的说法，"公"与"私"相对，一个人不自私也就是"公"，这是人的公共意识、公德意识，彰显了人的社会性存在。

如果说"道"是价值体系，"德"就是"道"引领下的行为方式。如果说"道"意味着"信什么"，"德"就是"怎么做"。就像《老子》是老子的"道德经"，《论语》《孔子家语》等书里的孔子言论可以说就是孔子的"道德经"，其中讲的是道德、价值、信仰，指引的是正确的人生之路。

孔子说："道义是用来彰明德行的，德行是用来尊崇道义的。所以，没有德行，道义就得不到尊崇；没有道义，德行就得不到彰明。"有道之人才有公德，有了正确的信仰，德行好坏才有了标准，这意味着正确信仰的重要性。

人是社会的人，人组成社会才有力量。荀子认为，人力不若牛，走不若马，牛马反被人所用，这是为什么呢？因为人能群，而彼不能群。人的社会性存在，会面临家庭、工作、社会三个方面的关系，于是就呼唤家庭美德、职业道德、社会公德，而这些都基于个人自身的品德。

正是在这样的意义上，儒家提出"五达道"，即君臣、父子、夫妇、兄弟、朋友，这是人与人相处的五种主要关系，其他关系都可以在此基础上派生出来。达道者，大道也。"五达道"如何处理？孔子提出的原则是父慈子孝、兄良弟悌、夫义妇听、长惠幼顺、君仁臣忠。孔子把它称为"人义"，即为人者都应自觉做到。

孔子、孟子大谈人禽之辨，强调"人之所以为人"的问题，就是为了说清楚为人之道。孔子说"礼也者，理也"，"礼"就是儒家重要的为人之道，它是人的社会性的内在要求与基本规则，具有天然合理性。《礼记》说，礼合乎天时，配合地利，顺应鬼神，符合人心，治理协调万物。中国是最讲礼的国家，因为人们思考的是人性和人的价值，是人应该遵道而行、循礼而动。这显示出中国思想的高度与深度。

二、"政之所成"的为政之道

人们只有明理守道，循理而行，有耻且格，才能自觉遵守法度。例如，古代礼仪以祭礼为最重，祭祀之礼显示人之所敬，彰显内心所尊，故《国语·鲁语上》说，祭祀，是国家重大制度；而制度，是成功处理政务的保证。所以古代圣王才慎重地制定祭祀制度作为国家大典。

孔子常说"政者，正也"，"为政"无非就是"为正"。为政者本人如何行动十分关键。为政者皆有其位，他们更应该有其德，德位相配者才能为政治国。人有德有位，自然明白是非，懂得曲直。其身正，不令而行，他可以用自身之正引导天下之正。所以孔子说如果自身正了，从政还有什么困难的呢？如果不能使自身端正，又怎能使别人端正呢？

"人不学，不知义。"为政者要做到自身正，须先有对"正"的认知。春秋时期的郑国人子产说"学而后为政"。这个"学"是指正确的认知，是

"通过学习而有道术"。

所谓为政者，是具有管理职能的人，是社会活动的组织者、管理者、引领者。为了让他们更好地"为正"，传统的"大学之道"讲求培养"君子"，他们可以讲求高深的学问，可以"喻于义"，他们的德行像"风"，他们明是非、知荣辱、能担当、敢引领、格局大、有气象。时代顺利前行，社会和谐发展，离不开许许多多这样的人。

三、"推己及人"的忠恕之道

要想知礼义、有道德，无论是为政在位者还是普通民众，都面临一个自身修养的问题。每个人都要理解自己的社会性存在，于是孔子提出了"己欲立而立人，己欲达而达人""己所不欲，勿施于人"的修身方法。这是孔子的一贯之道，是中国传统文化的基本点，它被认为是孔子在人文规则历史中设立的第一个黄金法则，被推尊为全球伦理最基本的伦理框架。

曾子说，孔子的学说"忠恕而已矣"，宋代朱熹将其解释为"尽己之心为忠，推己及人为恕"。孔子的忠恕之道就是仁，是儒学的核心。仁的本义是"反求诸身"，即反省自己，亦即曾子所说"吾日三省吾身"。

仁，并不高深。孔子说"我欲仁，斯仁至矣"，意思是我想要仁，仁就会到来。仁的基础是修己（修养自己）、克己（克制约束自己）、敦于反己（诚恳反省自己），仁的推延自孝敬父母推广到仁爱百姓，最后至于爱惜万物。人有爱心才能成人，基本表现在于孝亲，只有"亲亲（亲近亲人）"才能"不独亲其亲（不只是孝敬自己的双亲）"，最终实现"泛爱众"，让世界充满爱。

儒学是修己安人之学，是忠恕之学。一个人要懂得自己的角色，明白自己的伦理定位，就要换位思考，推己及人。看起来，孔子提出的方法十分简单，但在简单背后，却蕴含着一般人想不到的"不简单"。

四、"与时偕行"的时中之道

在儒家话语体系中，"中"或"中庸"属于"至德"。庸可以理解为"用"。中庸，就是中之用，也就是用中，把握中道。中庸是"中和之为用",要求不偏不倚,不能过,也不能不及。

人很难长期做到"中"。作为方法论和处事原则,中庸或中道原则是对和谐的追求。人处在伦理关系中,和谐的关系应当君仁、臣忠,应当父慈、子孝,人伦关系都是相互的、双向的,把握其间的平衡就是和谐,就能发现中和之美,这就是"天地位"。只有天地各得其位,才能"万物育"。只有稳定,才能生长;只有和谐,才能发展。

在孔子故里曲阜的文庙,宋代时的大门名叫"大中门"。在宋人心目中,在孔子思想中,"中"的位置极其重要,因为这涉及人伦社会的根本问题,即人心、道心的关系问题。

中国思想家在这方面的探索很深入、很透彻。《尚书·大禹谟》说:"人心惟危,道心惟微,惟精惟一,允执厥中。"意思是人心自私危险,道心幽昧微明,只有精研专一,诚信地遵守中道。孔子说,人有基本情感和做人方式,此即人情和人义。人都有"大欲""大恶",但却不可"好恶无节"。人要令耳目受心役使,用心去思考一切,用心把握"中"。只有择中固执,才能从善如流,效法天道,至诚不息。

从社会管理的意义上讲,中庸指不断纠偏的过程。孔子说:"夫礼,所以制中也。"按照中道学说,人要按照该做的去做,这就是"以礼制中"。如有人不能做好,就要教育引导,这就是"以型教中"。如果有人违背道德规范,甚至伤义败俗、危害社会,教育也不起作用,那就要"以刑教中",这就是加以强制,以维护社会公平与正义。

(原载于《中华瑰宝》2019年第7期)

把握传统精髓，建立精神家园

中华文化有其内在发展的根脉，有一以贯之的灵魂。我们要着眼于筑牢民族根基，认清根脉，把握精髓。

中华文化就像一棵生生不息的大树，它的根扎得很深、很牢。人们认为春秋战国是中国文化发展的特殊时期，但它绝不是中国文化的形成期，而是中国思想与中国智慧的繁盛期、高涨期。此前，中华文明已有漫长的发展历程，有较高的发展水准。孔子儒学是中华文化之树的主干，孔子为中华民族阐述和确立了基本的文化立足点，并且在不同时期结出了不同的文明成果。儒学具有"道术"意义，有显著的"德性色彩"，只是在帝制时代染上了"威权色彩"，呈现出为后世所诟病的某些特征。长期以来盛行的疑古思潮致使人们对古代文明发展程度估价过低，加之近代中国落后挨打，使人们更多地看到了儒学被异化的方面。今天，只有清楚地认识这个变化，才能正本清源，返本开新，走出迷茫。

中华文化是一个有机整体，必须了解孔子儒学的"集大成"意义，理解它与中国社会历史文化的深层关系，从多元一体的整体性出发，从不同层级的内在统一性出发，准确理解儒学与各区域文化、诸子文化的关系，正确处理儒学与佛、道乃至与其他外来文化的关系。统观全局，把握大体，才能形成强大合力，形成向心力、凝聚力。

中国文化重"道"，所谓"道前定而不穷"，知识就是力量，但力量需要方向。中华传统文化关注的是生命世界，而不是物象世界，它是一个活泼的生命体，信仰与信念、道德与价值才是中华文化的魂魄、核心。如果把握了学术的高度与深度，讲清楚"学术的中国""理论的中国""历史的中国""现在的中国"，再通过生活细节的"落地"，文化就能"润物细无声"地浸润人们的心灵。这样，人们才能洞达本质、明辨是非，知荣辱、懂审美，行动才有指南。

道德体系的建设与完备是提升国家软实力的支点，儒家文化给我们的最重要启示是，在价值观或道德建设上，干部是主导，学校是主场。传统中国"以吏为师"，社会管理群体起决定作用，或者说价值体系建设的关键在"官"，"道"是价值体系，"德"是行为规范，"弘道"的关键主体在干部队伍。古代注重"以正治国"，儒学注重以为政者的"正"引导天下的"正"。孔子明确强调讲"政者正也""为政以德"，中国君子文化就把"尊贵者"与"高尚者"进行联结或一体化，这是古代管理哲学的精髓。因为责任大，所以要求高；既然是尊贵的人，就应该是高尚的人。

我们认为，当前或较长的一个时期，无论是将文化"传承下去"还是"传播出去"，"认识自我"比"介绍自我"都显得更为紧迫，为此，我们应建立"学术登峰"与"文化落地"的示范平台。我们应认真考虑曲阜作为孔子故里、作为儒家文化发源地的特别优势，事实上，孔庙纪念孔子，以四配、十二哲以及历代先贤、先儒配享从祀，他们都是中华民族的文化精英，这里是传统中国的"名人堂""先贤祠"，几千年来一直是知识分子的心灵家园。

为此，我建议重点建设"曲阜优秀传统文化传承发展示范区"。立足于中华民族几千年的文化，我们认为，官德教育极其重要，政德教育天地广阔，大有作为。孔子故乡近几年在政德教育方面已经进行了一些有益探索，可以从民族复兴和国家发展的战略高度，将这里建成"中华民族共有的精神家园"。

（原载于《人民政协报》2017年8月14日）

聚焦传统经典，筑牢文化根基

习近平总书记指出，要推动中华优秀传统文化创造性转化、创新性发展。当代中国是历史中国的延续和发展，是传统中国的继承与发展，社会主义核心价值观是传统道德与文明在新的历史条件下的彰显与继承。为中华民族培根铸魂，铺染中国人的生命底色，构建强大的时代民族精神，必须高度重视中华优秀传统文化的力量。在新的历史条件下大力弘扬发展中华优秀传统文化是一项庞大的系统工程，而撬动这一系统的支点，就在于中华优秀传统文化的核心经典。

一、经典凝结着民族精神

经典，是中华民族思想文化的结晶。中华经典承载了古往今来中华儿女的传统道德与价值信仰。中华典籍体系洋洋大观，诸子、三教，俊采星驰，相映生辉，以"四书""五经"为核心。两千多年来，从《汉书》到"四库全书"，中国图书体系皆以儒家经典居首，正是基于其在精神方向上的引领意义与化育人心的重要功能。考古与学术研究证实，孔孟老庄所处所谓"轴心时代"之前的中国，已经走过了漫长的发展历程。先秦诸子代表了中华文化的成熟时代。中华核心经典，就像孔子本人那样，是其前中国文化的积淀，更经过了其后中国历史的检验。

中国之治是中华文明长期发展、内生演化的硕果。中国多元一统的政治文化思维与组织形态，创造了国家社会长期稳定的局面，创造了经济高速发展的奇迹，更推动着中华民族、中华文明发展产生超强包容性、超强凝聚力。海外的有识之士，如美国的基辛格博士、英国汉学家马丁·雅克认为，历史上西方曾经形成很多大型而强悍的帝国，纵横世界雄霸一时，但在衰败之后基本都灰飞烟灭，成为历史陈迹，再没有重新崛起的可能。

古代中国则不然，总能在衰微之后不断重新崛起与复兴。从根本上讲，中华民族能够永续发展、不断传承的坚强与坚韧，正源于中华文明的特性与特质。龚自珍曾说，欲要亡其国，必先灭其史；欲灭其族，必先灭其文化。没有文化与文明的源远流长、传承不息，其后果不堪设想。

20世纪40年代，面对"七七事变"之后国难当头的危亡时局，学者程树德先生以病弱之躯在极端艰苦的条件下编著八十万言的《论语集释》。他说："夫文化者，国家之生命；思想者，人民之倾向；教育者，立国之根本。凡爱其国者，未有不爱其国之文化。"钱穆先生在他的《国史大纲》中说，任何一国之国民，尤其是自称知识在水平线以上之国民，对其本国以往历史，应该略有所知，尤必附随一种对其本国已往历史之温情与敬意。中国人的国家观念，是"道德的""文化的"。世界上还没有哪个民族像中国这样，总能够在最艰苦的时候发挥出它的道德精神来挽救危机。社会与国家，固有一时之危，但最大的危机在于信仰的危机。中华经典是中华民族的信仰基础，始终起着为中华民族培根铸魂、引领方向的根本作用。

二、走出迷茫，超越纠结

有人认为孔子"只有一些老练的道德说教"，或认为他提出的原则与方法很简单。但中华文化强调"道不远人"，其中的"不简单"正隐藏在"简单"背后，饱含着比第一眼看去更多的智慧。

新冠肺炎疫情的发生，对于我国来说既是危机，也是一场大考，向我们提出了重大挑战与思考。要提升防范化解重大风险和应对重大危机的能力，就要继续大力完善各项制度，切实将制度优势转化为治理效能。国家治理体系体现于制度，治理能力体现于制度的执行力。《孔子家语》中记孔子说"冢宰之官以成道"，"司徒之官以成德"，所强调的是由周公所奠定的《周礼》"六官"治理体系，最重"道"与"德"，把道德建设放在首位。这一架构深刻影响了自北周、隋唐以来的六部制度。后代选官常考试经义，以经学取士，培养和任用明是非、能担当、敢引领、有格局的"大人"。辜鸿铭翻译《春秋》，将其中的"名分大义"翻译为"荣誉和责任的重要原则"，强调了"荣誉与责任"是决定民族兴衰的道德原因这一主旨。这同样也是"四书""五经"等中华经典的"大义"，是中华文明存在的基础，是中国国家观念的基础。治理体系的构建和治理能力的落地都"为政在人",我们特别需要通过中华优秀传统文化与中华经典培养承载中国气质、中国精神、中国力量的新时代奋斗者。

中国近代的社会动荡与民族屈辱,使人们在学校尊孔读经问题上曾有着很大纠结。100年前,蔡元培先生主掌当时的教育行政委员会,邀请马一浮担任秘书长。马一浮先生建议不要废止学校读经,他还劝设通儒院"以培国本",希望培养"可与世界相见"的"中土学者",以使"国本初张,与民更始",然而时势不济,确如蔡元培所言"时间尚早"。今天,中国已今非昔比,应该满怀自信,走出迷茫,超越纠结,由中华经典而中华思想,由中华学术而中华精神,用传统经典润泽当代价值,唤醒与激发民族文化精神和道德意识,使人的理性光辉得到自觉与发扬,激活荣誉感、产生责任感。

当今时代,要以了解"舌尖上的中国"那样的热情,去了解"文化的中国"和"思想的中国",让经典中的文字"活起来",唤醒博物馆中的文物、大地上的文化遗产。荣誉与责任体现在对国家和民族的情感,履行自己的责任可进一步润泽荣誉感,我们务必要让"为中国人民谋幸福,为中华民族谋复兴"的荣誉生发为"不忘初心、牢记使命"的崇高责任,让满载"荣誉与责任"的思想成为民族之学、国家之教。

三、培根固元,弘道明德

清代学者王鸣盛将传统学问的不同门类比作大树:"义理,其根也;考据,其干也;经济,则其枝条;而辞章乃其花叶也。"思想义理像大树的根,根深才能够枝繁叶茂。中华经典深深扎根于中华文化的土壤,滋养了中华学术,影响着各个学科,指导着百家众技、各行各业。做任何事情,都要看准立足点。立得住,方能行得远。

弘扬中华优秀传统文化,同样要把握这一精髓,找准根脉才能"固本培元",不然往往是"大起小落",劳而无功。中华优秀传统文化的主要代表是儒学,儒学的核心是经学,经学的义理在经典。物有本末,事有终始。弘扬中华优秀传统文化如果弃经不读,无异于舍本逐末。"吾生也有涯,而知也无涯",任何人的精力都是有限的。先读哪些书,必读哪些书,如何读这些书,必须弄明白、讲清楚。

经典首先要精读。经典大都言简义丰，意涵饱满，经典的价值在于指示人生之路，使人明道修德。读经典不能浅尝辄止、泛泛而谈。经典要反复研读，最好默记成诵。由经文而经义，感知经典神韵，体会文字背后的根本精神。不精读，就可能望文生义；不精读，就很难知人论世。通过精读，真正进入历史语境之中，才能够与圣贤对话、同行，形成个人人生的镜鉴。

经典要整体地读。每部经典都是一个有机的整体，不能支离破碎，不可断章取义。经典篇章之间有其内在的逻辑联系，"选读""节录""新编"经典，就有可能割裂这些联系，削弱经典意义的完整呈现，造成意义流失或主旨偏离。如果经典的"编者"有其初心与用意，那么，我们体会和发现这种"编撰动机"和"编辑用心"的追求就非常重要。唯其如此，方能够把握经典的整体性。

经典要结合实际读。经典是对生命意义的述说，是"生命面向生活"的思考。经典基于现实社会的实际，读经典，要用心，深入其中，才能找到感觉，才能慢慢"品味"出关于人生的"品位"。面对生活的各种状态，每个生命都应有自我的理性认知，就好像沏茶，有道者懂"茶道"，无道者是"倒茶"；好像习武，有道者成"修行"，无道者是"比画"。因而要致力于"明明德"，慎思明辨，自觉奉行，躬身实践，从而活出生命的精彩。

四、点燃生命，启迪智慧

文化自信源于文化自知，看清来时路，才能坚定脚下的路。新时代，中华儿女应该超越历史的迷茫，坚定地走进民族文化经典的世界，沉静下来聆听圣哲先贤的教诲，以生命点燃生命，以智慧启迪智慧。

干部读、学者读。传统文化的弘扬，精英是主导。"学而优则仕，仕而优则学"，社会精英群体在领导干部、在专家学者、在知识群体。中华经典有对社会与人生的深刻认知，包含着丰富的中国式管理智慧。这是大智慧，是理性思维，是科学方法。领导干部修政德，知识分子成正见，都应沉下心来读经典，而不止于碎片化学习、经验式理解。孔子强调"士志于道"，即着眼于社会精英群体的方向引领。更多的人有传世之心，有弘道追求，才会有传世之文、经世之事、不朽之业，才能以明德引领风尚，形成蓬勃向上、奔涌向前的巨大合力，从而引导整个社会的进步风尚。

教师读、学生读。传统文化的弘扬，学校是主场。中华经典构成一个圆融自洽的文化体系、价值体系，绝不可以仅仅看成一个知识的体系。孩子是一张白纸，可以画出最新、最美的图画，因而要让中华文化精神浸润心灵，铺染生命底色。必须适时而教，下大气力，综合施策。教师先学好、先践行，领会贯通才能因材施教，躬身实践才能润物无声。经典教育进入学校教育体系后，应特别突出是非观、价值观教育，注重自我修养与道德实践。最终要培育青少年有爱心、有情怀、有担当、知敬畏、求上进的君子人格，强调修身、齐家、治国、平天下的整体格局与人生追求。"君子如欲化民成俗，其必由学乎"，从幼儿养性、童蒙养正到少年养志、成年养德，要立足于学校、师生，进而带动家庭与整个社会。

家家读，人人读。传统文化的弘扬，要形成风尚。印度圣雄甘地说，很多事情都有可能毁灭人类，无论做什么工作，都不能离开良好的心灵品质。有诺贝尔奖获得者指出，人类要在新的世纪生存下去，就必须回首汲取孔子的智慧。中国的圣贤智慧为人类所需要，因而也是家家需要、人人需要，正如《大学》所说，"自天子以至于庶人，壹是皆以修身为本"。在传统中国，经典的价值是世人的共识。人们相信，"二字箴言惟勤惟俭，两条正路曰读曰耕"，"祖宗虽远，祭祀不可不诚；子孙虽愚，经书不可不读"，"忠厚传家久，诗书继世长"。孔子说"君子有三畏"，其中之一就是"圣人之言"；曾国藩说，家族兴败的重要表征之一，是子孙是否"读圣贤书"。经典之紧要，在于它是先王之道、圣贤教诲，是一个民族兴旺发达的力量源泉，是经过历史检验的中国经验；它也是人心和睦、和顺之道，更是人类和谐、和平之道，是中华民族奉献给世界的伟大礼物。

（原载于《中国政协》2020年第8期）

用好传统文化资源，
助力文化"两创"先行

　　党的十九届五中全会提出到 2035 年建成文化强国的战略目标，为实现这一目标，必须激发全民族的文化创新创造活力，从中华优秀传统文化中汲取源头活水。山东具有悠久灿烂的历史文化资源与丰富多彩的传统文化遗产，应当继续发挥优势，用好、盘活文化资源，助力文化事业和文化产业繁荣发展。

一、以文化资源凝筑文明丰碑

　　伟大的中华民族具有独特的精神创造和思想贡献，具有崇高的爱国主义精神。爱国主义精神是中华民族精神的核心，是中华文化深沉和坚韧的基础。孔子的思想学说博大精深，影响了数千年中国历史的发展进程，塑造了中华民族的价值观念和精神品格。在中国历史上，历朝历代兴建修缮文庙、纪念祭祀孔子与历代圣哲和先贤先儒，也是中华民族精神创造与文化传承的重要体现，激励着中华儿女遵道而行、循理而动，成为中华优秀传统文化的自觉弘扬者与坚定践行者。

　　中华文明具有独特的气质风貌，今日的中国文化是中华传统文明长期发展、内生演化的成果。孔子故里承载着中华民族的精神寄托，担负着弘扬传统文化、构建社会价值的特殊使命。将这里众多文化遗迹整合、提升，打造成为具有纪念、教育、展示、交流的独特文化空间，展示中华文化源流及丰富内涵，凝筑起中华文明的伟大丰碑，具有不可估量的重大价值。这不仅可以向世界更生动地诠释中华文明的宽广厚重，也可以使世界更加了解中国人民的崇高的精神追求与丰富的思想世界。

二、以家教文化滋润家国情怀

　　习近平总书记指出，"不论时代发生多大变化，不论生活格局发生多大变化，我们都要重视家庭建设，注重家庭、注重家教、注重家风，紧密结合培育和弘扬社会主义核心价值观，发扬光大中华民族传统家庭美德"。家国一体、家国相通的理念是中华优秀传统文化的基因，意味着个人在家庭中所熏陶形成的价值认知、行为习惯，必然会在工作岗位上、社会活动中体现出来，从而渐渐扩展开来，形成社会的风尚。

中华传统文化中有丰厚的家训、家教文化资源，我们应当将其创造性转化、创新性发展，形成并不断发展新时代家风。例如，可以依托孟母教子的故事，设立中华母亲节，引领家庭教育的方向。我国有悠远绵长的母教传统，母教文化资源十分丰富。母亲是子女的第一任老师，在子女成长过程中发挥着至关重要的作用。以孟母教子的故事为代表，中国历史上有许许多多的伟大母亲，她们教子有方，家喻户晓，感人至深，发人深省。大力弘扬母教文化，不仅十分有利于维系家庭社会的和谐稳定，也有利于青少年的成长和民族素质的提高。

三、以君子文化造就君子品格

习近平总书记指出："核心价值观，其实就是一种德，既是个人的德，也是一种大德，就是国家的德、社会的德。国无德不兴，人无德不立。"弘道明德是中华传统文化的重要特质。传统文化追求人心和顺、社会和谐，希望把人培养成为有爱心、有情怀、有担当、求上进的君子，因而要求人们讲信修睦、自觉修身、克己推己、换位思考。要在全社会范围内形成向上、向善的积极力量，就要在全社会大力倡导讲道德、尊道德、守道德的规则与理念。

君子文化是中华民族伦理的基本要素和民族精神的集中体现，而君子人格的培养也是儒家文化的重要内涵。中国古代强调学以成人，鼓励人们不断追求更高的思想格局与精神境界。在孔子心中，人可以分为庸人、士人、君子、贤人、圣人；王阳明认为人生第一等事应是读书做圣贤。人应努力地朝向圣贤努力，而不是自甘沉沦、甘于平庸。

为君子、成圣贤，首先必须找准方向。在古代中国文化语境中，很多观念和思想体现的是家庭教育与社会价值的一致性。"大孝尊亲，其次弗辱"，意即人最大的孝是"使亲尊"，意味着父母教子要追求社会价值的认同；人之为人，如果不辱没父母的名声，就要使自己成为"有教养"的人，同样意味着要做到家庭美德与职业道德、社会公德的高度统一。在新时代，我们要坚定文化自信，以明德引领风尚，就必须在社会主义核心价值观的引领下，从几千年中华优秀传统文化中汲取智慧，树立高远、笃定的人生追求，拥有坦荡、仁和的博大胸襟。

（原载于《光明日报》2020年12月24日）

中国抗疫背后的"爱"与"敬"

新冠肺炎疫情肆虐全球，也考验着各国的精神力量。性质相同的抗疫斗争，不同国家在应对态度、处置方式与抗疫结果上却有明显不同。面对来势汹汹的疫情及次生灾害，中国从容不迫，有效应对。全国上下共克时艰，不惧病毒，艰难吓不倒，风雨摧不垮，展现出了社会主义核心价值观、中华优秀传统文化所具有的强大精神力量，显示了中华民族的思想境界。

爱的情感人皆有之，具有天然原生属性。在中华文化传统中，爱被提炼为"仁"，被视为人的基本特征，所以孔子说"仁者爱人"，又说"仁者，人也"。孔子把"仁"作为人类社会道德的核心要求，它以爱为底色，以"孝"为出发点。人知道感恩与回馈，才有对父母的"亲亲"之爱。于是，孔子"亲亲为大""立爱自亲始"之说就特别入心。

人类要适应环境，更好地生存与生活，还要以创造性精神去凸显主体价值与意义，而仁爱就是"人之所以为人"的根本精神或基本条件。孔子儒家的仁爱精神，就是以同心圆的样态，由内而外，由迩达远，"泛爱众，而亲仁"，将爱扩充，又传递给更多的人。在孟子看来，恻隐之心，仁之端也。人有自爱，才能对身边的亲友同胞有仁爱之心，才具有健全的人格。有了这样的爱，才能风雨同舟，和衷共济，守望相助，尊老爱幼。

面对疫情，人们需要保持距离，甚至疏远，但人们说"时疫无情，唯爱无息"，"隔离病毒，不隔离爱"，这些温暖的话传递着最美好的情感，爱的力量将人们紧紧团结在一起，不致冷漠，不会走散。有大学生自疫区返家，竟能主动做到自我隔离38天，个人确诊新冠肺炎但未感染其他任何人，体现了严谨自律、坚毅果敢的优秀品格。做好自我隔离与防护，也是与病毒做斗争。疫情中成千上万的"逆行者"、奋发者、拼搏者，正是将内心深处的爱涵养成了对同胞、对祖国乃至对人类的大爱。

古人治政，讲究仁德与爱心，自西周初年已经如此。周武王向姜太公询问治国之道，太公答："治国之道，爱民而已。"太公还阐述说："善为国者，遇民如父母之爱子，兄之爱弟，闻其饥寒为之哀，见其劳苦为之悲。"习近平总书记在不同场合多次引用这则典故，足见党和政府对中国传统民本思想的重视与继承。"恺悌君子，民之父母"，也是将家庭伦理与政治伦理打通，把"亲亲"之爱进一步推延。"民之父母""爱民如子"等传统教诲，体现了中华仁爱精神的神韵，是从一己之爱走向大爱的崇高追求。

山川异域，风月同天；青山一道，共担风雨。这些格言之所以动人至深，就在于它们揭示了一个朴素的真理：人类命运本来同为一体，人们应该学会互爱互信，零和博弈思维毫无前途。几千年来，协和万邦、天下为公是中国一以贯之的崇高追求，因此，中国的仁爱传递没有边界和国界，中国在第一时间就将自身抗疫经验贡献给世界。

与仁爱精神并驾齐驱的是敬畏观念。孔子说"君子有三畏"，高尚的人必然敬畏自然法则和道德使命，敬畏有格局的人，敬畏民族圣贤。敬是爱的自觉提升与补充，始终为中华先贤所重。敬的深层意蕴，就是突破一切从自我出发的立场，对外在客体充分理解与尊重。如果说爱的路径乃是由内而外、由己及人，敬则是自外而内、律人律己，是"自卑而尊人"，所以中国一向强调敬而无失、恭而有礼。

敬对爱是补充完善。对爱而言，敬不可或缺。常怀敬畏之心，方能行有所止，不断进益。周代"以祀礼教敬"，还有"国之大事，在祀与戎"之说。《论语》则明确记述"子之所慎：齐、战、疾"，孔子把疾疫看成与祭祀、战争一样格外慎重的大事，体现了孔子思想的高度和深度。疾疫肆虐，中国表现出高度的敬畏与戒惧，更显示了中国文化生命至上、人民至上的基本精神。

几千年来，中华先贤圣哲都在思考人生和顺、社会和谐的问题，思考人性与人的价值。孔子说："先王有至德要道，以顺天下，民用和睦，上下无怨。"自尧舜以来至于孔子，他们所说的"至德要道"就是"爱""敬"二字。所以，三国时期魏国的刘劭说"人道之极，莫过爱敬"，又说"以爱为至德，以敬为要道"。

孔子说"灾妖不胜善政"，这句话跨越数千年时空，今天听起来格外响亮而清脆。人有爱敬之诚，则与道德同体，动获人心。有大爱才会迎难而上，甘于奉献；有敬畏才能沉着冷静，尊重科学。新冠肺炎疫情史无前例，与疫情的斗争和较量艰苦卓绝，但中国人民敢于斗争、敢于胜利，上下同心、命运与共，立于以爱与敬为质实的文化磐石，最终铸就了伟大抗疫精神。

（原载于《光明日报》2020年9月21日）

以圣贤智慧化解疫情之忧

一场突如其来的疫情，使人们停下脚步，困守家中。沉静下来的人们在思考什么？王阳明当年龙场悟道，是因环境恶劣，跌落到物质与精神的双重困境，他于是追问"圣人处此会如何应对？"今天也进行这样的设问时，我们想到了孔子"灾妖不胜善政"的话。孔子之言出自《孔子家语·五仪解》，他与鲁国国君讨论如何看待灾异，人在灾异面前要采取怎样的态度，能给我们很好的启发。

一、要慎重看待所谓"天灾地妖"

鲁哀公向孔子请教国家存亡祸福中"天命"与"人"的作用。孔子回答说："存亡祸福，皆己而已，天灾地妖，不能加也……故天灾地妖所以儆人主者也；寤梦征怪所以儆人臣者也。灾妖不胜善政，寤梦不胜善行。能知此者，至治之极。"在孔子看来，很多问题都源于人，反时、反常现象并不能改变国家命运。但是，天降灾异、地生妖孽以及梦异怪诞，都是给世人提出的警示。

在孔子的心目中，疾疫是与祭祀、战争一样的"国之大事"。《论语·述而》记载说："子之所慎：齐、战、疾。"这一章在《论语》中比较简洁，似乎没有引起人们太多的注意。齐，通"斋"，指斋戒，就是祭祀前整洁身心的活动。战，指战备、战争。疾，指疾病，这里更大可能是指疾疫。这里是说孔子所慎三事为斋戒、战事、疾疫，体现了孔子对于疾疫的重视态度。

春秋时期，人们特别重视祭祀与战事。《左传·成公十三年》有"国之大事，在祀与戎"的说法。因为祭祀事关神明，事关民众信仰，所以《周礼》有"以祀礼教敬"之说；兵战，则如《孙子兵法》所说乃"死生之地,存亡之道"。所以斋戒、战事二事皆不可丝毫轻忽。孔子把疾疫与祭祀、战事等量齐观,对今人是一个提醒。疾疫值得重视,其实不难理解,一般疾病也事关人的生死健康。至于疫病肆虐,则更加严重,其产生与流行必有自然、人为的特定原因,更关乎国运兴衰乃至人类命运安危。

孔子之所慎,不是消极被动,缩手缩脚,而是要采取一种积极的态度,主动去认知、去理解。西汉的董仲舒提出"天人感应"理论,认为天主宰人事,人的行为也能感动天,天人之间存在着某种联系。既然灾异和祥瑞表示对人们的谴责和褒奖,人就要对自然保持敬畏与尊重。既然人的行为能够使天改变原来的安排,人就要主动"知天"。所以,董仲舒所讲也是天人合一,是讲人道应该效法、遵循、顺应天道。在自然变化,"灾妖"出现时保持敬慎,这样才能处世从容稳健,立于不败之地。

任何国家发展和社会进步都可能遇到曲折,任何时代都可能出现意想不到的困难甚至灾难,每当此时,人们尤其需要冷静理性,客观分析问题。

二、 知天命 有敬畏 存戒惧

孔子自称"五十而知天命",可见"知天命"之难。"天"对于人往往具有极大影响,它无形无影,缥缈虚幻,却好像有极大力量,仿佛可以洞悉事理,秋毫必察。"天"有时性情乖戾,恣意肆虐,有时又好像懂得是非善恶、真假美丑。他的天命观与春秋以来的进步认识是相应的。于是,郑人子产说"天道远,人道迩",这可以视为当时人们对"天道"认识的概括。

对"天"的认识决定对"天命"的态度。既然"天"与"天命"不可捉摸,那么不如用心致力于人事,此即"尽人事而知天命"。"尽人事"与"知天命"应该是统一的,应该把二者看成一个整体,一方面承认"知天命"之不易,另一方面又要在"尽人事"的过程中去"知天命"。孔子又说:"君子有三畏,畏天命,畏大人,畏圣人之言。小人不知天命而不畏也,狎大人,侮圣人之言。"孔子主张一定要保持诚敬,心存对"天命"的敬畏。

国家就像一艘巨轮,行进在世界浩浩荡荡的洪流中,决定国家命运的不是巨轮本身,而是巨轮上的每一个人。驾驭巨轮与驾车一样,孔子习惯以驾车比喻治国,《孔子家语》中有许多类似的论述。子贡请教如何管理国家,孔子比喻说"懔懔焉,若持腐索之捍马",就像拿着腐朽的马缰绳驾驭马车。何以如此谨慎恐惧?因为通达之御皆由于人,为政治国必须以正道引导人民。孔子还说:"虽有博地众民,不以其道治之,不可以致霸王。"地域广阔,人口众多,而民众没有正确的价值观念,国家也不能强大,更不能伟大。

在国家振兴、民族复兴的伟大征途中,怎样才能万众一心,共担社会责任?《说苑》说,"存亡祸福,其要在身。圣人重诫,敬慎所忽","诚无垢,思无辱",人当心存谨慎之诫,胸怀恭敬之心。《易传》记载,孔子说"上下无常""进退无恒",又说"君子进德修业,欲及时也",要真的能够认识与把握"时",就不能只顾一味前进,要看灵魂能否跟上。

人因为有智慧而有所敬畏。善于总结,沉静反思,才能存戒惧,守底线。灾难就像照妖镜,疾病也是呼唤和提醒,它要我们弥补生命中的亏欠,对古圣先贤的告诫不能不知不惧。

三、 顺天而行 人强胜天

在孔子"知天命"之后,荀子有"制天命"的提法。《荀子·天论》说:"从天而颂之,孰与制天命而用之!""制"与"裁"可以互训,后人多将"制""裁"连用。"制"有利用、顺应、顺势之意,"制天命而用之"反映了荀子对于天命自然的态度。荀子与孔子一样,也不是主张单纯地去适应自然,而是积极主动地改造自然。

对荀子所说的"制天命而用之",后人衍生出对天命"控制""征服""制服""战而胜之"等思想,进而理解为"人与天斗争",又出现了"人定胜天"的思想。所谓"人定胜天",应该是在顺应、遵从客观规律的前提下积极作为,或防患于未然,或寻求和采取有效的应对方式与化解措施,而非硬上、胡来、蛮干。将"制"理解为"制裁""控制",已经是今人的主流看法,荀子也被人们看成主张所谓"人定胜天"的代表人物。其实,人在自然面前往往显得十分渺小,违背自然规律,常常招致失败乃至灾祸。

人何以能够"胜天"呢?新出土的战国竹书文献《郭店楚墓竹简·穷达以时》给人以很好的启示。该篇开头说:"有天有人,天人有分。察天人之分,而知所行矣。有其人,无其世,虽贤弗行矣。苟有其世,何难之有哉?"天、人各有其"分",人就要明于"人之分","天"与"时"固然重要,"人"的因素也不可忽视。"天人相分"的观念应当像"天人合一"那样产生很早。孔子的"知天命"、荀子的"制天命"都不是单纯谈论"天命",而是关注现实社会,思索的都是当时活生生的政治问题。

后世所说的"人定胜天"也不是空穴来风,而且出现很早。《逸周书·文传解》记载,殷商末年,周文王曾说:"兵强胜人,人强胜天,能制其有者,则能制人之有。"有时候人多不如兵器优,天灾不如人心齐,做好自身的事情比什么都重要。不言而喻,这里的"人强胜天"也是强调人的主观能动作用。在《孔子家语·五仪解》的记载中,孔子就总结历史深刻指出,同样"以己逆天时",有的诡福反为祸,有的得祸却成福,关键是人如何应对。

"灾妖不胜善政",这话出自孔子之口,可谓明确而响亮。天灾地妖、诡异反常给世人以警戒、警醒,因此人不能坐待"天命"。人之敬慎,要体现在行动中。越是敬慎,越要积极主动。灾难纷至沓来,容易击垮理性,越是这样的时候,越需要让光照进黑暗,要从容机智,以国家的行动力,形成凝聚力、抗灾力。

此次疫情,消弭了节日的欢乐和祥和,但中华民族严阵以待,有百姓有难,匍匐救灾的逆行者;有"岂曰无衣,与子同袍"的捐助者;有令行禁止,守望相助的普通人……有那么多为国家祸中求福的人,这使我们坚信:灾妖不胜善政!

(原载于《联合日报》2020年3月24日)

以仁养身，大德必寿

当世界安静得能让人听到心跳的声音，当经历生死或突然变故后看到生活的真相，更能体会健康生命的真味。那么如何养生？怎样才是健康？人该拥有怎样的人生？每每想到这些，就觉得孔子的声音特别清晰，特别入心，这就是"仁者寿"，就是大德者"必得其寿"。

据《孔子家语》记载，鲁哀公请教孔子："智者寿乎？仁者寿乎？"孔子于是谈"人有三死，而非其命"。人死于非命往往由于疾病、刑罚、兵战，而这些多是人为因素导致。所以孔子说："智士仁人，将身有节，将行动静以义，喜怒以时，无害其性，虽得寿焉，不亦可乎。"

孔子没有明确回答哀公的问题。在他看来，既然很多非命之死或不正常灾难都是人咎由自取，那么人为什么不做好自己，为什么不能平稳安宁地生活在世界上。既仁且智，仁智统一，这是高尚理想的人格，人们不就该追求这样的人格吗？《论语》记孔子说："智者乐，仁者寿。"可见，仁、智之中，孔子更倾向于"仁者寿"。

孔子思想影响数千年，他的教诲值得认真品味。在他的论述中，仁就是爱人。仁者爱人，首在爱亲。孔子说"立爱自亲始"，人能爱其双亲，才"不独亲其亲"。凡为人者，必爱父母，这是仁的最基本内涵，也是仁爱的起点。所谓大德必孝，在孝悌忠信礼义廉耻"八德"之中，孝德居首。孔子说："舜其大孝也与！德为圣人，尊为天子，富有四海之内。宗庙飨之，子孙保之。故大德必得其位，必得其禄，必得其名，必得其寿。""大德必寿"与"仁者寿"是一致的。

历史上，人们特别看重道德与养生的关系。《大学》有"德润身"的说法，一个"润"字，把道德对养生的价值与意义说得十分明确。《黄帝内经·素问》说："嗜欲不能劳其目，淫邪不能惑其心，愚、智、贤、不肖，不惧于物，故合于道。所以能年皆度百岁而动作不衰者，以其德全不危也。"人们虽然与生俱来天赋不同，也面临外物诱惑，但会因德全而不危。唐代孙思邈《千金要方·养性序》说："德行不克，纵服玉液金丹，未能延寿。""道德日全，不祈善而有福，不求寿而自延，此养生之大旨也。"德性不济，往往病多寿短。

健康力是人的硬实力，个人乃至社会的能力，其实都最终体现在人的健康力上。健康绝非仅在体格，更在于心理与道德。有了这样的健康，才经得起风雨，不惧怕灾难，才有意志力和适应力。孔子曾说："取人以身，修身以道，修道以仁。"有仁德，则重视道德生命和精神品格，就能崇正义，重和同，明是非，顾大局；就会站得高，看得远，客观分析事物，善于调整心态，内心就处于清洁的状态与环境。

儒学是社会管理学说，也是修身学说，而从德性与人的健康的全局意义看，儒学还可以说是养生学说。儒家重视修身，倡导以德润身，要人们诚正祛邪，以仁取寿，这无疑具有极其重要的养生学意义。儒学博大精深，内涵十分丰富，对今人健康养生具有很多启示。

养生先提高人生格局。人的最大健康是道德健康，心灵美才拒绝低级趣味。人生在世，应追求个体生命的价值，光明正大地立于天地之间。知敬畏，明戒惧，有追求，才欲仁而得仁。效法天道，则刚健有为，积极进取；效法地道，则厚德载物，大度包容。儒家讲君子慎独，以修身为本，就是要诚身明善。人要择善而从，择善固执。《荀子·修身》篇有曰："见善，修然必以自存也；见不善，愀然必以自省也。善在身，介然必以自好也；不善在身，菑然必以自恶也。"自觉以良善对照，就使各种善德集于一身；否则，邪念也会乘虚而入。人应该自觉分辨是非，知荣辱，能担当，有气度。

养生要做到清心寡欲。心为身的主宰，身体机能的和谐源自心的愉悦，养心才是养生的最高境界。孔子说"君子无所争"，强调人应先做好自己；孟子说"养心莫善于寡欲"，是因为多欲就会丧失良知。人只要心理健康，就会有正确的人生观、价值观。《大学》说得好，"知止而后有定，定而后能静"，有正确追求，有价值判断，方能有爱有敬，清心不争。《黄帝内经·素问》说"精神内守，病安从来"，养神可预防疾病。人若"道涂不争险易之利，冬夏不争阴阳之和"，就心境平和，波澜不惊；平淡宁静、乐观豁达，心胸坦荡，就不会为外物所累，就不会喜怒无常，神虑精散。

　　养生须维护身体健康。身体健康是人的基本健康。养生健身的方式很多，却都需要用心去理解和把握。《礼记·缁衣》说："心庄则体舒，心肃则容敬。心好之，身必安之。"人而有心，要用心去支配身体。所以有仁德的人遵道而行，循理而动，居仁由义，使自己融于天地之间。人有"天地万物一体之仁"，就像佛教的"同体大悲"，才会天人合一。果能如此，自己就能张弛有度，中正不倚，生存状态就能得到最大限度的优化，循天理，顺自然，爱万物，不任性。孔子说"君子有三戒"，无论做什么事情，都应敬慎戒惧，欲而不贪。有次序地生活，自觉节制嗜欲，就不迷恋深夜的酒，而甘心清晨的粥。《论语·乡党》所记孔子的"八不食"，不是刻意与挑剔，而是自然而然的状态，显示出来的是超然的生存态度、条理而有章法的生活方式。

　　　　　　　　　　　　（原载于《人民政协报》2020年2月24日）

敬慎戒惧，祸中求福

中华民族经历过很多磨难，但从来都是善于思索、愈挫愈勇，不断在磨难中成长、从磨难中奋起。当年，明朝大儒王阳明龙场悟道，就是由于环境恶劣，坠入物质与精神的双重困境，于是陷入沉思、发出追问：如果圣人处此，会如何应对？我们今天也应当效法先贤进行思考，在疫情形势严峻的情况下，坚定必胜信念，毫不放松地做好各项防控工作。

面对疾疫，要始终保持高度警惕。在古代中国，疾疫被视为"国之大事"。孔子就是如此，在他心目中，疾疫与祭祀、战争一样乃"国之大事"。《论语·述而》曰："子之所慎：齐、战、疾。"这一章在《论语》中比较简洁，似乎没有引起太多注意。此一章体现了孔子对于疾疫重视的态度。齐，通"斋"，指斋戒，也就是祭祀前整洁身心的活动。战，指战备、战争。疾，指疾病，这里更多可能是指疾疫。孔子所慎三事：斋戒、战事、疾疫。

祭祀和战争是典型的国家大事。《孙子兵法》言："兵者，国之大事，死生之地，存亡之道，不可不察也。"可见兵战之重要。而《左传·成公十三年》说"国之大事，在祀与戎"，将祭祀放在战事之前。为什么《周礼·大司徒》说"以祀礼教敬"，原来祭祀事关神明，事关民众信仰。疾疫之所以值得特别重视，其实不难理解。即使一般疾病，也事关生死。至于疫病肆虐，则事态更加严重，它的产生与流行必有自然的、人为的特定原因。它关乎我们14亿人口大国的国运兴衰，也关乎人类命运之安危。孔子之所慎，怎能不启发我们保持如履薄冰的谨慎，启迪我们有见叶知秋的敏锐，以更有效防范和化解风险。

孔子说得好：灾妖不胜善政。沧海横流，方显英雄本色。无论天灾地妖，还是诡异反常，都要看成对世人的警戒、警醒。这次疫情不可避免地会对经济社会发展造成冲击，越是这样，越需要全面、辩证、长远地看待我国的发展，增强信心、坚定信心。所谓慎重，更要体现在积极的行动之中。越是慎重，越要积极主动。疫情当前，会容易暴露一些问题，这尤其考验检视与应对能力。灾难纷至沓来，容易击垮理性，在这样的时候，更需要让光照进黑暗，更需要从容机智，充分发挥人的主观能动性，我们一定要变压力为动力，善于化危为机，以万众一心的行动力，形成无比强大的凝聚力、抗灾力。

在国家的存亡祸福中，"人"的因素发挥着怎样的作用？孔子说过："存亡祸福，皆己而已。天灾地妖，不能加也。"人自身的主观能动性最为重要，反时反常的灾殃并不能改变国运。历史上，同样有人"以己逆天时"，有的诡福反为祸，有的遇祸却成福，关键是人如何应对，但绝不是坐待"天命"。此次疫情中，许多人义无反顾，冒险奔赴疫区，被尊称为"逆行者"，我们要继续大力弘扬和光大英雄主义和民族精神，增强必胜心、责任心、仁爱心、谨慎心，做为国家祸中求福的人！

疫情让人们唤醒良知，心存敬畏。当大家真正审视自己，当全民族真正进入深度思考之时，扭转大局的契机就到来了。王阳明的沉思，使他想到了良知。良知源自内心，每人心中都有是非标准，随心而动，随意而行。那么，人们能否把握住自己的内心良知呢？

中国是一艘巨轮，正行进在浩浩荡荡的世界洪流中，决定我们命运的不是巨轮本身，而是巨轮上的每一个人。驾驭巨轮与驾车一样，孔子习惯以驾车比喻治国。《孔子家语》里有许多类似的论述，子贡请教如何管理国家，孔子比喻说"懔懔焉，若持腐索之捍马"，就像拿着腐朽的马缰绳驾驭马车。何以如此谨慎恐惧？孔子说因为通达之御皆由于人，为政治国必须以正道引导人民。孔子还说："虽有博地众民，不以其道治之，不可以致霸王。"地域广阔，人口众多，而民众没有正确的价值观念，国家怎能强大？如何伟大？

在民族复兴的征途中，怎样才能万众一心，共担社会责任？《说苑·敬慎》说"存亡祸福，其要在身。圣人重诫，敬慎所忽"，"诫无垢，思无辱"，人当心存谨慎之诫，胸怀恭敬之心。《易传》记孔子说"上下无常""进退无恒"，又说"君子进德修业，欲及时也"，要真的能够认识与把握

"时"，就不能只顾一味前进，要看灵魂能否跟上。

人因为有智慧而有所敬畏。善于总结，沉静反思，才能存戒惧，守底线。灾难就像照妖镜，疾病也是呼唤和提醒，它要我们弥补生命中的亏欠。对古圣先贤的告诫不能不知不惧。人要善记取、长记性，谨防再出现下一次的提醒。

（原载于《人民政协报》2020年3月23日）

为政以德，修己以敬

习近平总书记特别重视领导干部"德"的表率作用，常引用文化经典强调为政者的德行，他在《之江新语·多读书，修政德》等文中引用孔子的话："为政以德，譬如北辰，居其所而众星拱之。"

这些用典出自《论语·为政》，孔子格外强调"以德治国"，他认为，为政者凭借自身道德修养来治理国家，就会像北极星那样，自己处在一定的位置上，众星都环绕着他。

德，不仅是"立身"之本，还是"立国"之基。我国传统文化尤其重视德政，重视为政者的德行。这是我国传统文化的精华，也是我国政治思想的一个显著特点。人有德行，才会受尊重，这是放之四海而皆准的道理。对于普通人来说，有了德行，在社会生活中就会获得好评，得到社会的认可和尊重。对于作为社会引领者的"为政者"来说，更是如此，这不仅是获得社会认可和他人尊重的前提，更是其治国理政的基础。

早在西周时期，人们就已经看到了为政者"德"的重要性。周公总结殷商灭亡的教训，提出的"敬德保民"和"明德慎罚"的理念，对儒家是一个重要影响。孔子继承了周公这一思想观念并进一步发展。自周公至孔子以及历代的思想家们，他们追求"德"，追求"德治"，内涵十分丰富。其中最重要的就是德治理念，理念的核心在于使为政者有德，强调为政者的德行。也就是说，德治的主体首先是为政者，由为政者的德行引导天下的德行，提倡为政者通过自己来感化百姓，使百姓具备德行，而非首先要求百姓如何。

关于这一点，儒家有系统论述。首先是如何修德，《大学》中讲，"自天子以至于庶人，壹是皆以修身为本"。无论是"为政者"还是普通百姓，都要想到如何具备正确的行为规范，这其中就包含崇德的观念、修己的思想。而要具备正确的德行，首先应当修养自身。这种思想的精髓在于推己及人，修己以敬，修己以安人。

俗话说"上行下效"，孔子说"人道，政为大"，"上者，民之表也，表正则何物不正？"人道之正在于政，孔子强调正名，也是上行下效的问题。儒家重视自身的修养，首先体现在为政者身上。作为社会的引领者，为政者具有社会影响力。正如孔子所说："子欲善而民善矣。君子之德风，小人之德草，草上之风，必偃。"为政者具备了良好德行，百姓自然能够向善，因为君子的德行就像草地上吹过的风一样，能够对普通民众产生极大的影响，用德风去引领百姓，百姓就会向善而重视德行。

"为政以德"就要"为国以礼"。礼具有决嫌疑、济变、弥争的功能。儒家礼文化博大精深，使中国成为最讲礼的国度之一。"'礼'，经国家，定社稷，序民人，利后嗣者也"。许多孔庙建有"礼门""义路"门坊一类的建筑，昭示人们要遵道而行、循理而动，要人们做人讲规矩，办事守章程。为政者所应具备的德，应当以"正"为要。季康子询问如何为政，孔子回答说："政者，正也。子帅以正，孰敢不正？"所谓"政"就是"端正"，自己带头端正，谁又敢不"正"呢？这是在强调为政者端正自身的重要性。为政者自身端正，自然就会得到百姓拥护。孔子在回答鲁哀公"何为则民服"的问题时，谈到要选择提升正直的人，将其置放在邪曲的人之上，百姓就会服从；如果提升邪曲之人，将其置放在正直的人之上，百姓就不会服从。所以，要想使百姓信服，为政者不仅自身要端正，还要善用端正、正直之人。

在孔子看来，对百姓的"教化"是"以德治国"的重要内容。《论语》记载，孔子到卫国去，冉有为他驾车。孔子说："人口真多呀！"冉有说："人口已经很多了，那还要做些什么呢？"孔子说："使他们富庶起来。"冉有又问："百姓富庶之后还要做什么呢？"孔子回答说："教化他们。"孔子一贯主张"富而后教"，这是孔子基于对民情、民性的认识而提出的。在孔子看来，为政者要做到知民情、懂民性，了解百姓疾苦，从百姓实际出发。倘若百姓们不能糊口，一味强调"教化"则不合宜，也不符合人性。人口和财富是物质基础，只有打好了这一基础，才能谈得上教化百姓。孔子是站在为政治国的角度，强调"知民之情""达民之性"。

"为政以德"还要"爱民""重民"。子贡请教为政之道,孔子认为:粮食充足,兵力强大,人民信赖,有此三者,足矣。在这三项之中,孔子又以人民信赖为重,得民心十分重要。而要想得"民心",就必须要爱民、重民。孔子说:"道千乘之国,敬事而信,节用而爱人,使民以时。"治国者应当恭敬从事,诚信无欺,节约用度,爱护百姓,征用劳力不违农时。由此可见,孔子极具爱民之心,强调国家照顾百姓的生产生活。这一思想也为孔门弟子后学所继承发展。孟子说:"民为贵,社稷次之,君为轻。"孟子的这一主张为世人所熟知,正是儒家爱民重民思想的代表。

儒家还认为,要处理好"德治"和"刑罚"之间的关系。孔子重视"德治",他说:"道之以政,齐之以刑,民免而无耻。道之以德,齐之以礼,有耻且格。"在这里,"德"和"刑"看似是两个水火不相容的概念,但并非如此。儒家重视"德治",提倡"为政以德",提倡以德治为主,同时也不否认刑罚,重视以刑辅德,重视刑政在治理国家中的作用,这也就是儒家的"德主刑辅"。德治和刑罚一主一辅,二者相辅相成,高度统一,是国家治理的良好遵循。

纵观历史发展,德治是国家长治久安的重要保障。为政者以德修身,按照德行的要求处理政务,把提高自身修养放在重中之重的位置,做好表率作用。还要多了解百姓疾苦,从百姓实际出发,多考虑百姓利益,以德施政,善待民众,如此才能赢得百姓的广泛拥护。

(原载于《中国组织人事报》2018 年 12 月 12 日)

君子无所争，其争也君子

子曰："君子无所争。必也射乎！揖让而升，下而饮。其争也君子。"

说起"不争"，恐怕很多人会马上与"无为"联系起来，以为这是老子或道家的主张。其实，孔子不仅说"无为"，也常常说到"不争"。无论是"无为"还是"不争"，实际上都是一种很高的境界。

老子说"无为"很多，但事实却是"无为而无不为"，所以老子不止一次地说"为无为"。例如，老子说"为无为，事无事，味无味"，很明显，他的意思乃是"为之于未有，治之于未乱"。踏踏实实做好该做的事情，最终的成功便水到渠成了。这就像读书人毕业找工作，如果学得好，还怕没工作？

你"事"于"无事"之时，别人有事时你就轻松了。品味"无为"就像甘于寂寞，寂寞之后的成功就像甘甜的水果，孔子盛赞尧舜的"无为而治"，那可不是一般的境界。

孔子所言"不争"也是如此。他说"君子无所争"，凡有所争，多为名利；心有礼义，便无所争。孔子儒家强调修己，主张循理而动。人生活在社会中，作为"成人"，不论是谁，不论在哪里，都应按照该做的去做，遵守社会规范。人的行为恰当与否，都有"度"的要求，无论你称呼这个"度"叫作"法"，或者唤作"礼"，无非都是中正合宜，不偏不倚。如果大家都以礼为标准规范自己，则争无所争。《礼记·乐记》所言"乐至则无怨，礼至则不争"，其实就是这个意思。

然而，规则、法律在那里，为什么还有人不守规矩？为什么还有人违法乱纪？孔子认为，治人情，修人义，讲信修睦，尚辞让，去争夺，离开了礼就很难做到。这里的前提是，要有遵守礼的自觉。制定规则容易，遵守规则很难，孔子在《论语·八佾》中说："人而不仁，如礼何？人而不仁，如乐何？"人有仁德，彼此关心，推己及人，换位思考，才会去争、礼让，才能"奸谋闭而不兴，盗窃乱贼而不作"。

不难看出，孔子说的"不争"乃以修己、克己、反省自己为前提。他说"君子求诸己，小人求诸人"，君子严格要求自己，小人则常苛求别人。孔子说："躬自厚而薄责于人，则远怨矣。"多督责自己就可避免怨恨。责己厚，责人薄，这个方法一定很管用，所以《白虎通·礼乐》说："礼所揖让何所以尊人自损也，不争。"孔子指出过许多修身的方法，中心都不离"修己"。比如"君子矜而不争，群而不党"，比如"君子周而不比，小人比而不周"。胸襟开阔，心底坦荡，宽以待人，博厚包容。孔子不争，曾子分析说："见人之有善若己有之，是夫子之不争也。"见贤思齐，别人有善行，就努力学习，而不嫉妒不服，这样，哪还用得着与人争胜？

孔子有他心目中儒者的标准，他在《礼记》中论述"儒行"时说："儒有居处齐难，其坐起恭敬，言必先信，行必中正，道涂不争险易之利，冬夏不争阴阳之和，爱其死以有待也，养其身以有为也。"日常起居庄重恭敬，诚信中正，不争平坦之处，不争舒爽之所，爱惜生命，保养身体，为人修养若此，何惧做事不成。

如果从事管理，使人不争，就必须为国以礼，为政以德。孔子管理思想的精到之处，在于强调为政者的"正"，强调为政者自身的榜样力量，让"地位高"的人意识到"责任大"，让"尊贵的人"同时也是"高尚的人"。所以他说："善则称人，过则称己，则民不争；善则称人，过则称己，则怨益亡。"只有君子才能造就君子，境界高了才能"化行若神"。多看他人的长处，多看自己的不足，就会减少争执，去除怨愤。《孝经》中说："先之以敬让，而民不争。"《左传·襄公十三年》说："上下有礼，而谗慝黜远，由不争也，谓之懿德。"这是"有道之世"的特征，是"君子之治"的效果。

"无为"不是无所作为，"不争"也不是什么事都无所谓。做事可以比贡献，修养可以比水平，这是"君子之争"，为的是更加平和中正，为的是提升幸福指数。例如孔子说："君子无所争，必也射乎！揖让而升，下而饮，其争也君子。"君子本来没什么可争的，如果一定要有的话，那就比赛射箭吧。比赛射箭不是角力斗勇，而是看谁心境平和，适度中正。孔子说："射有似乎君子，失诸正鹄，反求诸其身。"射而不中，退而反省，这就像一个人的反躬自省。所以，比赛在于敦促射者反身修己，因而双方彼此谦恭礼让，相互尊敬，以胜负饮酒。这样的竞争才是君子之争。

（原载于《中国组织人事报》2018年11月21日）

知止有定，知远之近

孔子常常谈"知止""知时"。从个人的角度，知时意味着了解自己，即知道该走向何处，朝哪个方向努力。《大学》强调说："知止而后有定，定而后能静，静而后能安，安而后能虑，虑而后能得。"人能知止，才有可能气定神安，思虑周全，最终有"得"。

人是社会的人，处在一定的社会关系中，担当着不同角色。孔子儒家因此主张"正名"，要求人们加强素养，按照社会身份的要求做好自己。知道努力的方向，才能自觉修为，走好人生路。

老子也谈"知止"，他说："始制有名，名亦既有，夫亦将知止，知止可以不殆。"又说："知足不辱，知止不殆，可以长久。""知止"就能"不殆"！许多人认为"止"是"停止"，实际上，它表示的更多还是"方向"。"止"为"趾"的本字，可见它标识的是行走的方向。可见，无论是孔子还是老子，"知止"都含有"努力的方向""奋斗的目标""正确的追求"这样的意思。

在日常生活中，有人浑浑噩噩，缺乏追求，就是不知所止。不思考生命的价值，不思考生活的意义，就不知道走向哪里。孔子认为"庸人"就没有明确的方向，他描述其特点时说："心不存慎终之规，口不吐训格之言，不择贤以托其身，不力行以自定。见小暗大，不知所务；从物如流，不知其所执。"有了明确方向，就像有了定盘星，便可以"心有所定，计有所守"，就能踏实地做好自己。

孔子说："不患无位，患所以立。"人常担心有没有自己的位置，其实最应该担忧的是自己能干好什么。与其庸人自扰，"终日而思"，不如踏踏实实，立即行动。实现人生设计，稳步走向未来，必须看清那条连通未来的路。路是自己走出来的，一旦目标明确，规划切实，就应该整理行装，立即起步。

确立了理想与目标，就看见了远处的自己。《中庸》说："知远之近，知风之自，知微之显，可与入德矣。"那么，我们知道通往那个"远"的"近"在哪儿吗？知道眼前的困惑与困顿原因何在？知道当下的"微"一旦发展为"显"是怎样一种结果？《老子》说"其微易散"，如果这个"微"是缺点，改掉它就不难；如果这个"微"是优点，你不妨"择善固执"，以"至诚"之心去坚持。

如果你真的这样做，就能看到远处的自己！

（原载于《文化大观》2015 年第 12 期）

让传统文化滋润人的心灵

一、发挥乡贤文化在乡村振兴中的积极作用

记者：您的身份之一是全国政协委员，请问作为政协委员，您近年来着重关注哪些话题？

杨朝明：我关心传统文化如何落地的话题。因为传统文化不是虚的，它可以指导我们的现实生活。中国是农业大国，整个国家振兴需要乡村振兴，而乡村振兴离不开传统文化发扬光大。所以，我的提案是关于大力弘扬乡贤文化，助力乡村振兴。

在古代，乡贤是指在本乡本土有德行、有才能、有声望的人，他们关心乡里公共事务，虽然不拥有行政权力，却有在基层社会的道德权威，其共同点在于"贤"。因为以知识、道德为底色，他们可以为乡村公共空间提供精神支撑与道德导引，具有沟通官民、扶翼政教的双向功能。同时，他们也是乡村社会建设、风习教化、乡里公共事务的推动力量，有益于加强文化教育、改良世道人心、稳定社会秩序。

乡贤与乡村社会的家族文化有密切关系，乡贤的存在有利于培育好的社会风尚。弘扬乡贤文化，需要提炼家训文化精髓，这有助于培育良好家风，化解社会风险，淳化社会风俗。乡贤文化中的忠孝、仁义、爱国、敬业等，其实与社会主义核心价值观是一致的。乡贤文化的弘扬，要注意深耕细作、立足当代，而且要在传统向现代的转换中，发挥地方贤达的作用，用嘉言懿行垂范乡里，涵育文明乡风，促进社会主义核心价值观落地生根，促进地方建设，为乡村振兴提供有家国情怀的人才支持。

二、儒家理想就是大道之行，天下为公

记者：孔子创立的儒学影响了中国两千多年，直至今日仍是一笔非常

宝贵的思想资源。请谈谈您对儒学的理解。

杨朝明：什么叫儒？"儒"这个字，现在看，"从人从需"，一般认为表示人之所需。其实，在甲骨文中，儒就是现在的"需"，上面是"雨"，下边是"人"，表示一个人在沐浴。儒的本意是礼仪活动中襄礼的人，他要沐浴，洗干净自己，也就是斋戒沐浴之后去参加祭祀之类的活动。

孔子创立儒学后，"儒"强调的不仅是洗干净身体，还要洗干净心灵，让我们成为重德尚礼之人。儒家理想就是大道之行，天下为公。什么叫道？道其实就是为人之道。公，就是公德意识和公共意识。我们每个人都属于家庭，属于单位，属于社会。既然如此，我们就不能只考虑自己，不能太自私，必须在家庭、单位、社会中尽义务，思考如何立身处世、作为"社会人"该怎么办。如果人人都能这样，家庭美德、职业道德和社会公德就不成问题了。

所以，什么是儒学？儒学就是教导人与人相处的法则、原则，这就是传统的道和德。道就是价值体系，就是"信什么"的问题；德是行为方式，就是"怎么做"的问题。

孔子创立的儒学影响了中国两千多年，孔子继承了他以前数千年的中国文化，又影响了他之后数千年的中国文化，因此儒学是一个博大精深的体系。儒家思考人性和人的价值，让人活出自己的意义来。

你看儒学的特点，儒学不依赖于任何外在的力量，不像有些宗教需要人们相信超自然的力量，而中国文化则是思考人自身。在儒家看来，既然作为一个人，我就要明白如何区别于禽兽、如何做一个社会的人。那么，既然是个社会的人，就必须思考人情与人义，思考自己的社会属性，不能只一味地张扬自己的自然性。这就是儒学的价值和意义的深刻之所在。

三、 让传统文化更好地落地

记者：那么，当今社会应如何继承和发扬中华优秀传统文化？

杨朝明：要"讲清楚"首先要"弄明白"。对于学者来说，要踏踏实实地搞研究，要有宏观宏阔的学术视野，要有通古今之变的历史思维。要正本清源地说清楚，让传统文化更好地落地。具体怎么做呢？我认为，传统文化的弘扬有一个非常重要的点，那就是学校。

不言而喻，我们要抓好传统文化的教育。教育有教育的规律，要适时而教，这是孩子成长的根基之所在。在孩子世界观形成的关键时期，要高度重视传统文化教育。要抓住孩子成长时期这个关键，如果价值观形成后再进行教育，收效显然不如少年时期。因此，在思想最活跃时期，要打好底色。要把传统文化教育纳入国民教育体系，让中华优秀传统文化润物细无声地走进青少年、走进中小学。

同时，我们今天在市场经济体制下，企业家是很关键的社会角色。我认为，我们也应利用传统文化激活企业家精神。企业家追求利润是天经地义的，但是利和义之间应有怎样的关系，这恰恰是最需要考虑清楚的问题。企业家的经营、企业家的社会担当与社会责任，在很大程度上是他们对于人生、对于道德、对于人文的理解。

党中央是非常重视企业家的成长的，重视企业家精神的弘扬。甚至包括工匠精神，实际上都是企业家精神的一种带动。有一流的心性，才可能有一流的技术。具有一流的心性的人越多，国家才能更快、更好地成为一个强国。

四、 人能明其明德，才能用明德引领风尚

记者： 3月4日，习近平总书记在看望参加全国政协会议的文艺界、社科界委员时指出，要坚持用明德引领风尚。请分享一下您的感受。在实际工作中，怎样践行这一要求？

杨朝明： 明德就是大学之道。中国传统的"大学之道"是什么？讲的就是培养有境界、能起到引领社会作用的"大人"。儒家的经书"四书"是《论语》《孟子》《大学》《中庸》。《大学》讲的就是大学之道，就是关于培养"大人"的学说。那什么是"大人"？"大人"是社会的管理者，是有格局、有德行的人，是德、行相统一的人。今天我们说的领导干部，在古代就属于"大人"。领导干部应该为政以德，他们就应该是一批知荣辱、明是非、能担当、敢引领的人。当然，文艺工作者在很大程度上也属于社会的引领者。所以，笼统而言，这个"大人"其实就是引领社会的人。

孔子说："政者，正也。"在孔子的语境中，为政的"政"就是正确的"正"，为政的人自己都不知道什么是正，就意味着他是非观扭曲，价值观混乱。他如果知道什么叫正，当然就知道哪些是对的、哪些是错的，哪些

应该做、哪些不应该做。如果言行一致，内外兼修，那么孔子说得好："子帅以正，孰敢不正？"为政的人自己正了，才能引导天下的正。

在实际工作中，领导干部首先要明是非，知道应该具有什么样的道德，遵守什么样的规范。知道了这些，从而形成一种内在的自觉，事情就好办了。孔子说："我欲仁，斯仁至矣。"只有知道自己内心所想，才能达到，才能做好。我们每一个人，尤其是领导干部，都应该遵道而行、循礼而动，沿着该走的路去走，不该走的就不走。

弘扬传统文化，对传统文化进行创造性转化、创新性发展，就是要继承传统文化的精髓，抽象其精神，让传统文化滋润人的心灵，明事理，懂分寸，明理才能正心。所以，大学之道，首先在格物致知、正心诚意，这是修身的功夫，也是明明德的功夫。人能明其明德，才能用明德引领风尚。

这样我们就不难对传统文化有一个透彻的了解。我国历代十分讲究孝悌之道，其实就是重视爱与敬的培养。培养爱心，从孝敬父母开始；培养敬心，从尊重兄姐开始。不言而喻，一个人如果连最爱自己的人都不爱，他怎么去将爱心放大，怎么去爱老百姓。一个人如果连最关心自己的人都不关心，怎么可能尊敬上级和该尊敬的人。

"观乎人文，以化成天下。"在中国传统文化语境里，爱和敬的培养就从孝悌开始。可见，中国传统以孝悌明德，从而引领社会风尚，是一种很深刻的智慧。

（原载于《中国纪检监察报》2019年3月29日）

践行"天下为公",共筑美好世界

"大道之行,天下为公。"在党的十九大报告的最后一段,习近平总书记引用这句话,并且明确指出,吸吮着五千多年中华民族漫长奋斗积累的文化养分,具有无比深厚的历史底蕴,具有无比强大的前进定力。每一位聆听或阅读的人都会印象深刻,这正是人类命运共同体理念的文化根基之所在。

2500年前,孔子就追求"大道之行,天下为公"的社会理想,希望选贤与能,讲信修睦。人不独亲其亲,不独子其子,各尽所能,相互关心。奸谋闭而不兴,盗窃乱贼不作。孔子儒家站在人类发展的中心点,思考人心与道心、人情与人义、天理与人欲的关系。他倡导"天下为公",是希望人们都按照"社会人"的要求修养自身。《说文解字》说"背私为公","公"就是"公共意识""公共道德"。中国儒家讲求"角色伦理",也就是人各正其名,各尽其分。

孔子的思想影响深刻、深远,唐代有人说"心苟至公,人将大同";明末思想家认为"天下非一家之私","天下"为人民所共有,提出了"公天下"主张。人们还把这一道德理想凝聚成为"天下兴亡,匹夫有责"的个人道德要求。孙中山先生希望实现的"真正的三民主义",就是"孔子所希望之大同世界"。因此,"天下为公"是中国社会公德的最高原则,是中华民族道德精神的核心。

中国先民认知世界,以天地为师,着眼古往今来,关注四方上下。"往古来今谓之宙,四方上下谓之宇",在中华文化早期典籍中,"天下""万方""四海"之类的概念层出不穷,这源于中华文明的天下观、世界观、整体观、系统论。在与世界的互动中,人们深刻理解"天道成而必变""道弥益而身弥损"的道理,从而强调人与人之间、邦国之间的相互依存、休戚与共、合作共赢。

由中华文明的内在精神与特质所决定，世界应更多地加以理解和认识。英国作家贡布里希说，在孔子学说的影响下，伟大的中华民族比世界上别的民族更和睦、和平地共同生活了几千年。在他看来，孔子提出的方法是简单的，但"其中却蕴含着比人们第一眼所看到的更多的智慧"。1989年，联合国教科文组织代表泰勒博士说，如果人们思索孔子对当今世界的意义，人们很快就会发现，当今一个昌盛、成功的社会，在很大程度上仍然立足于孔子所确立和阐述的很多价值观念。

在位于巴黎的联合国教科文组织大楼前的石碑上，用多种语言写着一行字："战争起源于人之思想，故务需于人之思想中筑起保卫和平之屏障。"中华礼乐文化正是致力于人心教化，率性就道，用以预防人欲横流，在人的思想中构筑堤防。所以《礼记·坊记》说："君子之道，辟则坊与，坊民之所不足者也。大为之坊，民犹逾之。故君子礼以坊德，刑以坊淫，命以坊欲。"

中国"天下为公"的思维是一种整体思维，是"一"的思维。以孔、孟、老、庄为代表的中国古代圣哲，他们的思想彰显了人类应有的"整体性"思维方式。庄子推崇"道术"而不是"方术"，"道术"最重要的特点就是整体思维，包含有天地之美、万物之理，包含着系统思维、全局意识。他说的"道术"是指内圣外王之道，而这个"内"与"外"就是老子和孔子共同特别追求的"一"的思维。

老子说，"道生一"，"载营魄抱一"，"天得一以清，地得一以宁，神得一以灵，谷得一以盈，侯王得一以为天下正"。孔子也说，"夫礼，必本于太一"，"吾道一以贯之"。曾子之所以说"夫子之道，忠恕而已矣"，就是因为儒家所讲的父子、君臣、夫妻、兄弟、朋友之交"五达道"，各种关系就像阴阳关系，各种关系都可以、都应该看成一个整体，处理各种关系都要执中而行，如此才能达到"致中和，天地位，万物育"的效果。阴阳和谐是一种中和状态，只有和谐、稳定，才能发展。君臣、父子等都和谐，这个世界也就和谐了。

建设社会主义文化强国是推动构建人类命运共同体的必然要求，只有坚持推动文明相通、文化相融，才能更好地构建人类命运共同体。埃及前总理伊萨姆·沙拉夫认为，这个"无序混乱的世界"要"找到一个理想的平衡点"，做这件事情的主角应该是有着悠久文明历史的中国。他特别强调，中国人一定要珍视自己传统的价值观；他进一步认为，不光中国人民需要这些价值观，全世界其他地区的人民也需要。中华"王道"理想是"天下为公"的思想。中国自古追求"王道行天下"，这是中国古圣先贤心中的理想政治。孔子谈"王天下之言"，孟子言"王""霸"之别。霸道，依靠兵甲之力，使人被动屈从；王道，以德行仁，使人心悦诚服。习近平总书记所说的"大道之行"，正是这样的"王道"，是中华文化"珍贵的遗产"。"大道之行，天下为公"，既是中国治国理政的理念，也是人类命运共同体意识的深层根源。倡树"天下为公"，这是中国的外交理念，更是文化理念、价值理念，是为了共商、共筑、共赢、共享，维护人类社会的持久和平与共同繁荣。

西方哲学认为"知识就是力量"，中国则进而强调"力量需要方向"。孔子说"君子不器"，《中庸》说"道前定则不穷"。思维模式标识价值取向，决定行动走向。中华传统将荣誉与责任看得更高，兼顾多方利益，认为"道并行而不相害"；相信"创造、分享、助给"，创造在自己，分享给他人，助给予弱者。从中国几千年来的"天下为公"理念，到人类命运共同体意识，彰显了中国新时代的文化自信，中国愿意与全人类共享中华文化的智慧。

（原载于《人民政协报》2020 年 11 月 30 日）

以明德引领，奏时代强音

2019年两会期间，习近平总书记看望文艺界、社科界政协委员时发表重要讲话，指出要以精品奉献人民，用明德引领风尚。文化文艺工作、哲学社会科学工作属于培根铸魂的工作，明德尤其重要。当今中国各项事业的发展，需要更多的人明其明德，这样才能奏响时代强音，形成民族复兴的磅礴之力。

习近平总书记多次指出："国无德不兴，人无德不立。"德就是在一定价值信仰基础上的行为方式，这个基础就是道。孔子说："夫道者，所以明德也；德者，所以尊道也。"价值信仰导引人的行为方式，正确的追求使人不迷失自我。行为方式能彰显道的意义，人民有信仰，国家才能有力量，民族才能有希望。

"大道之行，天下为公"，这是从孔夫子到孙中山两千多年来中华民族的理想与追求，也是新时代中华民族的伟大梦想。在党的十九大报告中，在上合青岛峰会欢迎各国嘉宾的宴会上，习近平总书记都强调和重申这一伟大理想，充分显示了新时代中华民族进行伟大事业的豪迈与信心。正因为有无比深厚的历史底蕴，有无比坚强的发展定力，我们才不畏任何艰难险阻，不惧形势怎样风云变幻。

"天下为公"是气象，是格局，是中华大道。人是一种社会性的存在，人们必须有自己的社会性意识，必须有公德意识和公共意识。人知属于家庭，就有家庭美德；人懂属于职场，就有职业道德；人明属于社会，就有社会公德。而所有这些，都基于人的个人品德。中国思想家讲的"成人"就是指人的社会性意识，指人的道德自觉。不难理解，如果世界各国都有"地球人"意识，就能认同人类命运共同体观念。可见，"天下为公"乃是人间正道。

社会需要引领，人心需要唤醒，榜样的力量很重要。在中国文化语境中，具有社会性的人要遵道而行、循礼而动，理想的状态是人人明于礼义，人人"知所以为人"。越多的人做到这些，社会的风尚就会越好。因此，社会风气要改善，就需要更多知是非、明荣辱、能担当、会引领的人，这样的人有格局、有气象，在传统中国被称为"大人"或"君子"。所谓"君子喻于义""君子之德风""其身正，不令而行"，都是强调榜样的作用。

怎样培养社会的担当者、引领者？《大学》开篇就说："大学之道，在明明德，在亲民，在止于至善。"《大学》在"四书"中字数最少，它却包含了中国的大思维、大格局、大学问。《大学》之"大"在于大其体而全其用，在于阐述了人的价值与意义。《大学》讲修己安人、内圣外王，讲修身、齐家、治国、平天下，思考"人心"与"道心"。"人情"与"人义"、"义"与"利"的关系。孙中山先生称它是"最系统的政治哲学"，把一个人"从内发扬到外"，是"我们政治哲学的知识中独有的宝贝"。

人有善性、有明德，人的光明本性天然具有，不假外求，因此要尽心知性，将此心此性充实而有光辉。人在事物中体认心体，我正则物正，我正则事正。大学之"大"，恰在使本性光明，自觉向上。确立了"大端"，则"知止有定"，复其心之本然，光明其心，如如不动，将心体应物随景，廓然而大公，物来而顺应。

立乎心志，则立乎大，于是有规模、有格局，耳目役于心；于是万理灿然，小者不能夺，外物不能诱，耳目不狂奔。人行善作恶，关键在于志。人有天资之性，求则得之，舍则失之，所以孔子说：我欲仁，斯仁至矣。《尚书》《大学》说"克明德""克明峻德"，是说人要显用有德，能明大德，不能忘记天赋的光明本性，这也就是放大善性，是"明明德"。

"明德"因学而明。人千差万别，不是天资情性出了问题，而是没有发挥。人有"明德"而"明明德"，由"性善"到"为善"，不可省却学思的功夫，这恰是为人之用力处，也是最需要引领之处。我们的社会需要有人言是非、别善恶、明曲直；我们的时代需要以明德浸润人心，沐浴其身以去其垢，洗濯其心以去其恶，有方向，不迷失，勇于担当，形成合力。只有人人行动起来，与时代发展同步，才能不辜负这个伟大时代，奏响时代的主旋律。

（原载于《人民政协报》2019 年 5 月 23 日）

道德是家风的底色

家风是世代积淀、慢慢形成的，好家风的底色是道德。

中国好家风源自圣贤之教。北齐颜之推《颜氏家训》说："圣贤之书，教人诚孝，慎言检迹，立身扬名，亦已备矣。""诚孝"二字包含了太多内容，举凡真诚、勤劳、仁爱、循理、敬重等美德都可以包含其中。孔子说"三年无改于父之道，可谓孝矣"，为人父母者莫不望子成龙、望女成凤，这就确立了父母教育子女的方向规定性。于是，圣贤教子的借鉴意义就显得更为重要。

新发现的战国竹书有《保训》篇，记述周文王临终教子，他告诫武王姬发要敬德守中，被称为"中国最早的家训"。周公也曾教导长子伯禽，希望他礼贤下士，谦恭待人。孔子教子影响更大，他对孔鲤说，"不学诗，无以言"，"不学礼，无以立"。孔子的"诗礼庭训"成为孔氏世代相传的家风，也成为中华民族大家庭中许多家训、族规的灵魂，不知成就了多少个人与家庭。

别以为圣贤高不可攀、遥不可及，其实正是他们的教导铺染了中华传统家风的底色。孔子强调"学诗""学礼"，实际是重视诗书礼乐，本质则是明理正心。他说"兴于诗，立于礼，成于乐"，为政治国，教化人心，诗书礼乐各有其用：诗，启迪性情，让人温柔敦厚，是为化民之先；礼，规范人之举止、约束性情，使人恭俭庄敬，乃化民之要；乐，感染陶冶，使人广博易良，此为化民之本。兴，起也，始也；立，初成也；成，完成也。孔子教子和教育门徒学习诗、礼，正是由于诗、礼是为学初基，是成就"文德"的第一步。诗、礼本一体，春秋时期有"赋诗言志""断章取义"的传统，本身就是一种礼仪，其礼义则关涉人的素养。

在孔子以前，士人的培养与诗书礼乐紧密相连。《礼记·王制》说：

"顺先王《诗》《书》《礼》《乐》以造士,春秋教以《礼》《乐》,冬夏教以《诗》《书》。"这应该是西周春秋时期的普遍情形。诗书礼乐为先王政典,王官之学衰落后,孔子举起私学旗帜,收徒授学,进行诗书礼乐之教。《孔子家语·弟子行》记载说:"孔子之施教也,先之以《诗》《书》,而道之以孝悌,说之以仁义,观之以礼乐,然后成之以文德。"孔子的诗礼之教与周代王官学密切相连,目标也是成就人的"文德"。

欲明德,先成道。有了正确的价值与信仰,才能呈现出好的德行。孔子强调"志于学""志于道",强调的就是人生的方向。尧舜之道、文武周公之政,正是道之所在。孔子儒家继承诗礼传统,看重的是其对德的引导功能,人在诗书礼乐的教习中启发心智,在观摩演习中得到感化,正如《礼记·乐记》所说,先王之制礼乐"将以教民平好恶,而反人道之正也"。重视诗书礼乐之教在于"善其教",是为了导人去恶从善,使社会与政治达到更好境地。

尽管"德"的内涵有一定变化,但重"德"却是相沿已久的传统。儒家诗礼教化也以"德"为先。《礼记·乐记》说:"礼乐皆得,谓之有德。德者得也。"对于礼乐都深有所得,称为"有德"。德就是在精神与理智上的完美获得。诗、礼教化有历史渊源,也有历史演变的过程。义与利应该有机统一,就像情与理不可分割,就如同诗与礼密切相连,诗书礼乐自然也不可偏废。《左传·僖公二十七年》说:"《诗》《书》,义之府也;礼、乐,德之则也;德义,利之本也。"如果要更好地取利,就不可不讲德义!

孔子"学诗""学礼"的过庭之训,影响后世既深且远。和谐传家训,诗书承家风,"忠厚传家久,诗书继世长","孝弟传家根本,诗书经世文章","读书足贯古今事,忠孝不迷天地心",这些表述早已经成为中华民族众多家庭家风的主旋律。许多家训家书、楹联、中堂,都告诫年轻人发奋立志读书,他们讲论读书的顺序、方法与意义,一般都会要求首先攻读儒家的《诗》《书》《礼》《乐》及《论语》《孟子》《大学》《中庸》等经典,这有助于"开心明目""修身利行",读书为了明理、亲贤,为了成就一个明是非、知荣辱、能担当、敢引领的大人、君子,如果方向模糊、道理不明,则难以立身处世,可能会在不知不觉中"堕于小人之类"。

据说,曾国藩讲到,看一个家族能不能兴盛,可以看孩子们是否做三件事情：第一，早起，这是修身的问题；第二，做家务，这是齐家的问题；第三，读圣贤书，这是正心的问题。读圣贤书在于明道明理，矫正方向，而早起和做家务则是勤奋行动与切实体验，以了解生活不易，品味酸甜苦辣。而这，不是读书可以得到的。中华家风就是这样注重敦化德行，教人修身、立德、成人，更好地为人处世。《大学》就是成就"大人"之学，"大人"之"大"在于做人的气象与格局，所以，"自天子以至于庶人，壹是皆以修身为本"，修身是一切的基础，是齐家、治国、平天下的基础。

习近平总书记特别注重修道立德的意义，多次特别谈到"国无德不兴，人无德不立"——这是具有现实关切和文化战略意义的洞见，直接而积极地回答了两个相互关联且具有根本意义的问题：人类社会为什么要道德？人为什么要有道德地生活？国家要兴旺，个人要立身，离开道德是不可思议的。看起来这只是说国家和个人，实际上却包含了由大而小、从整体到个体的许多方面，包括了诸如"企无德不盛""家无德不旺"等许多意涵。

家风就是民风，是社会道德的折射。家道就是家风，家道正就能呈现出家庭美德。家庭美德决定于家庭成员的个人品德，影响着职业道德和社会公德。在当今中国，应当大力弘扬中华诗礼家风，继承传统家教的内在精神，在亿万家庭中铺染道德的底色。

（原载于《人民政协报》2019年6月27日）